Jahrhundertelang lebte die Welt mit einem falschen Bild von René Descartes, dem großen Erneuerer der abendländischen Philosophie und Begründer der modernen Mathematik. Durch die Nachschlagewerke geistert ein asketischer Stubengelehrter, der zurückgezogen den Wissenschaften frönt. In Wirklichkeit liefert Descartes' Leben (1596–1650) Stoff für eine der farbigsten Biographien der gesamten Barockzeit. Fünf Jahre lang durchforschte der Pariser Publizist und Filmemacher Davidenko Archive und Korrespondenzen aus der Descartes-Zeit, die bisher von den Historikern kaum beachtet worden waren. Die Ergebnisse seiner Recherchen ließ Davidenko in eine romanhafte Biographie einfließen, die über weite Passagen an Golo Manns ›Wallenstein‹ erinnert: hier wie dort wird aus den Quellen gearbeitet, hier wie dort ist ein kompetenter Erzähler am Werk, der auch komplizierte Zusammenhänge nachvollziehbar vermitteln kann. Bei ›Descartes' ausschweifendem Leben‹ handelt es sich um ein Mantel- und Degenstück von der amüsanten Sorte. Der Leser erlebt einen René Descartes, der nacheinander – und manchmal gleichzeitig – der »beste Fechter seiner Zeit«, Spion, Geheimbündler, Don Juan und Wissenschaftler war. Zu seinen prominentesten Liebhaberinnen zählen eine böhmische Prinzessin und Königin Christina von Schweden. »Das ist ein Descartes«, schrieb ›Libération‹, »den man bisher vor uns versteckt hat.«

Dimitri Davidenko wurde 1940 in Paris geboren (Vater Ukrainer, Mutter spanischer Abstammung); verbrachte drei Jahre als wehrpflichtiger französischer Soldat im Algerienkrieg; anschließend Studium an der Ecole des Hautes Etudes und am Collège de France (beides Prestigeuniversitäten in Paris); Filmemacher und Autor für Funk und Fernsehen, regelmäßiger Mitarbeiter beim ›Canard Enchaîné‹. Dimitri Davidenko lebt in der Nähe von Paris.

Dimitri Davidenko

Ich denke, also bin ich

Descartes' ausschweifendes Leben

Roman

Aus dem Französischen von
Beate Thill

Fischer
Taschenbuch
Verlag

Veröffentlicht im Fischer Taschenbuch Verlag GmbH,
Frankfurt am Main, März 1993

Lizenzausgabe mit freundlicher Genehmigung von
Vito von Eichborn GmbH & Co. Verlag KG, Frankfurt am Main
Titel der Originalausgabe: ›Descartes le scandaleux‹

Umschlaggestaltung: Buchholz/Hinsch/Hensinger
Druck und Bindung: Clausen & Bosse, Leck
Printed in Germany
ISBN 3-596-11336-9

Gedruckt auf chlor- und säurefreiem Papier

Für Catherine Alcover
für Simon

und für meinen Freund Jean-François Brochard,
einen Mathematiker
und fernen Nachkommen
der Familie Descartes,
dessen geistige Fähigkeiten
an den Großen René erinnern.

VORREDE

Wir Franzosen halten uns für »Cartesianer«. Ob wir mit Informatik befaßt sind oder mit Musik, mit Handel oder Malerei, ob wir Landwirte oder Romanautoren sind, ob wir Entscheidungen fällen oder Maschinen warten, ob wir als Ärzte arbeiten oder bei der Müllabfuhr ... In Frankreich, dem Geburtsland Descartes', muß man zuallererst »Cartesianer« sein.

In allen Ländern der Welt hält man den idealen »Cartesianer« für einen »nüchtern denkenden Menschen«, für einen »Vernünftler«, einen Räsonierer. Er krittelt, er »zweifelt« wie der berühmte Vordenker. Unter René Descartes stellt man sich einen bedächtigen »Bürger« in trister Kleidung vor, einen Griesgram und Spielverderber.

Doch diese Vorstellung gibt ein völlig falsches Bild.

René Descartes war nur Spielverderber, wenn es darum ging, sich denkend im Kreis zu drehen. Er war ein Zerstörer überkommener Ideen. Ein Aufrührer und Rebell. Ein genialer Autodidakt, der die Mathematik völlig auf sich gestellt lernte, im Bett.

Dies war der Ort, an dem er nachdachte, schrieb und liebte. Er liebte die Dichtung, die Musik, die Tafelfreuden so sehr wie die von Rabelais so geschätzte »Diva Flasche«, aber vor allem liebte er die Frauen. Er war ein berühmter Freigeist, das Vorbild aller Don Juans, aber auch ein Berufsspieler, Söldner, Spion, »der beste Fechter seiner Zeit«. Er war Abenteurer, Vagabund und hat selten länger als ein Jahr an einem Ort gelebt. Er schrieb erbarmungslose Polemiken, er gehörte den Rosenkreuzern[1] an, aus seinem Diener machte er einen anerkannten Mathematiker und aus einem armen Bauern einen bekannten Astronom.

Er war der Geliebte der pfälzischen Prinzessin Elisabeth und der Königin Christine von Schweden, doch das einzige von ihm anerkannte uneheliche Kind war die kleine Tochter, die ihm eine Magd geschenkt hatte. »Überall sät er natürliche Kinder!«, schrien seine Feinde. Er tut es bis heute: Wir alle sind seine natürlichen Kinder.

René Descartes war kein »bestallter« Philosoph. Er verwies die Philosophie auf den Platz, der ihr gebührt. Er war nicht Mathematiker »von Beruf«. Doch schuf er, unter anderem, die Analytische Geometrie und die moderne Algebra. Er war kein Physiker, er machte lediglich die Naturwissenschaften zu einer exakten Wissenschaft. Er war kein Mediziner, er setzte nur Harvey's Theorie über den Kreislauf des Bluts durch und machte einige eigene Entdeckungen in der Anatomie. Er war kein Psychologe. Und doch legte er in seinen Schriften, in der Entwicklung seiner Gedankengänge die Grundlagen der psychologischen Analyse und der Psychosomatik nieder... Vor allem schuf er – und besonders dafür ist er bis heute berühmt – die Basis der Mathematik, der formalen Logik, der Erkenntnistheorie, eben die *Methode.* Doch damit sind bei weitem noch nicht alle seine Entdeckungen aufgezählt.

Seit dem Auftauchen der Gattung Mensch, des

---

1 Diese Bruderschaft, die Mitte des 18. Jahrhunderts verschwand, sollte nicht mit den heutigen Orden der Rosenkreuzer verwechselt werden.

bewußtseinsbegabten Wesens, des *Homo sapiens sapiens*, – er sagte: »Je pense, donc je suis«[1], denn er schrieb nicht gern Latein – hat kein Mensch den Verlauf der Geschichte so stark beeinflußt wie Descartes.

Ein solches Genie durfte nicht leben, sterben und in die Nachwelt übergehen wie andere.

Die Ideologen nahmen sich seiner an. Seine Schriften, sein Briefwechsel, seine Biographie wurden minuziös verfälscht, geschönt, verstümmelt, zuerst von den Jansenisten, dann von den Jesuiten, schließlich von den Positivisten und Scientisten.

Jüngst wurden in Holland, Schweden, England und Deutschland gefundene, neue Dokumente veröffentlicht. Außerdem gab der Philosophische Verlag Vrin in Zusammenarbeit mit dem CNRS (Centre National de Recherche Scientifique) eine *umfangreiche, wissenschaftlich abgesicherte* Edition seines Gesamtwerks heraus. Zum 350jährigen Jubiläum der *Abhandlung über die Methode* (die Erstveröffentlichung war im Jahr 1637) wollte ich nun seine Lebensgeschichte auf den neusten Stand bringen.

Neben der obengenannten Edition habe ich für dieses Buch Briefe und Schriften herangezogen, die noch zu Descartes' Lebzeiten erschienen sind, auch Bücher und Manuskripte, die nach seinem Tod von Zeitgenossen verfaßt wurden oder auf Zeugenaussagen von Personen gründen, die ihn noch gekannt haben. Einige Texte, vor allem Pro- und Anti-Cartesianische Pamphlete, sind in der Nationalbibliothek nicht mehr auffindbar. Dafür kann man etliche in der »Bibliothèque

---

1 Ich denke, also bin ich (d. Ü.).

de l'Arsenal« aufstöbern, welche mit Dokumenten aus dem 17. Jahrhundert besonders gut bestückt ist, andere in privaten Sammlungen, vor allem in den Niederlanden.

Die sehr zahlreichen geschichtlichen und philosophischen Werke hingegen, die ab dem 18. Jahrhundert veröffentlicht wurden, habe ich nicht in die Dokumentation aufgenommen, da sie keine direkten Quellen darstellen.

Auch bei den zeitgenössischen Autoren läßt sich nur durch sehr genaue Untersuchung die Mentalität jener Zeit, das, »was damals in der Luft lag«, erfassen. Berichte, Aussagen und Zeugnisse kann man folglich in drei Kategorien einteilen: wahr, wahrscheinlich und unwahrscheinlich.

Nachdem ich alle Dokumente gesammelt hatte, bemühte ich mich, die Irrtümer, die Vermischung von Wahrheit und Unwahrheit, die absichtlichen und unabsichtlichen Verzerrungen und die offensichtlichen Fälschungen auszusondern und auch die politischen und ideologischen Hintergedanken herauszulösen, die sich in scheinbar neutralen und objektiven Äußerungen verbergen. Ich stellte die Dokumente also in den historischen Kontext, und damit vermochte ich die »willentlichen Auslassungen«, die kodifizierten Äußerungen, die subtilen Nebengedanken, die feinen Anspielungen und andere »christliche Lügen« zu entziffern, die von den Jesuiten geschätzt wurden. Sie hatten von jeher »verschiedene Niveaus der Auslegung« in einem einzigen Text angewandt. Auch der gute Pater Baillet hat dieser Vorgehensweise in seiner »Vie de monsieur Des-Cartes« nicht entraten, die er 1691 veröffentlichte.

Tatsächlich ist die Geschichte des René Descartes ein äußerst episodenreicher Abenteuerroman, der seinesgleichen sucht. Das ist jedoch nicht verwunderlich, wenn man bedenkt: Er hat die Welt derart verändert, daß nach ihm nichts so war »wie vorher«.

1. Ein Söldner

Ende November 1621 in Holland. Eine Barkasse fährt die Strände Westfrieslands entlang. Vom Ebbestrom getragen pflügt sie langsam ihre Route durch den Nebel, über eine unbewegte See. Der Steuermann fährt auf Sicht und hält sich so nah wie möglich an der Küste.

Nur zwei Passagiere sind an Bord. Ein schmächtiger grüngekleideter Kavalier[1], der auf einer Schiffsbank zusammengekauert sitzt und sich fröstelnd in seinen von der Meeresfeuchte schwergewordenen Reisemantel einhüllt. Neben ihm sein Diener ist aufs Äußerste angespannt... Die vier Leute von der Mannschaft, drüben um ihren Anführer am Ruder gruppiert, sehen aus wie Marodeure...

Diese Marodeure sind zumeist Bauern, Opfer der Kriege in Deutschland[2]. Sie hatten zusehen müssen, wie ihre Eltern, ihre Frauen, ihre Kinder von den Landsknechten vergewaltigt und niedergemetzelt wurden. Die Versorgungstruppen hatten ihre Felder geplündert, ihr Vieh gestohlen und ihnen Ernten und Häuser niedergebrannt. Vom Leid verrückt geworden, folgen sie nun den feindlichen Armeen wie einer fixen Idee, nehmen Rache und beziehen aus ihnen ihren Unterhalt. Sie rauben die Kadaver aus, erschlagen die Verletzten mit Stöcken, erwürgen die Deserteure und

---

1 Kavalier (frz.: cavalier; d. Ü.) wurde zu jener Zeit jeder Mann genannt, der einen Degen trug, ein *Ritter* (frz.: chevalier; d. Ü.) war Mitglied eines Ordens

2 des Dreißigjährigen Kriegs

die verspäteten Plünderer ... Zwischen den Kampagnen zerstreuen sie sich in kleine umherziehende Haufen, verlangen Schutzgelder von Gutsbesitzern, rauben Kaufleute und Reisende aus, auf die sie zufällig treffen, und lassen eine blutige Fährte zu Tode Gefolterter zurück.

Der Diener mustert das Ufer. Er kann keine Spur von menschlicher Tätigkeit erkennen. Wälder wechseln mit sauren Wiesen an dieser verlassenen, nebligen Küste ...

Die beiden Passagiere der Barkasse können auf keine Hilfe hoffen.

Der junge Herr nimmt die Gefahr nicht wahr, er spricht zu ihm über die Natur, erklärt ihre Gesetze und Geheimnisse. Mit seinen 25 Jahren ist er gelehrter als alle Universitätsprofessoren zusammen! In der unwirklichen Stille, die vom Plätschern des Bootes eher noch hervorgehoben wird, ist seine träge Stimme kaum hörbar, da der Nebel, der seiner schwachen Lunge so unzuträglich ist, sie noch zusätzlich dämpft.

Der Diener hört nicht mehr zu. Er hat Angst. Warum haben sie sich nur in dieses gottverlassene Land verirrt? Warum haben sie, statt ihre Reise in einer Gruppe fortzusetzen wie die anderen, dieses Geisterboot für sich alleine gemietet? Was für eine Torheit ... Eine Falle. Sie würden nicht mehr lebend herauskommen.

Die Seeleute am Heck beratschlagen mit lauter Stimme, da ihre Passagiere Französisch sprechen und sie bestimmt nicht verstehen können.

»Der Diener ist harmlos ... aber der Kavalier trägt einen Degen und einen gefiederten Hut.«

»Du meinst, das soll ein Kriegsherr sein? Niemals! Dieser Schwächling? Du machst Witze!«

»Nach seiner ärmlichen Kleidung ohne Schmuck oder Spitzen zu schließen, wird er ein Händler oder ein Reisender für eine Bank sein. Auf jeden Fall transportiert er Gelder, der Alte hat die Börse gesehen, als er bezahlt hat ... spanische Dublonen.«

»In Emden kennt sie niemand und in Delfzijl weiß keiner, daß sie an Bord gegangen sind. Wir brauchen sie nur niederzumachen, ihnen ihr Gepäck abzunehmen und ihre Leichen ins Wasser zu werfen ... «

»Dann gibt es keinen mehr, der uns anzeigt!«

Die vier Männer stehen auf – der Steuermann bleibt am Ruder – und greifen sich eine Hacke, eine Stange mit eiserner Spitze, ein Ruder ...

Der Kavalier springt auf, zieht seinen Degen und mahnt sie, ruhig zu bleiben. Auf Niederländisch. Er kennt also ihre Sprache! Er hat alles verstanden und sich nichts anmerken lassen ...

Noch viele Jahre, nachdem er seinen Dienst quittiert hatte, erzählt der Diener jenes Abenteuer: »Wütend, daß sie entdeckt waren, warfen sich die Banditen auf meinen Herrn. Den ersten Angriff parierte er mit ein paar Ausweichbewegungen und danach mit einigen so flink ausgeführten Stößen, daß ich sie nicht sehen konnte. Drei der Angreifer fielen tot zu Boden. Der vierte, verletzt und entwaffnet, regte sich nicht mehr. Der Bootsführer sprang entsetzt über Bord und flüchtete schwimmend ans nahe Ufer.«

Der Kavalier begnügt sich bescheiden mit der Aussage, »er habe sie in Schach gehalten.«

Die marodierenden Seeleute hatten bei ihrer Beurteilung einen schweren Fehler gemacht: Der kleine und unbedeutende »Händler« war die feinste Klinge Europas. Er hieß René Descartes. Als Glücksritter, als Söldner ohne Sold, der nur mit einem Anteil an der Kriegsbeute bezahlt wird, hatte er sich für die Armeen des deutschen Kaisers anwerben lassen, unter dem Namen Chevalier du Perron. So hieß ein Besitz – ein winziges Lehen – seiner verstorbenen Mutter.

Im vergangenen Winter hat er zu den Truppen in Südböhmen gehört. Er hat das Garnisonsleben mit Trinkgelagen, Mädchen und Glücksspiel kennengelernt. Auf den Stuben, in den Wachräumen und in den Spielsälen, in der Freizeit wie im Dienst spielen die Söldner mit Karten oder Würfeln. In endlosen Partien, die ganze Tage und Nächte dauern, bringen sie ihre gesamte Kriegsbeute durch.

René Descartes, alias du Perron, ein Berufsspieler ersten Ranges, hat allzu leichtes Spiel gegen die Bauerntölpel. Er trinkt, spielt und langweilt sich. Manchmal provoziert ihn ein schlechter Verlierer, und der Streit endet im Duell. Außer in diesen Momenten höchster Anspannung langweilt er sich...

Er wartet darauf, erwachsen zu sein. Mit 26 Jahren kann er nach Frankreich zurückkehren und seine Erbschaft antreten.

Er schlägt sich gern, denn der Kampf verlangt den höchsten Einsatz von ihm: sein Leben.

Beim Herannahen einer Gefahr, einem Moment, den er wegen der Heftigkeit der ihn aufwühlenden Emotionen sehr genießt, wird der sonst so nervöse Mann ganz ruhig. Er entspannt sich. Hitze durchströmt seinen Körper und gibt ihm Willen, Kraft, Klarheit und Reaktionsschnelligkeit. All seine Sinne sind angespannt. Ruhig und zugleich wütend beginnt er, mit kaltem Kopf und glühendem Leib, zu beben. Wenn es losgeht, hat er die Beherrschung zurückgewonnen und wird kraftvoll, kühn und geistesgegenwärtig. Eine wahre Kriegsmaschine ...

Im Frühling, der Saison der Offensiven, entschließt er sich, die Muskete für eine letzte Kampagne noch einmal aufzunehmen. Ende März, wenige Tage vor seinem 25. Geburtstag, unterschreibt René Descartes eine neue Anmusterung im Corps der französischen und wallonischen Söldner des Herzogs von Bucquoy zu den üblichen Bedingungen: Er ist Freiwilliger ohne Sold, aber mit der Garantie einer guten Beute. Und im April überquert der Kavalier Descartes und mit ihm 20 000 Reiter des Herzogs im Dienst des deutschen Kaisers die March, und sie beginnen einen einträglichen Triumphzug in Richtung Ungarn.

Jede den calvinischen Fürsten abgenommene Stadt bleibt drei Tage lang den Kriegsknechten überlassen. Frei zum Plündern. Drei Tage Gemetzel, Diebstahl, Vergewaltigungen ... Preßburg ergibt sich im Mai, auch Tirnas, Sankt Georg, Moder, Pefing, Rosendorf, Altenburg und einige andere Städte entlang der Donau fallen. Die Insel Schut wird besetzt.

Der Herr du Perron zeichnet sich durch seine Bravour aus und festigt seinen Ruf als Experte, sowohl bei der Belagerung als auch bei der Verteidigung von Befestigungen. Doch dem Tod wird er auf freiem Feld begegnen, in einer Reiterschlacht.

Gleich im Anschluß an die Serie so ruhmreicher Siege belagert der Herzog von Bucquoy die Stadt Neuhäusel. Die Artillerie der Kaiserlichen, von Chevalier Descartes und seinen Spezialisten des Belagerungskriegs in Stellung gebracht, demoliert die Stadt.

Doch Neuhäusel ist noch nicht völlig umzingelt. Der Fluß schützt einen Teil der Stadtmauer. Auf der anderen Seite lagern in günstiger Stellung 4000 von Bethlen Gâbor eilig entsandte Ungarn und 6000 Söldner unter dem Herzog de la Tour im Dienste der calvinischen Fürsten. Eines der Stadttore führt zum Fluß. Es genügen ein paar Kähne, und die Verteidiger können mit Verstärkung und Munition versorgt werden.

Die Kaiserlichen hingegen haben erhebliche Schwierigkeiten mit dem Nachschub aus dem umliegenden Land. Die Hilfstruppe ist mit dieser Aufgabe betraut, eine Ansammlung von Deserteuren, die gerade gut genug sind, um wehrlose Bauern auszurauben und niederzumetzeln. Doch jetzt laufen sie davon, sobald sie von »Ausfällen« der Belagerten angegriffen werden.

Am 10. Juli greift eine ungarische Einheit mit 1500 Pferden einen Nachschubtransport an, der von 1000 Kavalieren eskortiert wird. Der Herzog von Bucquoy und seine Offiziere, unter ihnen der Chevalier Descartes du Perron, galoppieren nach vorn, um sich an die Spitze zu setzen.

Ein gewaltiger Todesruf erschallt von den enggestaffelten ungarischen Schwadronen, als sie mit gesenkten Lanzen und im Angriffsgalopp gegen die Flanken des Konvois geschickt werden. Mit dem Aufprall wird das Gros der Kaiserlichen zerschlagen.

Das Hämmern der Stiefel, das dumpfe Geräusch der Rüstungen, die in vollem Tempo getroffen werden, der Leiber, die fallen und auf der gestampften Erde der Wege aufprallen, die Todesschreie, unterbrochen von Detonationen und dem Befehl, sich zu sammeln, der Geruch verbrannten Pulvers, all diese Eindrücke berauschen Descartes. Er stürzt sich ins Getümmel.

Es herrscht völlige Verwirrung. Die Nachschubtruppe flieht. Die aufgegebenen Lastpferde stieben auseinander, durchbrechen die Züge der Fußsoldaten, die entlang der Kolonne aufgestellt waren, durchschneiden die Linien der Kavaliere, verfangen sich in ihnen, bringen sie ins Wanken, zu Fall. Gelähmt, ohnmächtig, von allen Seiten angegriffen und beschossen, versuchen die abgeschnittenen Männer der Eskorte, sich wieder zu sammeln...

Übrig bleiben nur die erfahrenen Kombattanten. Als echte Berufssoldaten bringen sie sich lautlos, nüchtern, in turbulenten Mann-gegen-Mann-Gefechten gegenseitig um. Auf den Hals seines Wallachs gestützt, macht der Chevalier du Perron jähe Wendungen, um einen Durchgang zum Herzog von Bucqoy zu suchen. Gegen die Rüstungen ist ihm sein Degen zu nichts nütze. Er sticht auf die verwundbareren Pferde ein. Einige bäumen sich auf, andere winden sich oder stürzen. Die aus dem Sattel gehobenen ungarischen Lanciere lehnen sich mit dem Rücken gegen ihre unbrauchbar gewordenen Reittiere, laden ihre Pistolen, zielen... Descartes kann sich entwinden, weicht den frontalen Attacken aus, verschwindet im Getümmel. Die Ungarn verfolgen ihn, stellen sich hinter ihm auf, um ihn in den Rücken zu schießen, »mit einer Schmauchspur«, aus Armeslänge. Descartes bricht seinen Kampf nicht ab, aber er weiß rechtzeitig auszuweichen. Aus einer ganzen Reihe auf ihn gerichteter Waffen pufft es nur, das Pulver ist schlecht, die Schüsse gehen nicht los. Das Kriegsglück ist auf seiner Seite! Wie im Reflex hält er seine geladene Pistole, falls er in eine verzweifelte Situation gerät.

Da ist sie schon. Eine Gruppe der Feinde kreist ihn

ein. Mit dem Griff des Degens pariert er die Schläge der gekreuzten Lanzen, schlägt auf die Nüstern, um sich die schweren Schlachtrosse vom Leib zu halten. Das Blut strömt auf ihn, er ist über und über scharlachrot. Ist er verletzt? Seine Pistole ist für sie immerhin eine Bedrohung. Wie lange noch? Das Karussell wird wieder enger, sein Spielraum kleiner. Das Feuer einer Muskete versengt ihm das Gesicht.

Wenn sein Pferd strauchelt, ist er verloren.

Aber nein. Der Marquis de Gonzague hat die Fliehenden wieder gesammelt. Sie dringen bis zum Herzog von Bucquoy vor. Gerade rechtzeitig, um den Kavalier herauszuhauen, der beinah unterlegen wäre.

Aber zu spät, um den Herzog zu retten. Von einem Trupp Lanciere angegriffen, schlägt er sich tapfer, mit dem Degen gegen die Lanzen. Da die Ungarn damit nicht zum Ziel kommen, schießen sie mit den Musketen auf ihn. Eine Kugel trifft. Er wankt. Ein Pikenstoß wirft ihn zu Boden. Er versucht zu seinen Truppen zu gelangen, indem er zu Fuß weiterkämpft. Aber die Ungarn haben ihn an seiner Generalsschärpe erkannt. Sie stürzen sich auf ihn. Der Marquis de Gonzague und Descartes können nur noch eine von Lanzen verstümmelte und von Kugeln durchsiebte Leiche freikämpfen, voll Trauer stellen sie fest, daß dreizehn der Kugeln tödlich trafen. Der Marquis nimmt den Toten auf sein Pferd, um ihn zum Lager zu bringen.

Ungarn ist gerettet.

Der zerstückelte Leichnam des Condottiere liegt, von den Kampfgefährten bewacht, in seinem Feldherrnzelt aufgebahrt. Auch der am Arm verletzte René Descartes ist zugegen. Er wird als einer der letzten im Zelt zurückbleiben... Er weiß, daß der Krieg zu Ende ist. Die Armee wird sich auflösen. Der Tod des Herzogs hebt den Vertrag auf, der ihn an die französischen und wallonischen Freiwilligen gebunden hatte. Der Rückzug wird bereits organisiert, damit er nicht in eine wilde Flucht ausartet...

Mit einigen Gefährten und einem Arm in der Schlinge erreicht der Unglücksritter Descartes du Perron Breslau, wo die Generalstände von Schlesien abgehalten werden. Wenn die Versammlung beschließt, den Kampf fortzusetzen, wird er bei dem einen oder anderen Lager anwerben. In der Zwischenzeit führt er ein fröhliches Leben.

Nein, die Feindseligkeiten sind beendet. Das Herzogtum Schlesien, von den »Verheerungen und Grausamkeiten des Krieges« geprüft – wie die Beschwerden und Vorhaltungen lauten – unterwirft sich dem deutschen Kaiser.

Die apokalyptischen Reiter und René Descartes machen sich wieder auf den Weg. Ihre Diener, selbst auf Maultieren reitend, ziehen Lastpferde an den Zügeln hinterher. Sie schleppen den Ertrag der Raubzüge, Plünderungen und den Anteil an »der Beute des guten Kriegs«. Vor ihnen liegt Pommern, ein Land »in großer Stille«... Sie eilen weiter zur Mark Brandenburg. Ihr Kurfürst Georg-Wilhelm macht die Herzogtümer Jülich, Kleve und Berg dem Hause Neuburg streitig, welches von den Spaniern Spinolas unterstützt wird. »Ein ungleicher Kampf ohne Geld und ohne großen Profit«, denkt Descartes.

Er quittiert den Dienst. Nach vier Jahren Soldatenleben verkauft er Pferde, Muskete, Rüstung und Beute an seine Kampfgefährten.

In drei Monaten muß er in Frankreich sein. Seine

Erbschaft wartet. Mit seinem Diener an der Seite und beladen mit Dukaten, Dublonen und Talern schifft er sich auf der Elbe ein. Von Hamburg bringt ihn ein Handelsschiff nach Emden.

Auf dem Wasserweg reist es sich sicherer und schneller. René Descartes, der die Bequemlichkeit liebt, mietet eine Barkasse mit Mannschaft, um Westfriesland zu verlassen. Als diese gerade den kleinen Meerarm an der Mündung der Ems überquert, Ende November 1621, wird der Chevalier Descartes du Perron, ein Veteran des Dreißigjährigen Kriegs, von Seeleuten angegriffen, die in ihm nur einen bescheidenen Händler sehen...

An Weihnachten ist er in Den Haag. Eifrig besucht er die drei kleinen Höfe, den Hof der Generalstände der Vereinigten Provinzen, den Hof des Prinzen von Oranien, wo sich die wohlgeborenen Fremden treffen, und den Hof des Kurfürsten von der Pfalz.

Die Gestalt des kleinen Kavaliers im grünen Gewand ist bei den Lakaien schnell bekannt. Sobald er eintrifft, stürzen sie los, öffnen ihm die Türen und machen tiefe Verbeugungen. Er ist so großzügig: das Gold fließt ihm aus den Händen! Geheimnisvoll und einsam geht er von Salon zu Salon. An den Tischen des Großen Spiels vergnügt er sich damit, ganz zufällig zu setzen, ohne sich darum zu kümmern, wer gibt, und er verliert lächelnd, mit der elegantesten Gleichgültigkeit. Er wird bemerkt, man tuschelt über ihn... Wer mag dieser wahnwitzige Spieler sein?

»*Chevalier du Perron*... das klingt nach Pseudonym. Sollte er das natürliche Kind eines Großen Herren sein? Die Brutalität und Unbekümmertheit hat er.«

»Vielleicht ... Aber es fehlt ihm an Stattlichkeit.«

»Ein junger Geschäftsmann, der im Handel mit Indien reich geworden ist?«

»Nein. Der würde sein Vermögen nicht so verschleudern.«

»Der Sohn eines Gutsbesitzers, der incognito feiert?«

Glücksspiele, Gelage, Festivitäten, er ist überall zugegen und verschafft sich Ansehen. Einige Duelle mit ausländischen Edelleuten am Hof von Oranien und sein Ruf ist gemacht: Jedesmal entwaffnet er den Gegner oder verletzt ihn leicht. Wenn er schöne Holländerinnen für sich gewinnt, macht man ihm seine Eroberungen nicht streitig. Sein Degen flößt Angst ein.

Er liebt diese Frauen, so fein, langgliedrig und sinnlich ... Er liebt ihre Körper ohne jede Schlaffheit, ihre kühnen Brüste, ihre schön geformten Hüften, ihre schmale Taille, ihre zerbrechlichen Gelenke. Er liebt den zarten Kontrast zwischen dem leicht getönten Teint ihres Gesichts, von Sonne und Seewind ein wenig golden gefärbt, und ihren so weißen Leibern, ihren blonden Haaren ... Sie lassen sich von ihm, dem kleinwüchsigen, dunkelhaarigen Mann verführen. Seine Zuvorkommenheit, seine Aufmerksamkeiten, seine französischen Galanterien machen sie benommen. Er heißt sie Königinnen, Göttinnen, überrascht sie und bringt sie zum Lachen.

Er geht von einer zur nächsten. Voller Begierde. Mit dem Drang eines der Hölle Entkommenen. Nach seinem Untertauchen in Bädern von Toten schöpft er jetzt aus den Lebenden ...

In wenigen Monaten verschleudert er seinen gesamten Kriegsschatz. Wozu sparen? Im Frühjahr wird er über seinen Erbteil verfügen. Dann wird er sich auch aus der Vormundschaft seines Vaters befreien. Von allem befreien, was seinen Vater repräsentiert. Von allem, was er von seinem Vater hat. Dann wird er ihn vergessen können, wie er seinen Namen bereits vergessen hat.

Seinen Vater, der ihn seit frühester Kindheit zurückgestoßen hat!

Erster Teil

Dorant:
Endlich ziert mich der Degen, lange wars mein Plan.
Ich habe die Tracht der Hohen Schule abgetan.
Mein Vater willte ein. Ich folg der Wahl jetzunder,
Und Abschied gänzlich gab ich dem Gesetzesplunder.
Bin drum mit dier hier in den Tuilerien, inmitten
Der großen Stadt von Welt und leichter Liebessitten:
Sag an, wie steht mit Weltmannsmiene und -gebaren?
Denn schwerlich lernt beim Studium rechtsgelehrten Sachen
Einer die Kunst, ein modisches Gesicht zu machen.
Fast fürchte ich ...
Klito:
Seid außer Sorge, Euer Gnaden,
Allstündlich wird Euch Neid von Tausenden beladen,
Weil Euer Aussehen also edelmännisch strahlt.
Wie Ihr, so ward beileibe nie Barthol gemalt.
Ich seh im voraus manchen Ehmanns Unheil kommen.
Doch sagt, wie hat die Stadt Paris Euch eingenommen?
Dorant:
Ich finde diese Luft unsäglich süß. Wie roh
War doch der Zwang, der lang mich fernhielt, daß ich so
Dich glücklich schätz, der immer hier geweilt! Bedeut
Mir drum, wie sich der Mann von Welt hierorts zerstreut!
Wie kann ich mich der Gunst der Damen einempfehlen?
Klito:
Das war von je die schönste Sorge schöner Seelen ...[1]

1 Pierre Corneille: Der Lügner. Heidelberg (Lambert u. Schneider), 1954, S. 9

2. Das einsame Kind

Am 31. März 1596 gebärt Jeanne Descartes bei ihrer Mutter in der Touraine, in La Haye, ihr drittes Kind. Sein Vorname wird René sein, nach dem Großvater mütterlicherseits, dem verstorbenen René Brochard. Er war Berater und Finanzier von Heinrich IV gewesen, dem König von Navarra und späteren König von Frankreich. Wenige Monate danach ist die junge Frau, die sich vom Wochenbett nur schlecht erholt hat, wieder schwanger. Von Tuberkulose geschwächt, stirbt sie bei der Geburt eines Knaben, welcher nicht überlebt. Auch René, ihrem Letztgeborenen, sagen die Ärzte einen baldigen Tod voraus, da er von seiner Mutter die schwache Brust geerbt hat. Man vertraut den Säugling einer Amme an, die ihn leidenschaftlich ins Herz schließt … Tagein tagaus wacht sie über das zerbrechliche Leben.

Drei Jahre nach dem Hinscheiden seiner Frau verheiratet sich Joachim Descartes wieder. Die Verbindung mit einer reichen Familie von Grundbesitzern festigt sein Vermögen und seine gesellschaftliche Stellung. Zu seinem großen Erstaunen hat der kleine René überlebt … Er schickt das Kind mit seiner Amme zur Großmutter mütterlicherseits, wo es fortan mit seiner älteren Schwester Jeanne leben soll. Die große Schwester begrüßt es freudig. Aber sofort wird sie ermahnt: »Der kleine Junge ist krank. Du darfst auf keinen Fall grob zu ihm sein.« Bei der geringsten Verstimmung läuft er violett an, seine Nase wird spitz, seine Augenhöhlen fallen ein, ein feiner

Schweiß bedeckt sein Gesicht, er fröstelt, keucht, droht zu ersticken. Von Krämpfen geschüttelt läuft er zu seiner Amme und sucht Zuflucht in ihren Armen. Voller Zärtlichkeit und christlicher Nächstenliebe[1] wiegt und tröstet sie ihn während seiner endlosen Asthmaanfälle. Sie behandelt ihn mit den Mitteln einer »guten Frau«: einige Tees und viel Liebe.

Ihr gelingt es, ihn zu beruhigen...

René wächst langsam und bleibt anfällig. Er ist verschlossen und stolz, vergrämt und unbändig. Er gibt sich niemals preis. Schon früh am Morgen zieht der schweigsame Kleine los, streunt weit vom Haus entfernt umher. Die Welt der Frauen, eine Welt der Sanftheit und des Schmerzes, – seine Großmutter trägt Trauerkleidung und seine Schwester ein trauriges Lächeln – erinnert ihn ständig an seine verstorbene Mutter. Seine Mutter, von der er glaubt, sie sei gestorben, als sie ihm das Leben schenkte...

Die Leute aus der Nachbarschaft haben ihm erzählt, er sei in einem Graben geboren, an einem Ort, der Pré-Fallot genannt wird. Sie sprechen oft von dieser Geschichte; im Dorf ereignet sich nicht viel:

»Die Frau vom Herrn Descartes, einem bretonischen Parlamentsrat, kam von Rennes, um das Ende ihrer Schwangerschaft im Haus ihrer Kindheit zu verleben. Doch gelangte sie nicht bis La Haye, sie brachte das Kind unterwegs zur Welt.«

»Es waren die Stöße im Wagen, die haben die Wehen ausgelöst...«

---

1 »Ich habe die Religion meiner Amme und meines Königs«, pflegte Descartes zu sagen, um theologische Diskussionen abzuschneiden.

René fragt begierig nach: »Ist es wahr, daß die Mitreisenden meine Mutter allein am Straßenrand liegenließen?«

»Auf freiem Feld. Sie kam auf ihrem Reisemantel im Gras nieder, ganz allein.«

»Ein alter Bauer, der Pilze sammelte, hat euch da gefunden, am Ende eines Felds. Er ist bis zur Kirche gerannt und hat geschrien: 'Weihnachten! Weihnachten!' Er glaubte, er hätte die Wiedergeburt der Jungfrau mit dem Kind gesehen ...«

»Je! Es ist schon ein Wunder, daß Ihr nicht gestorben seid, in dem Hohlweg dort. Sie hatte so viel Blut verloren ...«

René weiß nichts von seinem toten Bruder. In seiner Familie wird nie darüber gesprochen. Deshalb glaubt er, seine Mutter sei kurz nach seiner Geburt gestorben. Seinetwegen.

Er irrt über die Feldwege. Allein mit seinen Gedanken, seiner Bitterkeit. Nie wieder will er sich an ein Wesen, einen Ort binden. Wozu auch? Nichts ist sicher. Nichts hat Bestand. Das Leben ist ungewiß.

Seine Mutter ist tot. Sie fehlt ihm so sehr!

Die Melancholie, diese »Krankheit des Jahrhunderts« in allen Jahrhunderten, raubt ihm nicht etwa den Appetit, sie macht ihm Heißhunger. Die Ärzte rationieren sein Essen. Hungrig und unglücklich flüchtet der kleine Junge in seine Einsamkeit.

Ein Trost sind für ihn die Schönheiten der Touraine, des »Gartens von Frankreich«. Er sieht, wie im Rhythmus der Jahreszeiten das Leben entsteht, wächst, Früchte bringt, verwelkt, verschwindet und wiedergeboren wird. Die wunderbare, gnadenlose Natur mit ihren grausamen Gesetzen... Tausend Meisterwerke sterben, um zehntausend andere Meisterwerke hervorzubringen, die ebenso vergänglich sind... Dagegen aufzubegehren ist sinnlos, sie ist so beschaffen. Man muß sie annehmen wie sie ist, oder, noch besser, sie studieren, um sie zu verstehen.

In seiner Schule beschließt der kleine René Descartes, das Leben als einstweilig zu betrachten. Als er ins Kolleg kommt, wird er scheinbar ohne Bedauern Françoise, die Liebe seiner Kindheit, verlassen. Seine einzige Freundin, seine erste Liebe. Sie schielt... Ihre irregegangenen Augen haben ihn verführt. Berührt. Sie ist verletzlich und liebebedürftig wie er... Er liebt sie! Er wird sie sein ganzes Leben lieben. Später, viele Jahre danach, wird er keinem Mädchen begegnen, das mit dem Makel des Schielens behaftet ist, ohne sich in sie zu verlieben. Es ist seine Art, treu zu sein.

René und Françoise lieben sich, seit sie einander auf einem ihrer einsamen Spaziergänge begegneten. Die Bauernkinder, die über die Gegend herrschen, haben sie von ihrer Bande ausgeschlossen, das Mädchen wegen seiner Häßlichkeit, den Jungen wegen seiner »schwachen Brust«. Sie lassen sie nicht an ihrem Krieg gegen die Bannwarte teilnehmen, die Feldhüter, die Ernte und Obstbäume bewachen. Es ist ein richtiger Krieg mit Hinterhalten, Finten und Heranrobben im Unterholz. Eine Lektion Leben.

Also steigen Françoise und René auf den Hügel. Mit beklommenem Herzen wohnen sie der Schlacht bei, die in der Ebene geschlagen wird. Ohne sie...

Ein Späher hat den Bannwart hinter einer Brombeerhecke ausgemacht, doch geht er weiter, als ob nichts wäre, pflückt hier einen Apfel, dort eine Traube. Der Bannwart taucht auf, brüllt, schwenkt seinen Prügel und rennt ihm nach! Da überfällt die Bande den Obstgarten, pflückt Kirschen und Pfirsiche, doch wenn der in einer Eiche thronende Aufpasser pfeift, zerstreuen sie sich in aller Eile. Der Feldhüter kommt erschöpft zurück und muß dann zur Verfolgung der Diebesbande erneut aufbrechen ... Wenn das Unglück es will und er erwischt einen von ihnen, geht das Obst von Hand zu Hand bis zu den anderen, die schon unerreichbar weit weggelaufen sind. Der Strolch zappelt und protestiert:« Ich hab' nichts genommen, Herr, es waren die dort!« Mangels Beweisen muß der Bannwart ihn laufen lassen ...

Françoise und René werden diese Aufregungen nie kennenlernen, all diese Abenteuer sind ihnen versagt ... Sie gehen zusammen spazieren. Sie lieben sich. Weil sie gemeinsam unglücklich sind.

Dann kommt die Zeit des Kollegs. Die schrecklichen Jahre. »Pedanten, Schmerzen, Angst und Strafen, Karzer, Armut, wenig zu essen, Flöhe, Läuse, Wanzen ... alles Unglück des Zöglings beginnt mit einem p«[1], schreibt Charles Sorel, ein Zeitgenosse Descartes'. Sie werden eingesperrt wie Mönche im Kloster, in feuchten, schlecht geheizten Gebäuden, werden mit griechischen und lateinischen Deklinationen betäubt und dürfen untereinander nur Lateinisch sprechen. Lachen und Spiel sind verboten. Der Zuchtmeister schleicht

1 Auf Französisch: »Pédants, peine, peur, punitions, prison, pauvreté, petites portions, poux, puces, punaises ... « (d.Ü.)

mit der Peitsche in der Hand über die Flure, lauert auf die geringste Übertretung der Disziplin, um die Spitzbuben in den Karzer zu werfen, bei Wasser und trocken Brot.

René würde dieses Regiment nicht überleben...

Der Zufall will es, daß Heinrich IV, ein aus Liebe zur Macht konvertierter Protestant, gerade eine Partei von Katholiken braucht, die ihm ergeben ist. Mit einem Edikt vom 2. Januar 1603 setzt er die Jesuiten, die unter Heinrich III aus Frankreich verjagt worden waren, »in ihre alten Rechte ein«, gibt ihnen alles zurück, was sie verloren haben, und schenkt ihnen seinen Palast von La Flèche »zusammen mit großen Geldbeträgen, damit sie die Gebäude bequem und glanzvoll ausstatten können.« Er gewährt ihnen des weiteren eine jährliche Zahlung von 11 000 Gold-Ecus, damit sie ein Kolleg eröffnen können, »worin die Söhne des französischen Adels in der Großen Literatur und nach den Maximen der Wahren Religion (der katholischen) erzogen werden sollen«.

Der General[1] der Jesuiten sammelt die besten Professoren der Kompanie, doch herrscht als wichtigste Bedingung die Gleichheit im Studium. »Nur die Schüler von hoher Geburt sollen Einzelzimmer mit Dienerschaft erhalten. Alle anderen werden in Schlafsälen wohnen. Unterricht und Hausaufgaben sind gemeinschaftlich.« Wenn sie diese erstklassige Erziehung genossen hätten, würden den Kindern aus dem Großbürgertum oder dem niederen Adel wichtige Posten

1 Die übliche Abkürzung für »Generalsuperior« – daß die Jesuiten eine »militärische Organisation« hätten, ist eine Legende.

offenstehen. Sie würden einmal die zuverlässigsten Stützen der Krone abgeben...

Wer dem König gefallen will, muß seine Söhne im Kolleg von La Flèche anmelden... Es gibt einen Ansturm! Pierre, der älteste Sohn des Rats Descartes ist natürlich »einer von ihnen«.

Und René? Sein Vater kümmert sich nicht mehr um ihn. Aber bald wird ein Verwandter der Familie, Pater Charlet, zum Professor am Königlichen Kolleg ernannt. Er trifft dort seinen Neffen Pierre an, sorgt sich aber um dessen jüngeren Bruder. Er erfährt, daß die Großmutter, vom Verlust ihres Gatten und ihrer Tochter niedergedrückt und in ihrem Kummer vergraben, den jungen René auf dem Lande herumstreunen läßt... Verärgert interveniert Pater Charlet aufs energischste bei Joachim Descartes.

Ihm verdankt es René Descartes, daß er, der quasi Analphabet ist, nach den Osterferien 1607, gerade elf Jahre alt geworden, in La Flèche aufgenommen wird.

An der Seite des jungen Jesuiten, der in die Touraine gekommen war, um ihn abzuholen, betritt der kleine René Descartes den Hof des Kollegs zusammen mit Hunderten von Zöglingen, die vom Schulbeginn außer Rand und Band sind. Er schaut zu, wie sie ihre Eltern umarmen, die sie bis zum Portal begleitet haben, wie sie dann von ihnen weglaufen, voller Freude am Leben und am Herumtollen mit ihren wiedergefundenen Klassenkameraden... Er selbst ist verschreckt und benommen von dem Schreien und Rufen, die »Großen« schubsen ihn herum. Da er noch unter dem Schock der Trennung von Françoise steht und dies alles so fern ist von seiner menschenleeren, stillen Landschaft, weicht er auf dem Weg zum Zimmer des Pater Charlet seinem Begleiter nicht von der Seite.

Als ein Mann von Herz spürt der Jesuit, daß René ängstlich und höchst sensibel ist und sich unwohl fühlt. *»Dieses Kind«*, schreibt er an Joachim Descartes, *»hat eine naturgegebene Ernsthaftigkeit, die es mehr zum Nachdenken drängt als zu den Spielen. Man muß ihm die Lebensfreude zurückgeben ...«*

Aber Renés Vater hat keinerlei Interesse an seinem Sohn. Für ihn existiert er nicht mehr. Aus Feigheit sagt er dies nicht offen, aber es ergibt sich deutlich aus seinen Briefen. Pater Charlet wird der »Studienleiter« des verlassenen Kindes ...

Der einsame kleine Junge, dem Austausch, Gespräche, menschliche Nähe fehlten, hatte sich in aller Freiheit ein eigenes geistiges Universum erfunden und ausgebaut. René stellt sich Fragen, findet Antworten, sucht sie selbst zu verifizieren. Auch wenn er mit Françoise zusammen war, hielt er Monologe. Sie hörte ihm zu, verstand aber nicht, was er sagte ... Wie ein Künstler hatte er sich eine persönliche, ureigene Innenwelt geschaffen. Er ist unfähig, sich an das Leben in der Gemeinschaft anzupassen. Die anderen Schüler machen sich lustig über ihn, weil er so klein ist und so schwach. Seine Schlafsaalgefährten meiden ihn. Es gelingt ihm nicht, an ihren Spielen teilzunehmen, ebensowenig wie an ihren belanglosen Sorgen, am fieberhaften Warten auf Post, dem zärtlichen Brief von der lieben Mutter oder der Ankündigung einer väterlichen Belohnung für eine gute Note ... Er empfängt niemals Post.

Einmal mehr ist er von der Gruppe ausgeschlossen. Seine einzige Zuflucht ist das Studium. Er holt schnell auf und hat bald die besten Schüler überrundet. Zur Belohnung gewährt Pater Charlet, der inzwischen Rektor des Kollegs geworden ist, ihm ein Einzelzimmer und befreit ihn wegen seiner anfälligen Gesundheit vom Officium und den morgendlichen Pflichten. Er hat beschlossen, dieses kleine, außergewöhnliche Wesen »sich selbst bestimmen zu lassen«...

Die Zöglinge stehen im Sommer um 4 Uhr, im Winter um 5 Uhr auf. Sie gehen zur Messe und wiederholen dann unter der Aufsicht des Zuchtmeisters den Unterricht.

Der junge René Descartes wacht auf, wann er will. Ziemlich spät... Er bleibt lange in einer Art Halbschlaf liegen, dann geht er an die Arbeit. Hier in diesem Zimmer, endlich ganz für sich allein, findet er seine Gewohnheiten wieder, die ihm das Leben süß machen... Er kann nach Belieben nachdenken. In seinem eigenen Rhythmus. Kann dem Lauf seiner Gedanken folgen, ohne gestört, unterbrochen oder kritisiert zu werden. Welche angenehme, wirksame und rasche Lernmethode! Er empfindet Wohlbehagen, Bequemlichkeit und Entspannung...

Er hat seine geliebte Einsamkeit wiedergewonnen.

Seine Jünglingszeit vergeht »mit dem unschuldigen Vergnügen des Studiums«... Wenn er eine neue Frage anschneidet, versucht er sie zuerst selbst zu lösen, ohne Hilfe, nur durch Überlegung. Anfangs wundert sich Pater Charlet darüber: »Du hast dir keine Bücher geholt? Ich habe es dir gesagt und wiederhole es, die

Kollegsbibliothek steht dir zur Verfügung.«

Der dreizehnjährige Zögling antwortete ihm: »So habe ich es schon immer gemacht. Ich möchte die Befriedigung nicht missen, die Lösung selbst zu finden.«

Erst danach liest er in den ehrwürdigen Werken in Latein, um seine Ergebnisse an den Gedanken der Alten zu messen. Und muß feststellen, daß die Texte, die von seinen Lehrern so sehr bewundert werden, kein solides Fundament haben. Im schlimmsten Fall sind es Sammlungen, die über die Jahrhunderte hinweg von unwissenden Kopisten nach schlechten Übersetzungen verfälscht wurden. Im besten Fall großartige Abhandlungen, die jedoch keinen Sinn ergeben. René entdeckt die Absurdität und Nutzlosigkeit der Scholastik... Aber um seinen Professoren eine Freude zu bereiten, arbeitet er ganz ernsthaft, sowohl nachmittags im Unterricht, wie bei seinen Hausaufgaben am Abend. Spielerisch und wie zum Trotz überflügelt er die besten Schüler in allen Disziplinen. Diese Herausforderung bereitet ihm Vergnügen...

Im Jahr 1610 unterbricht die Nachricht vom Tod des Königs den Unterricht. Er wurde von Ravaillac ermordet. René gehört zu den Schülern, die eine »Trauerode zum Gedenken des Fürsten« dichten, in Latein. Er liebt die Kunst der Rede, noch mehr aber die Poesie. Mit 1200 Zöglingen folgt er dem Zug der Kirchenfürsten und Hohen Herren, die gekommen sind, um die Urne mit dem Herzen des Königs in der Kapelle des Kollegs niederzulegen.

Er hat an Selbstbewußtsein gewonnen. Im Unterricht dominiert er die Wortgefechte.

Bei diesen »Disputen« in Dialektik und Logik läßt

er zuerst die anderen sprechen. Dann erhebt er sich. Er beginnt damit, eine genaue Definition der Worte zu geben, die die Schüler verwendet haben: Er fragt, was *genau* man unter diesem Begriff oder jenem Grundsatz *versteht*. Wenn sich alle über die Bedeutung der Termini einig sind, entwickelt er eine vollkommen logische Abhandlung und zieht daraus einen unanfechtbaren Schluß ... Die Debatte ist beendet.

Sein Regent ist beunruhigt von der Möglichkeit, daß dieser Schüler ihn überflügeln könnte und beklagt sich beim Rektor darüber, bei Pater Charlet, und bei seinem Studienpräfekten, Pater Dinet: »Diese eigenartige Methode macht eine Diskussion unmöglich.« Eben ... das gefällt den beiden Kirchenleuten sehr gut.

René Descartes ist fast glücklich. Er fühlt, daß er geliebt, unterstützt und bewundert wird. Er bleibt ein Jüngling mit fahler Gesichtsfarbe, aber er hustet nicht mehr. Seine schwache Brust verbietet ihm jedoch jegliche körperliche Anstrengung und selbst längere Diskussionen in der studentischen Gemeinschaft. Er genießt mehr denn je die Freuden der Einsamkeit ... Denn er hat gerade eine Disziplin entdeckt, die endlich sein Verlangen nach Strenge und Genauigkeit befriedigt: die Mathematik. Er begibt sich allein ans Studium, im Bett, wie immer ...

Von seiner neuen Leidenschaft völlig vereinnahmt, macht er so schnelle Fortschritte, daß seine Lehrer glauben, ein wirkliches Genie entdeckt zu haben, zum höheren Ruhm des Kollegs, »den größten Mathematiker, den Gott schuf«!

Die ehrwürdigen Väter, ganz in Ekstase und überglücklich, wiederholen es, sooft man es hören will.

Zur Belohnung erhält René die Erlaubnis, sein letztes Studienjahr ganz der Höheren Mathematik zu widmen.[1] Nach einer solchen Schulzeit sind die Examina eine reine Formsache.

Anfang August bildet die Diplomübergabe, die »Kollation der Titel«, den Abschluß des Schuljahrs. Monseigneur, der Bischof von Paris, der bei dieser Gelegenheit eine Gedenkmesse für den Gründerkönig Heinrich den Großen liest, leitet persönlich die Zeremonie.

An diesem Tag steuert eine bunte Menge auf das Portal von La Flèche zu; das Kolleg ist sehr in Mode. Da gehen spitzengeschmückt die Angehörigen des niederen Adels, am Arm ihre Frauen in Seide und Brokat. Die reichen, goldbeladenen Bürger und ihre »Fräulein« (die Ehefrauen) protestieren lauthals, wenn ihre Karossen behindert werden: Man muß unbedingt bis zum Platz vorfahren, um in der großen Equipage gesehen zu werden! Die ganze schöne Welt grüßt und gratuliert, zeigt die livrierten Lakaien vor und stellt Reichtum und Beziehungen zur Schau ... Die Hohen Herren sind noch nicht eingetroffen, sie sind es sich schuldig, zu spät zu kommen, schon um ihren Rang zu behaupten.

Nach der Messe begeben sich alle in die düster kühle Aula des Kollegs. Die Professoren, im zeremoniellen Habit, einer schwarzen Soutane mit langer schwarzer Toga, die von weißem Hermelin und einer schwarzen, viereckigen Kappe noch unterstrichen wird, gruppie-

---

1 Völlig allein. Er hat die besten Mathematikprofessoren des Kollegs längst überflügelt.

ren sich auf einer Empore um den Rektor. In Anwesenheit aller Zöglinge und ihrer Eltern, der eigene Vater ist »wegen seiner Verpflichtungen« verhindert, tritt René Descartes vor, um seine Titel in Empfang zu nehmen.

Pater Dinet, sein Präfekt, übereicht ihm die Urkunde eines *Baccalaureus artis* für seine gelehrte Dissertation in Dialektik und Physik des Aristoteles. Dann überläßt er den Platz dem Rektor, Pater Charlet. Jetzt kommt der feierliche Augenblick: Sein Studiendirektor wird ihm die *Licentia artis* und den *Magister artis* übergeben.

Pater Charlet hält ein Buch in die Höhe. Ein dickes Philosophiebuch in Latein, mit Griechisch *durchspeckt,*[1] eingebunden in dickes Leder und verschlossen mit einem wachsversiegelten Kupferschloß.

»Es ist versiegelt«, dröhnt der Priester auf Lateinisch, »denn sein Inhalt, das Symbol des Wissens, ist für die einfachen Menschen verboten, sie würden es mißbrauchen. Nur die Eingeweihten, welche die Weisheit empfangen haben, dürfen darin lesen.«

René Descartes streckt die geöffneten Hände aus, um das Geschenk entgegenzunehmen. Der Jesuit legt den Band langsam hinein. *Renatus Cartesius* ist zum *Doctor artis* ernannt.

Dann nimmt Pater Charlet das Buch wieder, bricht das Siegel, schlägt den Folianten auf und spricht die Worte: »*En vobis philosophicum librum, clausum, apertum; et Artes liberales, ipsamque Philosophiam tradenti autoritatem habote.*«

---

1 Frz. *entrelardé* (d.Ü.); es ist Descartes' Lieblingsausdruck

Der neue »Pedant« wird ermächtigt, »das Wissen der Bücher in magistralem Unterricht weiterzugeben«, allerdings mit der Bürgschaft der Schule. Keiner darf ihre Autorität angreifen.

Ein Regent tritt vor. Er trägt goldene Ringe auf einem schwarzen Kissen. Der Rektor nimmt einen von ihnen, streift ihn über den Ringfinger des Geehrten und erklärt: »*Accipite annulum, et intelligite per hunc vobis Philosophiam omnisque liberalis artis doctrinam traditam et quasi desponsam.*«

René Descartes ist nun mit »der Philosophie vereint«. Er soll sie »behandeln und ehren wie seine eheliche Gattin«.

Zwei Studienmeister bekleiden ihn dann mit einem langen schwarzen Cape, an dessen linker Schulter ein hermelinbesetztes Stoffband an einer Kette herunterhängt, die Epitoge. Pater Charlet ermahnt ihn: »*Induimini epomidem, et non habitu solùm, verùm et moribus et doctrinâ vos Philosophos proestate*... (Ahmt nicht gewisse Mitbrüder nach, die vom Philosophen nur den Mantel und den Bart tragen, *pallio et barbâ*.)

René verbeugt sich. Der Rektor setzt ihm die viereckige Kappe auf. Seine Stimme tönt unter dem Steingewölbe: »*Et pilum capite, id est jam soepius animo cupitam libertatem, cujus est hoc monimentum*!

In diesem August des Jahres 1615 entflieht René Descartes, nachdem er mit neunzehneinhalb Jahren in die »Reihen der Doctores« aufgenommen ist, »dem Joch der Lehrmeister.«

In einer Wolke von Segnungen verläßt er seine Lehrer, ihre Freundschaft, ihr Verständnis und ihre Sorge. Hier war er bewundert, vergöttert, geliebt worden. Er fällt zurück in Gleichgültigkeit, Mißachtung und recht bald in Haß.

Sein Vater hat ihn an der Universität von Poitiers, der besten Frankreichs, in kanonischem (religiösem) und zivilem Recht immatrikuliert.

Joachim Descartes hat nur einen Ehrgeiz: daß seine Söhne und danach seine Enkel ebenfalls Magistrate[1] werden, damit die Familie Zugang zum Robenadel findet, denn von ihm träumen die Parvenüs aus dem Bürgertum. Drei Generationen von »Robinern« sind notwendig, um in den Adelsstand versetzt zu werden. Wenn sie die »Laufbahn« einschlagen, werden seine Enkel einmal das »de« zu Recht tragen. *Des Cartes* ... Wie schön das klingt! Sein Vater, ein Arzt in Châtellerault, hatte ihm ein ansehnliches Vermögen hinterlassen. Er besitzt die Mittel, um für Pierre ein Amt zu kaufen, seinen Ältesten, der gerade sein Jurastudium abschließt, für Joachim, seinen Sohn aus zweiter Ehe, der noch ein Zögling ist, und sogar für René, der, es ist kaum zu glauben, dank der Unterstützung seiner Professoren zum ersten Gerichtspräsidenten werden könnte. Sie bewundern ihn so sehr ... Diese unwahrscheinliche Eingenommenheit der Jesuiten muß schnellstmöglich ausgenutzt werden.

Nach seinem Abschluß am Kolleg von La Flèche ist René ein kleiner junger Mann mit bläulicher Gesichts-

1 Magistrat: Sammelbegriff aus jener Zeit für Richter und Staatsanwälte (d.Ü.)

farbe. Bleich vor Wut. Unmut spannt seinen kraftlosen Organismus bis zum Zerreißen an.

Er haßt sich selbst.

Er haßt seine Gestalt eines schmächtigen Jünglings, seinen zu geringen Wuchs, seinen zu großen Kopf auf dem ausgemergelten Körper, seine zu große Nase im schlecht geschnittenen Gesicht, seine zu breite, vorspringende Stirn, seine schwarzen, glatten Haare, seine grauen Augen ...

Beim kleinsten Ärgernis oder bei der größten Freude und wenn er nachdenkt, werden sie plötzlich schwarz, tiefschwarz.

Seine Stimme ist sanft und wird nie laut, wegen der angegriffenen Lunge. Dieser schwarze Blick in einem weißen, von schwarzen Haaren umrahmten Gesicht ist der einzige Widerschein vom Glanz einer übermenschlichen Leidenschaft an dem einsamen Wesen im zerbrechlichen Körper.

Die pechschwarzen Augen gewähren seinen Gesprächspartnern keinen Halt. Völlig verunsichert von dem intensiven, verständnislosen Blick, können sie ihn nur bewundern oder hassen. Ein maßloser Ehrgeiz läßt diese undurchdringlichen Augen stechen, er fällt sofort auf, ist auch in die verächtlichen Falten um den Mund eingeprägt: René Descartes ist, berechtigtermaßen, zutiefst davon überzeugt, daß er ein schöpferisches Genie ist.

Dennoch haßt er sich.

Er haßt das Geschick (den Zufall) seiner Geburt: zu niedrig, um glücklich zu sein, zu hoch, um sich damit zufrieden zu geben. Er hatte Umgang mit so vielen jungen, vom Los begünstigten Herren gehabt, die hoch gewachsen, schön gebaut, verführerisch und voll natürlicher Distinguiertheit und Anmut waren, reich und müßig... und dabei völlige Idioten!

Er haßt seinen Vater, diesen geschäftigen Robiner mit der Sucht nach einem Adelstitel. Er haßt die Schikanen, die Winkeladvokaten und ihren Jargon. Er hat in La Flèche davon gekostet. Er haßt die »Einrede der rechtskräftig entschiedenen Sache«, die »Bestreitung«, die »prozeßbehindernden«, »aufschiebenden« und »versöhnlichen« Einreden. Er haßt die »Eigentumsklage«, die »Besitzklage«, die »Negationsklage«, die »Geständnisklage«, die »Drittschuldnerklage«.

Er haßt die Gerichtsvollzieher und ihre öffentlichen Urkunden, die Gesuche, Vorladungen, Assignate, Mahnungen, Zustellungen, Zahlungsbefehle, Zwangsvollstreckungen.

Er haßt seine Zukunft als Worteklauber. Er haßt seine Ohnmacht.

Was soll er tun? Arzt werden wie sein Großvater väterlicherseits? Einer von diesen Scharlatanen, die gerade dazu fähig sind, in schlechtem Latein über Krankheiten zu brabbeln, von denen sie kein Gran verstehen? Jeden Tag werden Tiere ohne Schwierigkeiten geboren und jeden Tag sterben von diesen diplombehangenen Mördern »assistierte« Frauen an den Folgen der Niederkunft.[1] Wie der Volksmund schon sagt: »Um ihre Pergamente herzustellen, braucht es eine ganze Eselshaut. Die Ohren, damit sie die Kappe halten.«

Er dagegen weiß, daß er nichts weiß. Seinen Lehr-

1 An Blutvergiftung – die Ärzte und Barbiere wuschen sich nicht einmal die Hände! Dabei waren die antiseptischen Eigenschaften der Seife schon von den Kelten her bekannt.

meistern ist er ein Wunder, sie machen ein großes Gerede um seine »Weisheit«, nennen ihn einen »Gelehrten« und behaupten, er verfüge schon über den Hauptteil allen menschlichen Wissens. So soll es sein, wenn man ein »Weiser« ist? Heißt es, daß man alte Texte kennt, zitiert, dissertiert und disputiert, die mit der Zeit, den Übersetzungen und Interpretationen unverständlich geworden sind? Heißt es, gegenüber der souveränen Natur machtlos zu sein, dafür aber pompöse, hohle, rein dekorative Reden zu führen, während der größte Teil der menschlichen Gattung von der Bürde des Lebens niedergedrückt wird, sich bei der Arbeit erschöpft und stirbt, ohne den Beistand durch die »Industrie der Künste« (die Kenntnis der Techniken) und ohne die Unterstützung der Wissenschaft?

Nach Jahren des Studiums bei den besten Professoren hat er nur eines gelernt: das Ausmaß seiner Unwissenheit.

Alles ist grotesk.

Sich selbst findet er im übrigen genauso grotesk. Fortuna hat ihm etwas Unschätzbares geschenkt: Intelligenz. Der Rest ist eine Sache des Willens.

Zum Edelmann wird man geboren.

Sei's drum. Adlig kann man auch werden: Der Kriegsherr, der »Kavalier«, hat das Recht, bei jeder Gelegenheit den Degen zu tragen. Er ist noch nie auf einem Pferd geritten. Er hat noch nie ein Rapier in der Hand gehalten. Das spielt keine Rolle. Er wird es lernen. Was seinen Körper betrifft, diese schwache

Maschine, so wird er ihn härten, ihn brechen, um ihn geschmeidiger zu machen.

Sofort nach seiner Ankunft in Rennes, im Haus seines Vaters, nimmt René Descartes Reitunterricht. Er reitet Stunde um Stunde in allen Gangarten. Er fällt vom Pferd, steht wieder auf, reitet weiter bis zur völligen Beherrschung des Großen Galopps, der Hohen Schule.

Am Nachmittag, nachdem er sich kaum ausgeruht hat, die Muskeln sind noch verkrampft vor Ermüdung und seine Brust schmerzt – immer noch diese Lungenbeschwerden –, geht er zum Fechten über.

Jeder Waffenlehrer zeigt außer den klassischen Finten auch die geheimen Hiebe, welche den Ruf seiner Schule begründen. Doch die empirische Lehre baut immer noch auf dem Kräftemessen, dem langsamen Zweikampf auf, bei dem der stärkere, der größere, der ausdauerndere schließlich die Klinge seines Gegners greifen kann und ihn mit einem Stoß mit der Spitze durchbohrt. All das paßt Descartes nicht.

Der Fechtmeister entdeckt an seinem neuen Schüler eine sehr seltene Qualität: einen unbezwingbaren Siegeswillen, gepaart mit völliger Kaltblütigkeit. Ohne Emotionen geht seine gesamte Energie in die Stöße mit der Klinge. Aus dieser ganz in die Geste projizierten Kraft entsteht die reine, perfekte Bewegung. Präzise und mörderisch ...

Unermüdlich arbeitet René Descartes an der Technik, an der Stellung der Hände, von der Prim bis zur Oktave, übt den Angriff, das Zurückweichen ... Er renkt sich das Handgelenk aus, bekommt Muskeln in Armen und Beinen, arbeitet an seiner Beweglichkeit, an der Beherrschung des Raums, der Rhythmen und Gegenrhythmen. Sechs Monate intensiver Ertüchtigung reichen aus, um für ihn einen neuen Stil zu entwickeln, der seine körperlichen Nachteile durch Schnelligkeit im Ausführen der Stöße ausgleichen soll. Trotz seiner geringen Größe und Reichweite, trotz seiner kurzen Schritte und seines knappen Atems wird er unschlagbar.

Ganz in der Nähe des Waffensaals hat ein Buchhändler sein Geschäft. Das Gerücht von Descartes' wachsender Reputation ist bald zu ihm gedrungen... In seinem Auftrag und für eine Handvoll Ecus verfaßt der junge Haudegen ein kleines Werk mit dem Titel: *»Die Fechtkunst. Traktat über die Art und Weise, wie man die Waffe führt.«* Das erste – anonyme – Werk von René Descartes...

Der Autor »stützt seine Lehren auf die eigene Erfahrung«. Nach allgemeinen Bemerkungen mit dem Untertitel *»Der Degen und die Art und Weise, sich seiner zu bedienen«*, gliedert er seinen Kurs in zwei Teile. Im ersten behandelt er die Defensive: Wie man sich dem Gegner entwindet in die »weite Mensur«, wie man Vorteile daraus zieht und ihn sicher zur »engen Mensur« bringt. Der zweite Teil untersucht die Offensive: Der Autor erklärt, wie man, in eine »enge Mensur« geraten, dennoch »unweigerlich gewinnt«. Er demonstriert es gerne selbst...

Da ruft ihn sein Vater zurück in die Wirklichkeit: René wird gebeten, die Juravorlesungen zu besuchen und unverzüglich das elterliche Haus von seiner Anwesenheit zu befreien.

Ein Jahr später, am 9. und 10. November 1616, wird René Descartes an der Universität von Poitiers als Baccalaureus und danach als Lizentiat in Kanonischem und Zivilem Recht angenommen.

Jetzt ist seine Entscheidung gefallen: Er wird niemals Magistrat werden.

Er weiß es.

Er weiß, warum sein Vater, dieser würdige Gerichtsrat, in Purpur drapiert ist, wenn er im Parlament sitzt: Damit man die Flecken vom Blut der Unglücklichen nicht sieht, die er der Marter des Verhörs unterzieht, bevor er sie wegen Diebstahls hängen läßt. Er weiß, daß Joachim Descartes die Verbrechen der königlichen Macht unter dem Schleier der Legalität verbirgt.

Die Parlamente, Zivilgerichte, Straf- und Berufungsgerichte in einem, verfolgen auch die Hexer und Hexen, die sich »der Verzauberungen, Wahrsagerei und anderer verdammenswerter Verbrechen der Gotteslästerung« schuldig gemacht haben: Die mittelalterliche Anklage ist immer noch das beste Mittel, um die politische Opposition und die Erhebungen des Volkes zu unterdrücken. Kurz nachdem Heinrich IV. – der »gute König Heinrich«, mit seinem Huhn im Sonntagstopf – Paris gegen eine Messe eingehandelt hatte, befahl er da nicht seinem Parlament in Bordeaux, den *Labourd* im Baskenland zu sanieren, »da ihn Legionen von Hexern und Hexen verpesteten«?

René Descartes war 13 Jahre alt, als dieser Völkermord im Jahre 1609 vom Gerichtspräsidenten d'Espagnet und dem Gerichtsrat de Lancre[1] ausge-

1 Für diese »Großtat« wurden beide geadelt.

führt wurde. Sie hatten den Auftrag, ein Riesenspektakel zu inszenieren – mit kollektiven, öffentlichen Denunziationen und Tausenden von Gefolterten. Es fanden Massenexekutionen statt und manchmal brannten 400 Scheiterhaufen an einem Tag.... Angewidert hatte René mit Pater Dinet, seinem Studienpräfekten, darüber gesprochen. Der Jesuit hatte ihm nichts von der Wirklichkeit verheimlicht:

»In den kultivierten Kreisen Frankreichs, ob sie religiös sind oder nicht, liest man Montaigne und die Humanisten und glaubt nicht mehr an Pakte mit den Geistern. Die gallikanische [die französische] Kirche hat die Verteidigung der Besessenen übernommen, sie nennt sie »Opfer des Teufels«, die mit dem Exorzismus behandelt werden müssen und nicht als »Komplizen« des Teufels. Aber wenn die Ordnung bedroht ist, setzen sich auf Geheiß des Königs die Richter über diese Richtlinien der Kirche hinweg. Theologen, Dominikaner und einige Kapuzinermönche, ja sogar Jesuiten unterstützen sie dabei.«

Jeden Tag erreichen Denunziationsbriefe den Louvre. Das Kabinett der Kanzlei (der Polizei) macht Anmerkungen, heftet sie ab, führt Buch darüber. Bald verbreitet sich das Gerücht in der Öffentlichkeit, bläht sich auf, schon sind ganze Landstriche betroffen... Die Richter schreiten ein.

René Descartes und einige Jurastudenten der Universität von Poitiers stellten eine Untersuchung darüber an.

Die unteren Richter, die Baillis und Amtsrichter, sperrten Satansanbeter[1], falsche Hexer und Hexen kun-

1 Satan vor seinem Fall, d.h. Lucifer (von Lateinisch: »Träger des Lichts), es handelt sich um den in die christliche Religion transponierten Mythos des Prometheus.

terbunt mit wirklichen Betrügern, Einrenkern, Heilkundigen »in Arzneien und Giften« zusammen, auch Bauernfamilien waren darunter, die noch heimlich die uralten Feste an den Sonnenwenden und Äquinoktien feierten, die von der Kirche verboten waren (die berühmten »nächtlichen Sabbate«). Auch Opfer von Klatsch, Vergeltung, Eifersucht und Habgier waren zu ihnen gestoßen (der Denunziant erhält ein Viertel der Habe des Verurteilten): Vom ersten Verhör an rächten sich diese Leute, »die für jegliche Reputation verloren waren«, indem sie ihre Beschuldiger denunzierten... An der Kirmes oder am Markttag würden alle diese Verdächtigen der Wasserprüfung unterzogen werden.

Die kleine Gruppe Jurastudenten unter der Führung von René Descartes ist zu Beginn des »Festes« eingetroffen. Die Bewohner der Umgebung und andere, »die von weither gekommen sind«, haben die Herbergen und Schänken schon besetzt. In Erwartung der Ereignisse geht ein jeder seinen Geschäften nach, inmitten von Schaustellern, von »Bären, Affen und fremden Tieren«, Jongleuren, Akrobaten, fahrenden Musikanten und Schauspielern. Fliegende Händler verkaufen »Traktate über Geisteranbetung« wie die berühmte »Verabscheuungswürdige Abhandlung über die Hexer und ihre Prozesse, wie sie seit zwei Jahren in verschiedenen Gegenden Frankreichs geführt werden, mit einer Instruktion zur Urteilsverkündung gegen Hexerei«, von Herrn Henri Boguet, Großrichter von Burgund und ein sadistischer Mörder von 2000 »Hexen«. Dieser Ausgabe folgen weitere »überarbeitete und verbesserte Neuauflagen«. Die Leser sind wild darauf...

Plötzlich bewegt sich die ganze Menge zur Brücke und den Flußufern: Die Angeklagten kommen. René Descartes und seine Freunde schieben sich ganz nach vorne. Eine lange Reihe von Männern und Frauen, die von Bewaffneten eingerahmt werden, hat sich am Kai aufgestellt. Der Henker legt einem nach dem anderen Fesseln an, beschwert diese mit Ketten und wirft ihn dann kopfüber ins Wasser. Das ist die Wasserprüfung: Schwimmen die Verdächtigen oben, können sie dies nur mit Hilfe des Dämonen. Ertrinken sie, dann sterben sie als gute Christen ...

Die Stärksten zappeln noch und bleiben an der Oberfläche. Andere halten sich bis zum Erstickungstod am Grund, um ihre Unschuld zu beweisen. Die Frauen, Greise und Invaliden, unnütze Münder, deren sich die Familien so auf bequeme Art entledigt haben, erleiden im kalten Wasser einen Schock, das Gewicht der Ketten tut ein übriges, sie gehen sofort unter.

Das genügt dem Richter noch nicht. Er spricht zur Menge: »Daß Ihr Euch nicht täuschen laßt. Durch List hat der Teufel ihnen seinen Schutz entzogen. Aber mich kann er nicht irreführen, mich, den *Doctor artis* in Übeltaten.«

Mit einem Wink läßt er sie von den Gehilfen des Henkers herausfischen und erklärt sie zu *überführten Hexern*. Die »Instruktion« ist beendet ... Die fassungslose Menge geht langsam, mit Bemerkungen über diese »Wunder der Hölle« auseinander.

Die Untersuchung wird »im Geheimen« weitergeführt, in der Folterkammer.

Am Abend trafen René Descartes und die anderen Studenten den Schriftführer des Sondergerichts weinselig, einsam und klagend in der Herberge an. In den kleinen Städten gibt es kaum Zerstreuungen. Der Ruf seines Amts verbat es ihm, die Hure aufzusuchen... Keiner hatte mit ihm zu sprechen gewagt. Welch ein Glücksfall, künftige »Kollegen« zu treffen! Er wurde redselig:

»Einmal mehr hat sich herausgestellt, daß in Sachen Hexerei die Hauptschuldigen Frauen sind. Wie der Herr Richter sagt: ›Durch die ihrem Geschlecht von der Natur gegebene Neugier und Schwäche erliegen sie leichter den Werken des Dämons.‹«...

René Descartes stachelte ihn noch an: »Aber um sie verurteilen zu können, sind doch Beweise und Geständnisse nötig?«

Der Schreiber starrte ihn an, er war ehrlich erstaunt: »Beweise? Nachdem der Henker und seine Gehilfen sie nackt ausgezogen haben und der Barbier sie kahlrasiert hat, werden sie von einem Arzt untersucht, in unserer Anwesenheit... Jedes Mal besteht *mein* Richter darauf, daß auch die ›natürlichen Hohlräume untersucht werden, des Teufels bevorzugte Verstecke‹.«

Er warf ihnen ein schlüpfriges Augenzwinkern zu, um seiner Rede Nachdruck zu verleihen, und fuhr dann fort: »Das geht, bis eine Narbe gefunden wird, ein Schönheitsfleck oder ein Mal von ungewöhnlicher Form: das Kennzeichen des Dämons. Jetzt braucht man nur noch die unempfindliche Stelle zu finden, mit der der Teufel seine Komplizen belohnt. Den Hexen werden die Augen verbunden. Mit einer langen Nadel sticht der Arzt sie irgendwo in den Leib. Oft biegt sich die Nadel oder versinkt wegen ihrer starken Zuckungen in den Muskeln... Sie tun, als ob sie litten! Aber die unempfindliche Stelle zeigt sich immer, wenn sie nicht mehr die Kraft haben, Theater zu spielen ... «

Auf ein Zeichen der Studenten füllte ihnen der Wirt wieder die Krüge. Der Protokollant leerte den seinen und hob dann erneut an: » ... Die Geständnisse sind reine Routine. Man braucht sie nur mit den Handgelenken an einem Pfosten aufzuhängen und bis aufs Blut auszupeitschen, da geben sie sofort auf ... Manchmal muß man noch *den Eselssitz* bemühen, der die Gelenke ausrenkt, oder *die Schnürstiefel,* die die Beine zwischen zwei Brettern einquetschen. Die Schuldigen sind in jedem Fall geständig ... Immer! Der Henker foltert, der Richter stellt die Fragen. Ich schreibe auf. Ich verfasse das Gerichtsprotokoll.«

René Descartes kannte diese »Stücke« schon zur Genüge. Neben Urteilssprüchen, Auszügen aus der Bibel, Zitaten von Thomas von Aquin und aus den »Bekenntnissen« von Augustinus machen sie den Hauptteil der »Traktate über Dämonenanbetung« aus, welche unter dem Vorwand, »Sabbate zu beschreiben«, von pornographischen Einzelheiten wimmeln. Sie hatten einen beachtlichen Erfolg, denn die Autoren, alle Richter, hüteten sich davor, sie in Latein zu schreiben!

Allerdings scheint der Teufel in Sachen Erotik nicht gerade über eine diabolische Phantasie zu verfügen, denn all diese Berichte ähnelten einander.

Der Schriftführer, inzwischen völlig betrunken, schweifte ab: »Man muß sie vor allem dazu bringen, den ›verwerflichen Akt‹ (die Sodomie) zu gestehen, die *Kopulation mit dem Teufel.* Auf die Art bringt er die Kreaturen in seine Gewalt. Wir untersuchen diese

Dinge seit langer Zeit, wir wissen genau, was sich bei den Sabbaten abspielt! Der Richter hält ihnen Sätze vor, sie müssen sie nur wiederholen: ›Nach dem Ritual des infamen Kusses auf die Geschlechtsteile wurde ich vom Dämon und seinen weltlichen Dienern fleischlich erkannt, sowohl von vorn wie von hinten.‹ Da ich sie so häufig schreibe, weiß ich sie auswendig...

Noch schlimmer ist die höchste Verworfenheit: ›Ich habe gesehen, wie fluchbeladene Priester dieses naturwidrige Verbrechen an Nonnen begingen, in der Kirche auf dem Altar.‹ Das sind die schwarzen Messen mit entweihten Hostien. Alle waren sie einmal bei so etwas zugegen... Nachher fragt der Richter sie nach Einzelheiten. Wenn sie nicht dasselbe sagen wie die anderen, heißt das, sie lügen. Nur, manchmal wollen sie gar nichts sagen! Der Henker steckt ihre Hände in die V-förmige Kerbe an einem Holzblock, zwängt sie mit einem Pflock ein und schlägt mit dem Fäustel darauf. Das löst ihnen die Zunge: ›Ich habe das Glied des Teufels in die Hand genommen. Es ist dick wie ein Arm... Es hat mich zerrissen und mir dabei große Schmerzen bereitet... Es ist mit Schuppen bedeckt. Es dringt leicht ein, aber beim Herausziehen richten sich die Schuppen auf und zerreißen das Fleisch... Sein Schwanz ist halb aus Metall und halb aus Fleisch, sodaß er niemals schlaff wird... er ist so groß, daß er ihm auf den Magen schlägt.‹ Am Ende sagen sie alle die Wahrheit: Er besitzt zwei Schwänze, die dick sind wie bei einem Maultier, sodaß die doppelte Penetration unerträglich ist... Gleichzeitig zwingt er sie mit einem dritten, sehr langen Schwanz zur Fellatio. Sein eiskalter Samen verbrennt die Eingeweide. Ich habe das meine ganze Laufbahn hindurch schon Hunderte Male gehört. Der beste Beweis, daß es wahr ist! Aber manchmal übertreiben sie, dem Richter zu Gefallen...«

Der Schreiber schien betrübt, mit so viel Scheußlichkeit zu tun zu haben. Glücklicherweise trug die Justiz den Sieg davon: »...Die Hexen werden zum *Tod durch Erdrosseln verurteilt, nachdem sie die Hitze des Feuers gespürt haben.* Dann werden sie verbrannt, und ihre Asche wird zerstreut. Die abtrünnigen Priester, die Nonnen, die Hunde dressieren, daß sie sie liebkosen, werden wie diejenigen, die sich der Frevel und Schändungen schuldig gemacht haben, lebendig verbrannt, auf *kleiner Flamme*, das heißt, auf einem Feuer aus trockenem Stroh, das ohne Rauch abbrennt, damit sie nicht vorher ersticken... Manchmal zerbirst der Henker ihnen aus Mitleid den Schädel mit dem Schürhaken, unter dem Vorwand, das Feuer anzufachen...«

Das alles geschieht nicht nur in Frankreich. Das gesamte katholische Europa wird vom Feuer der Scheiterhaufen erleuchtet...

In Paris jedoch beginnt das von Freidenkern infiltrierte Parlament, die Inquisitoren zu bekämpfen. Auch in der Provinz lehnen zahlreiche Gerichtsräte es ab, »diese Justiz ohne Ehre und Profit durchzuführen«. Denn die Mehrzahl der Angeklagten können weder die Prozeßkosten bezahlen noch ihren Aufenthalt im Gefängnis, und besitzen nichts, was zugunsten der Parlamentarier konfisziert werden könnte. Aber was hilft ihr Murren! Ihres Amtes wegen, das sie sehr teuer gekauft haben, sind sie verpflichtet, diese Fälle zu untersuchen, ob es ihnen paßt oder nicht. In der Bretagne, wo die Tradition, die bretonische Sprache und der Nationalismus sich gegen den königlichen Zentralismus richten, wüten die Theologen und Gerichtsräte auf Befehl des Gouverneurs nur noch schlimmer. Joachim Descartes ist einer dieser Höllenrichter.

René haßt seinen Vater nicht mehr. Er verachtet ihn. Speit aus vor ihm... Er hat seine Begründungen, Anträge und Urteilssprüche gelesen. Der Rat Descartes zitiert mit Vorliebe Boguet, den Folterer von Burgund. Wie er verurteilt er die »Besessenen«, um damit »alle Franzosen zu mahnen und zu bewegen, daß sie noch ergebener zu Gott beten und ihn anrufen, damit er seinen Zorn besänftige, welcher allein es erlaubt, daß zur Strafe für unsere gewaltigen Sünden diese Gottlosigkeiten und Frevel der Hexer und Hexen fortdauern«.

Entfliehen. Dem Schrecken entfliehen. Dem Kanonischen Recht, dem Zivilrecht, der Justiz, dem künftigen Amt, der Karriere, der »Robe« entfliehen. Der Infamie...

Schnell fort, und fort mit der Studentenkutte, dem Philosophenflitter. Verschwinden. Sich in der anonymen Menge verlieren! In Paris kennt ihn niemand.

In grüner Reisekleidung und hohen Reiterstiefeln, die über dem Knie weiter werden, mit einem soliden Kampfrapier an der Seite und einem breitkrempigen, von der unverzichtbaren Feder gekrönten Hut auf dem Kopf, reitet der Kavalier René Descartes zur Hauptstadt.

Nach Rennes will er niemals zurückkehren. Er will seinen Vater nie wiedersehen. Er will auch nie mehr seinen Namen tragen.

Sein Großvater mütterlicherseits, René Brochard, hatte ein winziges Lehen erworben, das Land von Perron, und mit ihm den zu diesem Herrensitz gehörenden Adelstitel. Seit dem Tod seiner Mutter steht er René zu.

Platz für den Chevalier du Perron!

3. Der düster-schöne Held

Der Kavalier reitet auf der Straße von Vaux-Girard in Richtung Hauptstadt[1], vorbei an einer reichen, befestigten Abtei, Saint Germain-des-Prés. Weiden und Felder umgeben sie und auch Steinbrüche, hier werden aus einer Kalkbank Bausteine gewonnen.

Vor ihm liegt Paris. Eine 16 Kilometer lange, 12 Meter hohe und zwei Meter dicke Mauer umschließt die Stadt, davor sind tiefe Gräben, alle 40 Meter steht ein Wachturm. Ihre zwölf geschlossenen Tore werden nachts von der Bürgermiliz bewacht, die auch gerüstet ist, die Seine mit Ketten von Ufer zu Ufer abzusperren, falls ein Angriff zu Wasser droht… Paris hat zudem, von der *Bastille* bis zum *Temple*, moderne eingegrabene Fortifikationen, die mit Bastionen verstärkt sind. So ist die Stadt in ihre alte Mauer und neuen Verteidigungswälle, die Garanten ihrer Unabhängigkeit, eingezwängt, sie wächst, sie erstickt. Mit 300 000 Einwohnern ist Paris die größte Stadt Europas. Schon breitet sie sich mit einem Gürtel aus Kirchen, Klöstern, Abteien auf ihre Bollwerke aus, Saint-Jacques, Saint-Denis, Saint-Martin, Saint-Antoine…

Nachdem René Descartes die Seine mit der Fähre überquert hat[2], reitet er am Louvre entlang, wo gewöhnlich die Sehr Christlichen Könige residieren, auf Notre Dame zu.

---

1 Vaux ist der alte Plural von Val (Tal); es handelt sich um die Rue de Vaugirard.

2 An der heutigen Rue du Bac

Hier ist er im Herzen der Innenstadt... Zu Fuß geht er durch die stinkenden Gassen, sie sind flankiert von Taubenschlägen, verdunkelt von vorragenden Fassaden und eingeengt von Kneipen, Schuppen, Schaukästen, von Materiallagern und Brettern vor den zahlreichen Baustellen. Eine Geschäftigkeit, ein Lärm, ein Gedränge! Noch nie hat er eine so große Zahl von Läden gesehen, die so viele verschiedene Waren feilbieten...

Ein seltsames Klagen ertönt aus der Nachbarstraße. Er eilt hin.

Ein Stadtschreier sammelt mit Trommelklängen »das gute Volk von Paris« um sich und erinnert daran, daß schon ein unter König Heinrich dem Großen veröffentliches Edikt seines Ministers Sully es verbietet, »die Straßen zu versperren, Pflastersteine auszureißen, um ein Bauwerk zu vollenden« und auf den *öffentlichen Weg* den »Inhalt von Nachttöpfen zu entleeren, wie auch sämtliche anderen Abfälle, Unrat, Stroh, Steine, Erde und Dung«.... Es verpflichtet Hauseigentümer und Mieter »zweimal täglich den Weg kehren zu lassen und den Kehricht an der Mauer ihres Hauses aufzuhäufen, damit er mit den Kippkarren aus der Stadt geschafft werden kann«. Dennoch sammelt sich der Unrat in den Gassen...

In diesen engen Verkehrsadern, die die Karossen nicht befahren können, bewegen sich die Leute vom Stande in einer Sänfte oder in einem zweirädrigen Kasten fort, der von einem Lakaien gezogen wird. René Descartes nimmt teil an der besten Unterhaltung der Bewohner von Paris: er schaut zu, wie die Herrschaften vorüberkommen. Die Damen führen mit Duftwasser getränkte Taschentücher an ihre Nasen, die edlen Herren riechen an einem Behälter mit Parfüm, der im Knauf ihres Stocks verborgen ist. Vom widerlichen Geruch der organischen Abfälle wird ihnen übel ...

»Die zarten Personen fühlen sich inkommodiert«, äfft ein Bürger sie bissig nach. »Sie ziehen es vor, in den neuen, von den Finanziers Heinrichs IV erbauten Stadtteilen zu wohnen, im Faubourg Saint Germain[1], an der Place Dauphine oder vorzugsweise im Nouveau Marais und an der Place Royale, dem Meisterwerk des Béarners.[2]

Der kleine Kavalier im grünen Kleid geht auf dem gerade fertiggestellten Pont Neuf wieder hinüber zum linken Ufer der Seine und dort bis zum »Berg«, in der Nähe der ehrwürdigen Abtei Sainte-Geneviève und der Kirche Saint-Etienne-du-Mont, an der noch gebaut wird. Hier fühlt er sich heimisch: Auf den Straßen, in den Weinstuben und Kneipen hört er nur den internationalen Jargon der Pedanten, Latein ... Die Bewohner dieses »Quartier Latin« vermieten Zimmer an die Fremden, die Gelehrten und Studenten aller Länder, die die Sorbonne und das *Collège de France* besuchen. René Descartes findet leicht eine Unterkunft, die seiner Börse entspricht. Mit der Bedingung, daß er im voraus zahlt ... Er verkauft sein Pferd und bezahlt den Wirt.

Was tun als ein Neuankömmling in der großen Stadt, der Bekanntschaft schließen will? Er sucht die verrufenen Lokale auf ...

---

1 Faubourg Saint Germain: um die Rue de Lille; Place Royale: heute Place des Vosges

2 Heinrich IV stammte aus Béarn (d.Ü.)

In jeder Schänke regiert eine Bande von Söhnen aus gutem Hause, die eigentlich die Vorlesungen der hervorragenden Doctores der Universität besuchen sollten. Vereint in der Abneigung gegen die Scholastik und in der Liebe zum Wein, machen die Jünger von Rabelais den sittsamen Provinzler mit den Freuden der Diva Flasche bekannt. Sie bevorzugen den berühmten Wein der Hänge von Poissy, an den Ufern der Seine, auch bei Hof wird er gewöhnlich getrunken. In Zeiten monetärer Knappheit geben sie sich mit den Sauerampfer von den Hügeln von Montmartre zufrieden.

Als Stammgäste gehen die Studenten selbst ihre Zinnkrüge an den Fässern auffüllen, die hinten an der Wand aufgereiht sind, unter dem wachsamen Auge des Wirts, der mitzählt. Ihr liebstes Spiel ist es, seine Aufmerksamkeit abzulenken, damit sich einer von ihnen, auf ein Stichwort in Latein, gratis bedienen kann...

Bald beherrscht René Descartes diese Kunst meisterhaft.

Jetzt ist er aufgenommen. Nicht lange, und er tut auch bei den Händeln der rivalisierenden Studentenbanden mit... Dann, eines Tages, läßt er die Feindseligkeiten einstellen und spricht zu den Kombattanten: »Diese dummen Streitereien nützen keinem. Vereint sind wir jedoch unbesiegbar!«

Einige Tage später wird der Profoß von Paris mit Berichten und Klagen überschüttet. Die Schutzleute erklären, daß sich »in jüngster Zeit zwei oder drei Banden von Übermütigen vereint haben, nur dem Namen nach Studenten, welche die Passanten ärgern, die Märkte fleddern, die Stände umwerfen, indem sie falsche Händel provozieren, um dann die zu Boden gefallenen Waren zu stehlen, hierauf die vom Tumult alarmierten Wachbürger verprügeln und noch tausend weitere sträfliche Streiche spielen« ... Die Zeugen sind sich einig: »Ihr Anführer ist ein grüngekleideter Kavalier, der so kleinwüchsig ist, daß man ihn für ein Kind hält, aber so geschickt im Umgang mit dem Degen, daß man ihn nicht zu fassen kriegt ... «

Das ist noch nicht alles.

Die Universität ist ein Stall voller kräftiger Hengste. Die guten Gevatterinnen und die Dienstmädchen kommen dorthin, um für sich und ihre Herrin etwas mitzunehmen. René Descartes, der oft zu solchen galanten Rendez-vous geladen wird, bereitet das großes Vergnügen ... Mit Freuden betrügt er die Pfuscher, diese Greise von fünfzig, die sich an ein Pflänzchen von sechzehn Lenzen wiederverheiratet haben, nachdem ihre Frau im Wochenbett gestorben war!

Gewöhnlich endet das Ganze in einer nächtlichen Kavalkade zur Belustigung der Nachbarn ... Vorbei kommen im Laufschritt und nacheinander ein oder zwei halbbekleidete Studenten, hinter ihnen einige Lakaien, die einen Knüppel beziehungsweise eine Partisane schwingen und schließlich der empörte, laut schimpfende Ehemann in Nachthemd und Nachtmütze, mit dem Rapier in der Hand ...

Aber der Kavalier im grünen Kleid flieht nicht. Allein auf sich gestellt, hält er mehrere Kammerdiener in Schach und entwaffnet den rachedürstigen Hahnrei mit einem Schlag seines Degens. Ach! Im Eifer des Gefechts unterläuft es ihm, daß er ins Fett sticht. Nur ein wenig, er führt seine Schläge nicht mit der Spitze aus ... Zumeist begleitet er seinen unfreiwilligen »Gastgeber«, der Zeter und Mordio schreit, bis zur

Haustür zurück, indem er ihm mit der flachen Klinge große Schläge auf den Hintern versetzt.

Gehörnt und geschlagen dazu, das ist zu viel für einen. Die Klagen häufen sich in der Schreibstube des Profoß von Paris.

Von einem Besäufnis und Gelage zum nächsten schmilzt Descartes' Geld dahin. Glücklicherweise hat der Herr du Perron, bekannt als der »Kavalier von der flachen Börse«[1] eine neue Einkommensquelle entdeckt: das Spiel.

Angefangen hat es mit kleinen Einsätzen unter Freunden... Seine Fähigkeiten werden schnell erkennbar: die Gabe für die Mathematik, die Leichtigkeit, mit der er alle Kombinationen im Gedächtnis behält und eine außergewöhnliche Konzentrationsfähigkeit, die er sich in der Einsamkeit erworben hat... Er weiß, wie man trinkt und verträgt viel Wein, während die Dummen sich vollaufen lassen. Und schließlich die wichtigste Bedingung, er liebt das Spiel nicht. Er spielt, *um einzuheimsen.*

Er besitzt alle Eigenschaften eines Raubtiers... Seine Spielpartner nehmen ihn in ihre »Organisation« auf. Er lernt, wie man eine Partie führt, Effekte und Überraschungen klug setzt, mit glücklichen Wendungen Aufregung erzeugt, eine Rivalität unter Komplizen vortäuscht und wie man ungeschickt verliert, um naive Mitspieler zu ködern... Kurz, er lernt, wie man »das Geflügel rupft«.

---

1 Ein damals sehr verbreiteter Ausdruck

Jetzt hat er ein Mittel gefunden, das ihm das Überleben sichert. Doch er will höher hinaus. Viel höher. Also beginnt er eine Doppelexistenz.

Nachts spielt der Kavalier du Perron in den Herbergen, den Bordellen, den Weinstuben, wo sich die einsamen Reisenden zusammenfinden.

Tagsüber erneuert René Descartes die Bekanntschaft mit den ehemaligen Schülern von La Flèche...

Der zehn Jahre ältere Marin Mersenne, ein Priester, der später in den Orden der Minimen eingetreten ist, wohnt im Kloster in der Nähe der Place Royale.[1] Der Ordensbruder empfängt Descartes freudig, er ist noch immer beeindruckt von dessen Ruf, hatten doch die Jesuiten allenthalben verbreitet, er sei ein »Weiser«. Und er führt ihn bei Claude Mydorge ein. Mit seinen 28 Jahren gilt dieser als der Nachfolger von François Viète, »dem größten Mathematiker Frankreichs«.

Sie freunden sich sofort an. Sie haben so viele Gemeinsamkeiten! Mydorge ist Gerichtsrat am Châtelet, Sohn eines Pariser Magistrats, Neffe des Leitenden Gerichtspräsidenten Lamoignon, er stellt ihm seine Frau vor, eine Frau *de la Haye* – aus der Stadt, in welcher René Descartes geboren ist und seine Kindheit verlebt hat... Welch ein Zufall! Mydorge ist seit zwei Jahren erwachsen und hat gerade das Parlamentsamt ausgeschlagen, das ihm sein Vater angeboten hat, weil er sich der Mathematik widmen will.

René Descartes billigt, schätzt und teilt seine Unbestechlichkeit. Sie verstehen einander...

---

1 Wenn er in Paris weilt. Er ist Professor am Kolleg von Poitiers. Dort hatte Descartes ihn als »Jurastudent« kennengelernt.

In der Euphorie über ein so glückliches Zusammentreffen beschließen sie, sich regelmäßig zu besuchen.

Bevor er zu seinem neuen Freund im Marais geht, spaziert René Descartes manchmal durch sein bevorzugtes Viertel: die Hallen.

Unter Holzdächern vertreiben die Kaufleute im Groß- und Kleinhandel alle Lebensmittel, Fleisch, Fisch, Getreide und alle Waren, Stoffe, Wolle, Leder, die nach Paris hereinkommen. Ladenbesitzer und private Kunden drängen sich in größtem Durcheinander vor den Ständen... Welch ein Glück, sich in dieser geschäftigen Menge ohne Ziel, frei und ledig ergehen zu können! Außer wenn der durchdringende Todesgeruch, der über dem Viertel liegt, unerträglich wird.

Der Großmarkt von Paris stößt an den Friedhof der *Unschuldigen Heiligen*, den René Descartes ebenso gerne besucht. In der Kapelle gibt es eine wunderschöne Freske, die »Danse macabre«. Hier bleibt er oft stehn und betrachtet den Zug der Toten... Reiche und Arme, Klerus und Laien, Glückliche und Unglückliche eilen Hand in Hand unter die Erde, und der Tod führt den Ball an...

Im Gehen begegnet er den Totengräbern. In die Massengräber, die stets offen bleiben, damit die Arbeit leichter ist, werfen sie täglich die Leichen und bedecken sie mit ein paar Schaufeln Erde. Descartes hat sich informiert: Sie sagen, dieser gierige Boden »frißt eine Leiche in neun Tagen«. Dennoch... bei gewissen Lieferungen, vor allem zu Zeiten von Epidemien, verpesten üble Gerüche die Luft der Hallen.

Der Kavalier liebt es, durch die Geschäftsstraßen zu gehen, die jeweils zwanzig bis dreißig Händler der gleichen Zunft zusammenfassen. Die Straße des Schuhwerks, Straße der Weißwaren, Straße der Seifensieder, Straße der Vogelhändler, mit ihren Hunderten Vögeln in Käfigen, Straße der Altkleiderläden, wo die Trödler den Vorübergehenden einzufangen suchen und ihm vorschlagen, seinen »veralteten« Wams unter Zuzahlung einiger Münzen für den »fast neuen und modischen« eines »Hohen Herrn« einzutauschen, eines Fürsten vom Hof. Lächelnd geht er weiter. Ein hartnäckiger Aufputzer verfolgt ihn und zeigt ihm Beinkleider: »Sehen Sie nur diese Seide! Ein livrierter Kammerdiener hat sie mir verkauft. Sein Herr hat sie ihm geschenkt, nachdem er sie nur zweimal getragen hat!«

René Descartes könnte eine neue Garderobe gut gebrauchen, will sich aber nicht wie ein »Geck« kleiden.

Er hat seinen gesellschaftlichen Aufstieg begonnen. Jetzt gilt es, in die Welt der Großen Einlaß zu finden. Den kann man eigentlich nicht verfehlen, denn in Paris »gilt der Fehlschlag nicht als Versuch«.

Zwar ist *René Descartes* in der Hauptstadt noch unbekannt, aber als *Chevalier du Perron* verfügt er über einen berühmten Namen: Sein Namensvetter, der Kardinal du Perron, ein gefeierter Verseschreiber, überflügelt mit seinen Skandalgeschichten die anderen Kirchenfürsten und macht so wegen seines losen Lebenswandels sogar in der mondänen Welt von sich reden.

Der Kardinal hat sehr jung angefangen. Mit richtigem Namen heißt er David. Sein Vater, ein zum Calvinismus konvertierter Jude, wurde »Minister [vom lateinischen: Diener] des Gottesworts«.[1] Trotz dieser doppelten Urschuld – Jude und Protestant zu sein war unter der Regierung Heinrichs III unverzeihlich –, trat sein Sohn zum »römischen« (katholischen) Glauben über, um Karriere zu machen, wie es ihm sein Freund, der Abbé de Tiron, geraten hatte, der von seinem Verstand höchst beeindruckt war. Nachdem er seinen Namen in d'Avit geändert hatte, nach einer alten, adeligen Familie von Frömmlern, trat er in den Orden ein. Später nannte er sich dann *Davy »du Perron«*, der Titel war nicht nachzuprüfen, da es so viele adlige Ländereien gab. Für ein Großmaul und einen starken Trinker nicht verwunderlich, wurde er eines Tages in einen Streit zwischen einigen Betrunkenen und einem Kaschemmenhocker verwickelt. Während seine vier Saufbrüder den Trunkenbold überwältigten, nahm »Du Perron« ein Messer und stach ihn zu Tode. Er wurde inhaftiert. Sein Freund Des Portes setzte sich mit den Verwandten zusammen, die arme Teufel waren. Für 2000 Ecus verzichteten sie auf eine Strafanzeige und schworen, daß es sich um einen Unfall oder um Selbstmord gehandelt habe...

Seine Rednergabe und seine Verse verschafften Du Perron einen guten Stand bei Hofe. Aber ach! Nachdem dieser kluge Geist in einer Predigt vor Heinrich III die Existenz Gottes bewiesen hatte, schlug er ein Spiel vor, bei dem er das Gegenteil beweisen wollte, mit der selben Rede, nur anders herum... Der König wurde böse und entzog ihm seine Gunst. Tagelang rannte der

---

1 Pastor

Unglückliche hinter der königlichen Karosse her und schrie: »Sire, haben Sie Mitleid mit dem armen Du Perron!« Seine Freunde setzten sich für ihn ein... Um ihn loszuwerden, machte der König ihn zum Bischof von Evreux.

Mit politischem Fingerspitzengefühl hielt er sich daraufhin an den künftigen Heinrich IV, riet ihm, zu konvertieren und gab ihm Unterricht in katholischer Religion. Zum Lohn ernannte ihn der Vert-Galant[1] dann zum Erzbischof von Sens und schlug ihn für die Kardinalswürde vor, sehr zum Mißvergnügen des Papstes, der, wie er sagte, »höchst ärgerlich war, einen Ketzer salben zu müssen«.

Aus Rom bringt Du Perron den Kardinalshut und die bösen Blattern mit, die er sich bei den Prostituierten geholt hat. Seither geht er seinen Ausschweifungen in den Bordellen der niedersten Sorte nach.

Natürlich dringt das Gerücht von seinen Schandtaten nicht über den kleinen Kreis der Höflinge hinaus, und auch in diesem Milieu der Eingeweihten schaden sie seiner Macht in keiner Weise. So verrufen der Name Du Perron auch sein mag, er stellte ein Mittel dar, das Zugang zur Großen Gesellschaft verschaffen kann. Der Kavalier wird sich dieses Namens bedienen.

René Descartes ist gefangen in den Sitten seines Landes. Es geht ihm wie D'Artagnan und Cyrano de Bergerac, den berühmten Haudegen, und vielen anderen jüngeren Söhnen. Als ehrgeiziger junger Mann mit dem Ruf, »der erste Fechter seiner Zeit zu sein«, muß

---

1 Vert-Galant: Attribut, das Heinrich IV wegen seiner großen Liebe zu den Frauen gegeben wurde, übersetzt etwa »geiler Galan«; heute bezeichnet es einen Schürzenjäger (d.Ü.)

er sich seinen Weg mit dem Degen und mit Intrigen freikämpfen. Wie jene ist er ein starker Trinker, ein Schürzenjäger und Spieler. Dies ist der übliche Lebensstil, wie ihn Leute vom Stande und Schöngeister führen. Diese »Leute mit dem Degen«, stolz und streitsüchtig, bereit, sich bei der geringsten Respektlosigkeit, dem kleinsten Widerwort zu schlagen, können sich alles erlauben. Sie sind unanfechtbar. Die anderen, die Bürger, und seien sie noch so reich, laufen Gefahr, von Lakaien ausgepeitscht zu werden, weil ein Edelmann sie unverschämt findet. Sie sind daher zu allem bereit, wenn ein Kavalier sie mit seiner Freundschaft ehrt.

In den Salons und Spielsälen stellt René Descartes sich unter dem Namen »Chevalier du Perron« vor. Die Gastgeber versäumen es nicht, ihn nach seinem Verwandtschaftsgrad mit dem berühmten Kardinal zu fragen. Er antwortet ausweichend, als schäme er sich, einen so kompromittierenden »Onkel« zu haben... Man beeilt sich, ihn zu empfangen. Den »Neffen« eines Kirchenfürsten in seiner Bekanntschaft zu haben, ist ein seltenes Glück. Man muß es sorgsam hegen... Dieser Winkelzug eröffnet René Descartes die Schöne Welt.

Dort ist die Politik in aller Munde. Im Augenblick, zu Beginn des Jahres 1617, gehört es zum guten Ton, über die Florentiner herzuziehen: über Concini, den Geliebten der Königinmutter und über die Galigai, seine Frau. Angeblich versteckt diese dämonische Kreatur in ihren Gemächern im Louvre Magier und jüdische Astrologen, die die Regentin verhexen sollen... Das schimpfliche Paar häuft ein Vermögen in Gold und Juwelen an. Ihre drei Komplizen, der Superintendent Barbin, der Kanzler Mangot und der Bischof von Luçon, ein weiterer Geliebter der Medici (und der spätere Graf Richelieu), plündern das königliche Vermögen. In der Provinz fallen der protestantische Adel und die Großen (die »Fürsten vom Geblüt«, das heißt, aus der königlichen Familie) unter der Führung der Prinzessin von Rohan von der Krone ab, ganze Regionen erheben sich. Der »blutige Prinz« Condé leitet als willfähriger Henker die Niederschlagung mit schrecklichen Massakern. Der junge König, eigentlich Vater und Zuflucht aller Franzosen, befindet sich im Louvre, gefangen. Das Paris der einfachen Leute verliert die Geduld, ist am Rande des Aufruhrs.

Das Paris der reichgewordenen Bürger feiert große Feste...

Einer dieser Geschäftsleute, die seit kurzem »Finanziers« genannt werden, gibt zur Feier seiner jüngst geschlossenen Heirat einen Ball. Er versäumt nicht, auch den Chevalier du Perron, den »Neffen des Kardinals«, einzuladen. Eine achtenswerte Persönlichkeit... Als er angekündigt wird, läßt der Bräutigam seine Gäste Spalier stehen, um ihm die Ehre seines herrschaftlichen Stadthauses zu erweisen.

»Der Salon ist mit einer Tapisserie der erlesensten Art bespannt«, bemerkt der Kavalier galant. »Welche außerdem sehr teuer ist«, trumpft der neureiche Hausherr auf, »ebenso wie die Kristalleuchter, welche den Schein der Fackeln zurückgeben, eine Neuheit aus Venedig.« Auf einer kleinen Theaterbühne spielen zwölf Geiger – »von den besten in Paris«, flüstert der Gastgeber – Weisen, die gerade bei Hofe in Mode sind.

Im großen Saal sitzen die adliggeborenen »Damen«

und die »Fräulein«, die Ehefrauen der Großbürger, im Halbkreis um die Tanzfläche. Ihre Schönheit und Frische kommt der junger Mädchen gleich. Hinter ihnen sitzen die älteren Frauen, die sich jedoch keineswegs zurückgesetzt fühlen, sie beanspruchen mit ihren Toiletten und Posen immer noch einen Anteil am großen Glück... Einige Herren haben zwischen ihnen Platz genommen. Die galanteren, obwohl von Adel, weisen Stühle zurück, breiten ihren Mantel auf dem Parkett aus und legen sich den Schönen zu Füssen. Diese fordern mal die einen und mal die anderen Herren zum Tanz auf...

Du Perron mischt sich unter die Menge der jungen Leute. Hier entdeckt er jene zarten Sprossen, kaum geöffnete Mädchenblüten, die er so reizend findet.

Lärm und Durcheinander werden noch größer, als ein paar ungebetene Gäste eintreffen. Junge Leute, die den Degen führen... Sie waren nicht erwartet worden. »Sie gehen überallhin, ohne geladen zu sein, nur weil sie Vergnügen daran finden, die Ruhe und Freude der Feste zu stören«, murmelt ängstlich eines dieser zauberhaften Mädchen. Tatsächlich rempeln sie die Gäste an, machen es sich bequem, reden laut und kümmern sich nicht darum, daß sie unerwünscht sind... Das junge Mädchen wird ärgerlich: »Stellen diese Leute sich eigentlich vor, daß alle Geladenen unter ihnen stehen? Daß dies nur eine Versammlung von Bürgern ist?« Ihr Galan, ein grüngekleideter Kavalier, trägt ebenfalls einen Degen. Sie hofft, daß er reagieren wird... Er begnügt sich damit, ihr beschützerisch zuzulächeln.

Die Störenfriede übertreffen einander in Grobheiten. Sie ziehen lauthals über die Ungeschicklichkeiten der Tänzer her, schonen selbst die Damen nicht. Diese trauen sich aus Furcht vor Lächerlichkeit nicht mehr, am Tanz teilzunehmen. »Man wird doch nicht den Ball schließen müssen, nur wegen dieser Leute mit Degen!«, seufzt das junge Mädchen.

Der Chevalier du Perron geht auf die Tanzfläche zu.

Einige Fräulein fordern die Unruhestifter zum Tanz auf, um sie zu beruhigen. Diese folgen mit Grimassen... Ein paar von ihnen lehnen glatt ab. Eine unverschämte Beleidigung! Einer dieser Grobiane antwortet der bildschönen Frau eines Magistrates:

»Ich glaube, mein liebes Fräulein, Sie wissen nicht, wer ich bin. Ich tanze nur bei Hofe! Halten Sie mich für einen Sekretär oder Auditor beim Parlament? Schauen Sie doch auf meine Federn!«...

Er zeigt ihr seinen Hut, den der Mantel verdeckt hatte. Um sein schönes Haar zu zeigen, hatte er ihn abgenommen. Was für ein Geck! Das Fräulein betrachtet die Feder, das Zeichen des Adels. Ihr entfährt die bissige Replik:

»Es ist wahr, Monsieur, an der Feder erkennt man den Vogel.«

Und kehrt ihm den Rücken.

Eine Bewegung der Menge schwemmt den Herrn du Perron gegen den Rüpel. Der ist sprachlos von dieser Erwiderung und verärgert, daß ihn ein Fräulein abgekanzelt hat. Jetzt auch noch angerempelt zu werden, versetzt ihn in Wut, er schreit: »Ich gebe dir hundert Hiebe mit den Sporen, Bürger, wenn du nicht aufhörst!«

Er dreht sich um, bereit zur Ohrfeige... Der kleine Kavalier im grünen Kleid macht drei Schritte zurück, zieht sein Rapier aus der Scheide und wirft ihm in entschlossenem Ton hin: »Ich bin ein Edelmann wie Sie.«

Die Menge teilt sich. Die Tänzer erstarren. Die Geigen verstummen...

Descartes du Perron stellt sich mit dem Degen in der Hand dem Beleidiger. Der junge Leichtfuß erbleicht. Er hat nicht erwartet, auf einen Haudegen zu treffen... Er bleibt reglos stehen, wagt sich nicht einmal zu rühren. In der plötzlichen Stille, umso bedrohlicher, als sie auf großen Lärm folgt, erscheint das Warten endlos...

Der Kavalier steckt den Degen in die Scheide und geht hinaus.

Langsam kehrt Leben in die Gesellschaft zurück. Gespräche werden wieder aufgenommen, zuerst flüsternd, dann laut. Aus dem Geraune der Bemerkungen steigt das Lachen einiger Frauen auf. Den Wichtigtuer treffen mokierende Blicke... Gedemütigt und beschämt über seine Feigheit stürzt er in die Nacht und suchte den Kavalier.

Er holt ihn in einer Gasse ein, stellt ihn zur Rede und greift ihn auf einer Kreuzung an, die von einer Öllampe schwach beleuchtet ist.

Bei der ersten Reprise auf einen geraden Stoß seines Gegners weicht Descartes mit einer Fallbewegung seines Körpers aus und pariert dann mit einem tückischen Hieb, wobei er den Gegner mit einem Schmiß am Arm verletzt. Der Kampf ist eigentlich beendet: beim ersten Blut ist die Ehre wiederhergestellt. Aber der haßerfüllte Angreifer insistiert. Er greift unaufhörlich an, abwechselnd mit Tiefstößen und Spitzenstößen auf den Leib. Erfolglos... Dieser unberührbare Fechter macht ihn nervös. Er führt immer neue Paraden, Zwischenstöße auf hoher Linie, Körperparaden aus, sodaß der Unglückliche die Konzentration verliert. Nach einem Gleitstoß auf seine schlecht gedeckte Flanke fällt er in den Degen des Kavaliers.

Auf dem Ball ist die Störung beendet, das Fest kann weitergehen. Ein Freund bemerkt schließlich, daß der Duellist schon länger abwesend ist, und macht sich auf die Suche nach ihm. Er entdeckt auf einer Kreuzung eine dunkle Gestalt: Der junge Edelmann liegt tot auf dem Pflaster, hingestreckt in seinem Blut. Er eilt zurück, um die Tanzenden zu benachrichtigen. Diese zeigen sich aber kaum berührt, in Paris hört man so oft von Duellen, Raufereien, Mord...

Der geringste Zwischenfall, ein Vorwand, ein glücklich oder unglücklich gefallenes Wort genügen für einen »Ehrenhandel«. Das singt man auf dem Pont Neuf über die Schöne Welt. Die Pariser sind wild auf die Couplets, die ihnen die intimen Geschichten des Hofs enthüllen, denn ihre Sänger werden von Edelleuten informiert und bezahlt, die sich damit an einem Rivalen oder einer ungetreuen Mätresse rächen wollen. Eines Tages lanciert einer von ihnen diesen Refrain:

> Pongibaut prahlt laut,
> Er hat den Schlitz geseh'n
> Von der Comtesse d'Alais
> Sagt, er sei nochmal so schön
> Wie der von der Chalais.

Ihm ward sofort der größte Erfolg zuteil. Im Louvre grölen die Königlichen Garden das Liedchen, wenn die Weinstuben schließen... Wütend »fordert« der in der Kriegskunst geübte Herzog von Chalais den schönen, zarten und für seine amourösen Erfolge bekannten Pongibaut zum Duell, läßt ihm einen Degen in die Hand geben und tötet ihn.

Jedes Jahr werden, allen königlichen Edikten zum Trotz, über 2000 Degenfechter beim Duell getötet oder schwer verwundet. Die Kühnsten schlagen sich am hellichten Tag. Ihr bevorzugter Kampfplatz ist die Place Royale.

Nicht weit von dort, im Marais, dem Viertel *à la mode,* hat der Chevalier du Perron eine Unterkunft gesucht. Er findet einen Schlafplatz bei Freunden und speist in Lokalen, wo man Spiele mit hohem Einsatz spielt. In manchen Nächten ist dieser höher als beim König...

Am frühen Morgen begeben sich die Spieler nach Hause, zu Fuß, zu Pferd oder in einer Karosse, doch stets begleitet von Lakaien mit Leuchtern und eskortiert von einigen gut bewaffneten Leibwächtern. Ehemalige Söldner lassen sich für diesen Dienst anheuern... Denn Tausende von Geächteten suchen die Straßen der Hauptstadt heim: die »Freibürger«, wie sie sich hämisch nennen. Sie leben frei, zahlen weder Miete noch Steuern und haben den Marais in Besitz genommen. Die »guten Kinder« machen die Hallen und umliegenden Viertel unsicher. Alle haben geschworen, falls sie von der Kriminalpolizei gefangen und gefoltert werden, absolutes Schweigen zu bewahren, eine Übertretung dieses selbst gegebenen Gesetzes müßten sie mit dem Leben bezahlen. Dieses Gelöbnis bindet sie lebenslang an ihre Brüderschaft, den Großen Ganovenbund, Schrecken und Alptraum aller ehrbaren Leute. Nachts verschanzen sich die Pariser hinter ihren dicken Eichentüren, bewacht von einem bewaffneten Portier.

René Descartes jedoch geht allein zu seiner Schlafstätte, durch die menschenleeren Gassen, die von an die Kreuzungen geketteten Öllampen nur schlecht beleuchtet sind. Sein Rapier beschützt ihn.

Zu dieser Stunde streiten sich die »Guten Jungen« um die Plätze auf den Stufen der Kirchen, damit sie rechtzeitig zur ersten Messe das Mitleid der Betschwestern erregen können. Im Vorbeigehen amüsiert sich Descartes über ihre Tricks... Die »Konvertiten« spielen reumütige Ganoven. Die »Muschler«, mit einer Jakobsmuschel und einem »Bilgramstab« (Pilgerstab) ausgerüstet, geben vor, gerade von einer Wallfahrt nach Compostela zurückzukehren. Ein bißchen Schaum rinnt den »Seifigen« aus dem Mund, sie gewinnen ihn, indem sie kunstfertig auf einem Stückchen Seife herumkauen, außerdem rollen sie sich auf der Erde, sodaß sie »für Epileptiker gehalten werden«. Die »Schnorrer« sind Kriegsversehrte, Arbeiter, die bei der Arbeit verletzt wurden, oder einfach Simulanten, welche sich damit begnügen, »den Ärmel zu machen«: bei Bedarf binden sie den rechten Arm mit einem Lappen eng an den Leib und schütteln nach Almosen schreiend ihren leeren Ärmel. In dieser Verkleidung spähen sie die reichen Kaufleute und fetten Bürger aus und geben dies diskret in verschiedenen Gaunersprachen oder in »Rotwelsch« – der Geheimsprache der »Freien« – an ihre Kollegen weiter.

Descartes kennt ihre Tricks, dennoch kann er nicht umhin, ihnen ein paar Münzen hinzuwerfen... Wenn sie allerdings bedrohlich werden, oder wenn er auf »Mondritter« trifft, die in finsteren Winkeln im Hinterhalt liegen, um Passanten auszurauben, zieht er den Degen. Nach ein paar Angriffen sind sie entmutigt... Sie eilen davon, um sich leichtere Beute zu suchen...

Der Kavalier kreuzt auch einige beschwipste junge Edelleute, die auf eine Übeltat sinnen, vielleicht weil sie eine Spielschuld begleichen oder sich das Vergnügen gönnen wollen, Bürger zu erschrecken. Sein Wuchs, der ebenso bescheiden ist wie seine Kleidung, reizt ihren Spott... Er zieht den Degen. Eine Reprise *à blanc* (bei ihr wird der Stoß nicht ausgeführt) schlägt sie in die Flucht.

Irgendwann trifft die Wache ein... wenn der Kampf beendet ist. Der Reihe nach versehen die Bewohner von Paris den Dienst in der Miliz. Mit Armbrüsten, Musketen, Partisanen und anderen Waffen aus ihrem Privatbesitz, die sie nicht unbedingt gegen die Wegelagerer einsetzen wollen, bewegen sich die Patrouillen schwerfällig, laut und von Fackeln hell erleuchtet, damit alles die Flucht ergreift. Ihre Rolle besteht hauptsächlich darin, den Verletzten zu helfen und die Toten einzusammeln.[1]

Entlang der Befestigungen zwischen *Temple* und *Bastille* bekommt der Herr du Perron Angebote von den berühmten »Fräulein vom Marais«, die in der äußeren Grabenböschung liegen, bewacht von ihren Beschützern, die »Hinternhändler« genannt werden. Um die Place Royale gehen die »Mondänen« im Wagen auf Fang, ihrem Namen nach gehören sie allen.[2] Man erkennt sie an ihren »Wappen«, pornogra-

---

1 Vergleiche »Die Nachtwache« von Rembrandt

2 Frz.: à tout le monde (d.Ü.)

phischen Szenen, die auf die Verschläge gemalt sind. Die edelsten sind gekleidet wie Marquisen und haben einen livrierten Diener und Leibwächter an ihrer Seite, sie öffnen dem Vorübergehenden ihre Fächer mit lüsternen Illustrationen ...

Außer ihnen begegnet Descartes in diesen leeren Straßen noch einigen Dienstmädchen und Lakaien auf Botengängen, Priestern und Mönchen, schwarzen, weißen oder grauen Gestalten, und Militärs in leuchtenden Uniformen, rot, gelb und blau, die im Arsenal Dienst tun.

Am Ende des Vormittags kommen die hohen Magistrate vom Gerichtspalast auf ihren Maultieren vorbei, um, wie sparsame Bürger es tun, zu Hause zu dinieren.[1]

Ab und an öffnet sich das monumentale Portal eines Stadthauses. Eine Karosse oder ein Kavalier und ein langer Zug von Edelleuten kommen mit lautem Getöse heraus: eine große Dame oder ein hoher Herr begibt sich zum Louvre. Dann herrscht wieder Stille.

Abseits vom Treiben der Geschäftsstraßen langweilt sich der Kavalier du Perron ...

Eines Tages vernimmt er jedoch einen Hilferuf. Er beugt sich aus dem Fenster. Ein Diener zu Fuß rennt schreiend vorbei: »Man greift meine Herrin an!« René Descartes holt den Degen und springt die Treppe hinunter.

Einige Straßen weiter haben drei oder vier marodierende Freibürger Beute entdeckt: eine nicht eskortierte Karosse. Sie haben sich an die Köpfe der Pferde

---

1 Das Diner entsprach unserem Mittagessen

gehängt und sie zum Stehen gebracht. Die Lakaien, stämmige bretonische Bauern, sind hinuntergesprungen und haben die Banditen mit ihren dicken eisenbeschlagenen Knüppeln angegriffen. Gegen die Rapiere der Verbrecher haben sie einiges zu tun...

Während der Chevalier du Perron noch zum Ort des Überfalls eilt, öffnet einer der Ganoven den Wagenschlag, der mit einem Ledervorhang verschlossen ist... und hält versteinert inne. Gegen die andere Tür gelehnt starrt ihm Marie, Prinzessin von Rohan, entgegen. Ihre ohnehin riesengroßen Augen werden durch die Furcht noch weiter... Sie ist eine Augenweide: Ganz Europa feiert ihre strahlende Schönheit.

Nach diesem Moment eines nur zu berechtigten Staunens geht der Freibürger wieder zum Geschäftlichen über. Eine so schöne Dame geht nicht ohne Juwelen aus! Wo sind die Steine? Er sieht sie weder an ihrem Hals noch an den Handgelenken...

Die Göttliche, deren Mut und Geist ihrer jugendlichen Schönheit durchaus entsprechen, hatte sich schnell ihrer Perlenketten entledigt und sie unter dem begehrtesten Hinterteil von Paris verborgen: dem ihrigen.

Er packt sie an den Handgelenken. Nicht gar zu hart. Die Prinzessin wehrt sich, entgleitet seinen Händen, will sich ihm entwinden, legt sich auf den Sitz...

Der Ganove wühlt in den Kleidern und seidenen Unterröcken. Eine Brust, dann die andere, hüpft aus dem Dekolleté... Wie soll er diesen frechen Zwillingen widerstehen, die ihm ins Gesicht lachen. Mit braunen Höfen wie Augen, die ihm zu trotzen scheinen? Wie den flüchtigen Berührungen mit dieser Haut widerstehen, die glatt ist wie ein Spiegel, heiß wie ein

junges Tier? Entflammt schürzt sie der »Gute Junge« bis zur Taille.
Die Rohan wehrt sich gegen den Angreifer, doch halten ihre Hände unter ihr immer noch die Perlen umklammert. Er ist ein durchaus gutaussehender Mensch... Verführerisch, wohlgestaltet... Und erregt: Ein steifer Buckel verformt seine Beinkleider und hindert ihn in seinen Bewegungen. Die prachtvolle Marie wird schwach und gibt sich ihm in der bezaubernden Unordnung ihrer Kleider hin... Die eiskalte Seide ihrer Dessous macht ihre Haut noch weißer und weicher. Jetzt unternimmt die erhitzte Schöne nichts mehr, um den Eingang zum Tempel der Venus zu verbergen, der ganz offensichtlich bereit ist, einen Besucher zu empfangen... Der Freibürger kann sich nicht mehr halten, er knöpft seine Hose auf, zieht sie mit einer einzigen Bewegung aus und bearbeitet kühn die Prinzessin.

Um die Karosse herum kreuzen seine Kollegen immer noch die Klinge mit den Stöcken der Lakaien...

Als der Chevalier du Perron zum Ort des Geschehens gelangt, zur gleichen Zeit wie die braven Leute der Wache, sieht er drei oder vier lachende Banditen mit gezückten Rapieren fliehen... Der letzte ist nackt von den Hüften bis zu den Waden, in der einen Hand trägt er seine Beinkleider und mit der anderen hält er seine Pistole im Anschlag und so die livrierten Diener der Prinzessin von Rohan in Schach, die zur Verfolgung entsandt wurden...

Nachdem die Gefahr vorüber ist, kommen die »Personen vom Stande« aus ihren Stadthäusern und versammeln sich um die Karosse. Die unartige Marie berichtet in notdürftig geordneten Dessous ihr Abenteuer. Die Preziösen sind schockiert: »Wie? Für ein paar Perlenschnüre[1] hat Eure Hoheit ihr *Schmuckstück* mißhandeln lassen?« So bezeichnen sie in ihrer blumigen Sprache das weibliche Geschlecht.

Marie Rohan bricht in schallendes Gelächter aus: »Mein *Schmuckstück*, das konnte er nicht rauben, aber meine Perlen, die hätte er mitnehmen können!«

René Descartes bewundert nachdenklich diese wunderbare Freidenkerin. Wer würde sich nicht in sie verlieben?

Er erinnert sich an seine Jahre im Kolleg, an die noch nicht vergessene Jünglingszeit, in der er dazu verdammt war, ohne Liebe zu leben... fleischliche Impulse und leidenschaftliche Aufwallung waren Dinge, die von seinen Lehrmeistern mit Schrecken zurückgedrängt wurden. Siebeneinhalb Jahre der Abgeschlossenheit, in denen er keine Frau auch nur gesehen hatte...

Wie viele junge Geister hatten diese Väter mit ihren ungesunden Phantasmen angesteckt, mit ihrem Horror vor dem Fleisch, mit ihrer Angst vor Frauen, mit ihrem Frauenhaß und ihrer wahnhaften Anbetung der jungfräulichen Mutter? Wie viele junge Leute hatten sie in ihre imaginäre Welt der »Versuchungen des Teufels«, der »Sühne der Fehler«, des »Ruhms der Unbeflecktheit« gezwungen? Wie viele Schüler verließen das Kolleg verstümmelt, endgültig abstinent, homosexuell oder völlig ausschweifend geworden?

---

1 Die Rohan besaßen ein riesiges Vermögen, weit größer als das der französischen Könige.

Noch Jahre nach dieser Zeit entbehrter Sinnlichkeit hatte er in einer Art Schock verharrt ...

Um in einem solch abgeschlossenen und aggressiven Milieu überleben zu können, das kein Erbarmen, keine Zuflucht kennt, nur die Angst vor öffentlicher Erniedrigung, vor Strafe, Peitsche und Karzer, bilden Kinder instinktiv Horden, mit einem Anführer und seinen Anhängern, der Truppe. Als Erwachsene finden sie diese Struktur in der Gesellschaft wieder und nehmen ganz natürlich ihren Platz darin ein, mühelos, wenn er ihnen von Geburt aus zusteht, mit Gewalt, wenn er ihnen in der Hierarchie nicht gebührt. Sie ist ein weiterer archaischer Überrest des Tierreichs in der Gesellschaft der Menschen.

René Descartes hat sich so gut wie möglich dagegen gewehrt. Indem er sich an nichts bindet, paßt er überall hinein. Schon seit frühester Kindheit hat er als Außenseiter gelebt. Er hat einen kritischen Geist von ungeheurer Schärfe entwickelt, der weder Konzessionen macht noch Gefälligkeiten erweist. Er ist ein Raubtier der gefährlichsten Sorte geworden: ein Einzelgänger.

Aber die Frauen lieben es, wenn die Raubtiere ihnen aus der Hand fressen. Sie meinen dann, sie hätten sie gezähmt.

Mit den ersten schönen Tagen gibt sich ganz Paris ein Stelldichein an den Ufern der Seine.

»Wegen seiner Fähigkeit, große Lasten zu befördern, hat dieser Fluß, dessen Wasser so klar ist, daß man bis auf den Grund sieht, den Reichtum von Lutecia begründet«, bemerkte schon Julius Caesar in seinen *Kommentaren.* Seit dem Gallischen Krieg hat sich nichts verändert... Auf seinem friedlichen Lauf können große Lastkähne mit Segeln die Hauptstadt versorgen, bei Flaute werden sie ohne Schwierigkeit von Ochsen oder Lastpferden auf den festen Uferwällen gezogen. Von Rouen, das ausgebaut wurde, sodaß Hochseeschiffe es anlaufen können, werden die englischen und niederländischen Güter herauf transportiert. Die französischen Tuchweber und Hutmacher beklagen sich bitter über diese Konkurrenz... Aus der reichen Landschaft der Ile-de-France, welche der Fluß durchfließt, kommen die landwirtschaftlichen Erzeugnisse in die Hallen. In diesen Wassern, die immer noch so sauber und durchsichtig sind, baden Freidenker und Freidenkerin, Edelmann und Degenträger im Stande der Unschuld, nackt wie Adam und Eva vor der Erbsünde. Das Schauspiel lockt auch etliche Gaffer an.

Der Chevalier du Perron begibt sich gern am frühen Nachmittag dorthin, wenn die Hitze am größten ist.

Unter dem Vorwand der Schamhaftigkeit entkleiden sich manche Damen vom Stande hinter einem von ihren Zofen gehaltenen Tuch. Dennoch erweckt dies die Neugier der Galane... Wenn der Kavalier vorüberkommt, lassen einige der Mädchen den Wind die leichte Wand aus Tuch lüften, oder sie öffnen sie selbst »aus Versehen« ein wenig... Er reitet das Gestade entlang, gefolgt vom Gelächter, den Vertraulichkeiten und Komplotten zwischen Herrin und Dienerin. Wenn er seinen Lagerort gewählt hat, zieht er seine Kleider aus, legt sie sorgfältig zusammen und geht zum Wasser, taucht unter den Blicken der schönen Schwimmerinnen langsam ein...

Der Kavalier schämt sich nicht mehr seines Körpers, der durch Ertüchtigung muskulös geworden ist. Er übt ihn auch jetzt: Jeden Tag zieht er in einem Fechtsaal den Degen. Seine »Brustbeschwerden« sind verschwunden. Er fühlt sich wohl. Er ist ein schöner Mann geworden ... Sein Gesicht ist voller, die Farbe ist lebhafter, seine Gestalt ausgeglichener. Seine eckigen, angespannten Züge haben sich gemildert, geglättet. Seine vollen, angenehm geschwungenen Lippen deuten stets ein charmantes Lächeln an. Doch hat der nach innen gekehrte, überaus sensible Blick nichts von seiner Intensität verloren.

Die schwarzen Augen erobern die Herzen ... Die Damen und Fräulein nennen ihn bei sich den »düsterschönen Helden«, das ist der Beiname der Hauptfigur aus »Amadis von Gallien«, einem Ritterroman, den sie vergöttern ... Es währt nicht lange und er »macht das Gäßchen«. So empfangen die Leute vom Stande in ihrem Gemach: Ein Lakai möbliert den Raum zwischen dem Bett und der Wand mit Sesseln, je nach der Zahl der Besucher. Vom Gäßchen in den Alkoven ist es nur ein Schritt ... Der Kavalier macht ihn unverzüglich.

Und schließlich gewinnt er auch Zutritt zu den erhabenen Orten, an denen ein seltsames Phänomen regiert, das ungreifbar, unerklärlich und nicht wiederzugeben ist: der einzigartige Pariser Geist. Diese Welt wird von einer Frau beherrscht, von Marie Bruneau, Frau des Loges.

Bei Marie des Loges disputiert man frei über alle Themen. Nur eines wird nicht toleriert: Intoleranz. Für junge Leute, die gerade der Fuchtel ihrer Lehrer oder der Bevormundung ihrer Eltern entronnen sind, ist dies eine fabelhafte Schule der Emanzipation, und alle behalten sie in überwältigender Erinnerung. Nachdem Jean-Louis Guez de Balzac der »erste Briefeschreiber Frankreichs« geworden war, ließ er für seinen Freund, den Grammatisten Vaugelas, diese erste Begegnung wiedererstehen, die sein Leben verändert hatte:

»Bevor ich schließe, möchte ich Sie um Nachricht von einer Frau bitten, welcher ich sehr viel verdanke, von einer Frau, die so viel wert ist wie all unsere Bücher zusammen. Eine Unterhaltung mit ihr kann Sie zu einem rechtschaffenen Mann [der in allem gelehrt ist] *machen, ohne die Hilfe der Griechen und Römer. Obwohl Sie ein alter Höfling sind, verstehen Sie die Franzosen nicht und daher auch nicht Madame Desloges*[1]... «

Als Schützling einer Dame vom Stande hat Chevalier du Perron einen bemerkenswerten Auftritt in diesem Salon... Anwesend sind Gelehrte, Schriftsteller, Künstler und jüngere Söhne aus ganz Frankreich, die – begierig auf die Pariser Vergnügungen – aus der Provinz angereist waren. Und Frauen. Schön, kultiviert, geistreich, verführerisch... Feidenkerinnen. Auf der ganzen Welt gibt es keine reizvolleren Wesen.

Der kleinwüchsige René Descartes du Perron betrachtet diese Wunder... Er fühlt sich nicht sehr wohl. Die Umgebung schüchtert ihn ein.

Im Laufe der Unterhaltung kommt man auf die Wissenschaften zu sprechen. Die Schöngeister dozieren. Er hört zu und bleibt still.

Die Hausherrin bemerkt es und fordert ihn auf,

---

1 Die Schreibweise war ohnehin nicht festgelegt, die der Eigennamen der Phantasie überlassen. Keiner kümmerte sich darum.

seine Meinung zu äußern. Die beste Gesellschaft von Paris hört ihm zu …

Er hebt an. Sein kritischer Geist entfaltet sich ohne Hemmungen, ohne Rücksicht auf Titel oder Reputation. Er schont weder die Pedanten noch die Salon-»Gelehrten«. Er wirft sie arrogant in einen Topf. Das gefällt den Frauen, die abseits stehen, denen die Scholastik versagt ist und die doch so lernbegierig sind … Die ungebändigte Kraft und Lebenslust des Descartes verführt die schönen, des leichten Lebens müden Damen. Sie sind fasziniert von seiner gewaltigen Intelligenz, die in ihrer Strenge reinigend wirkt und durch die souveräne Überlegenheit des Mannes zugleich Vertrauen einflößt …

Schon am Tag nach diesem denkwürdigen ersten Abend ist der gelehrte Kavalier in Paris eine Berühmtheit. Er erweckt ungeheure Neugier. Alle wollen ihn hören … Er ist *à la mode*! Die gebildeten Frauen bitten das junge, unbekannte Genie, »den größten aller Mathematiker«, wie man sagt, zuerst ihren Salon mit seiner Anwesenheit zu beehren, danach ihr Gäßchen und schließlich ihr Bett.

Wie stets geht er von einer zur anderen.

Pompeo Frangipani, der italienische Edelmann, der eine dicke Creme lanciert hat, »frangipane« genannt und von den Feinschmeckern hochgeschätzt, wundert sich darüber. Seit kurzem wird auch er in den mondänen Salons empfangen. Doch jedesmal, wenn der Chevalier du Perron erscheint, ist dieser sofort von den Frauen umringt … Daß ein so kleiner Mann so viel Erfolg in der Liebe haben kann! Ist das möglich? Sein Gastgeber nimmt ihn, obwohl er ein Hoher Herr ist, freundschaftlich am Arm und raunt ihm zu:

»Ganz bestimmt! Und noch viel mehr, als man denkt, denn, was ganz ungewöhnlich ist, er rühmt sich dessen nicht einmal.«

Frangipani kann es nicht glauben: »Das machen Sie mir nicht weis!«

Der Hausherr lächelt... Es wird Zeit, den Italiener in die Geheimnisse von Paris einzuweihen. Er weist ihn diskret auf zwei Edelleute hin: »Sehen Sie dort Herrn von Montmorency, ein Prinz vom Geblüt, ›der schönste Mann bei Hofe‹[1] und, an seiner Seite, den berühmten, berüchtigten, unwiderstehlichen Bassompierre... er hat dem verblichenen Heinrich IV Fräulein d'Etrangues streitig gemacht. Dem stinkenden Vert-Galant konnte man keinen Korb geben... Fräulein von Rohan ist Zeugin. Sie hat bei der Gelegenheit dem ungestümen Edelmann folgenden Vierzeiler geschrieben:

›Bassompierre, Sie seien gewarnt
Und die Sache betrifft Sie sehr
Man hat gerade einen Mund geküßt,
Im Gäßchen zu diesem Bett.‹

Er antwortete umgehend:
›Bassompierre sagt, er lacht da nur,
Und die Sache betrifft ihn nicht;
Jene, deren Mund man küßt
Hat schon tausendmal geküßt seinen...
Den Reim werde ich, wann immer es Ihnen gefällt, in Ihre schönen Hände legen...‹«

---

1 Er sollte auf Befehl Ludwigs XIII und Richelieus enthauptet werden.

Und der Gastgeber zitierte noch tausend weitere galante Streiche dieser berühmten Verführer... In ihrer Nähe steht Claude de Bullion, ein kleines Männchen. Der Gastgeber beugt sich zu dem Italiener und flüstert ihm ins Ohr:

»Raten Sie, welcher der drei durch die Frauen reich geworden ist?«

Frangipanis Augen werden rund vor Erstaunen: »Doch nicht dieser kleine Häßling?«

»Aber ja. Die beiden anderen mußten trotz ihrer Reputation jeder 500 000 Ecus dreingeben. Aber die Comtesse von Sault hat eine Schwäche für Bullion. Ständig sagt sie zur Königinmutter: ›Ach, Madame, wenn Sie Herrn de Bullion so kennen würden wie ich!‹ – ›Gott behüte mich davor, Madame la Comtesse‹, antwortet jedesmal die Medici. Sie liebt nur große und schlanke Männer wie Richelieu...

Frau von Sault förderte den häßlichen Bullion, schenkte ihm ein Vermögen, verschaffte ihm den Posten eines Präsidenten der Untersuchungskammer. Der Hof ist nicht einmal erstaunt darüber. Man sagt, dies sei der Beweis für die Richtigkeit des Spruchs: Kleiner Hund, schöner Schwanz. Da haben Sie den Schlüssel des Geheimnisses...«

Dabei ist das Männchen Bullion nicht sehr appetitlich... Er schlägt und trinkt sich voll, dann läßt er sich Klistiere verabreichen, damit er weiter essen und trinken kann. Wie viele Edelleute spuckt er aus und schneuzt sich vor der besten Gesellschaft, indem er sich ein Nasenloch zudrückt und durch das andere bläst... Seit er reich ist, sucht er die Süßen auf und lottert ganz nach Belieben.

Die Preziösen haben viel zu tun, wenn sie solche

Unholde zivilisieren wollen ... Trotz seiner Grobheit, seines brüskierenden Benehmens und seiner provinziellen Ungeschicklichkeiten erscheint der Chevalier du Perron im Vergleich dazu rücksichtsvoll und vornehm. Im übrigen ist er diskret, was sein Glück betrifft. Die Damen wissen das zu schätzen ... In diesem Milieu der Aufschneider und Schönredner rührt der schweigsame junge Mann sie an. Die gebildeten Frauen streiten sich um ihn. Die Freidenkerinnen reißen ihn sich gegenseitig weg ... Mit ihnen entdeckt der wenig kultivierte Kavalier die erhabenen Freuden des Theaters, des Balletts und der Musik.

Außer mehrstimmigen »italienischen« Madrigalen werden in Paris *Symphoniae* mit Chören, Gesangssolisten und Begleitung gegeben. Seit kurzem nennt man in Paris, unter dem Einfluß der Musiker aus der Republik Venedig, *Sinfonia* nur noch jene Stücke, die für Instrumente wie Bläser, Violen oder tragbare Orgeln geschrieben sind. Wegen des »überragenden Spiels der Vortragenden«, besonders der Großen Bande mit ihren vierundzwanzig Violinen, ist diese Neuheit sehr begehrt ...

René Descartes stößt hier auf »neue Quellen für sein Studium« ... Tatsächlich » befaßt er sich mit Musik«, um seinem Freund Marin Mersenne zu antworten. Jedesmal, wenn er ihn bei ihrem gemeinsamen Freund, dem Mathematiker Claude Mydorge, trifft, unterhält sich der junge Marin, den diese Phänomene leidenschaftlich bewegen, mit ihm darüber. Ganz in seine Bewunderung versunken muß Mersenne sich anstrengen, um zu begreifen, was der Kavalier ihm auseinandersetzt. Im Laufe ihres Gesprächs entwickelt dieser aus dem Stegreif die erste zusammenhängende

Theorie der Musik, sowohl was die physikalischen Phänomene betrifft – die Schwingung der Saiten, die Kompression der Luft in den Röhren – als auch die Akustik und die Mathematik: Daß die Melodie, die vom Ohr als »reine Form« aufgenommen wird, eine Folge von Noten ist, die strengen ästhetischen Regeln der Tonhöhe, Intervalle etc. gehorcht, und zwar in Entsprechungen auf einer mathematisch faßbaren reinen »Basis«.

All das erscheint ihm lächerlich einfach. Aber um sich dem Mönch verständlich zu machen, muß er mit unermüdlicher Geduld immer neue Ergänzungen aufbieten.

»Der größte aller Mathematiker ist fähig, alle Geheimnisse der Natur aufzuklären«, ruft Mersenne in höchstem Erstaunen aus. Er verbreitet die Neuigkeit in Gelehrtenkreisen.

Der Ruf des Kavaliers wird zum Mythos...

Eines Abends jedoch, nach dem Souper, zieht sein Freund Mydorge für ihn die Bilanz der Arbeiten zeitgenössischer Mathematiker, er schildert ihm die »Algebra« des François Viète, die zu Anfang des Jahrhunderts veröffentlicht worden war, und die »Logarythmen«, die John Naper oder Neper, Baron von Merchiston, 1614 gefunden hatte.

René Descartes ist entsetzt und schwer getroffen.

Er hatte geglaubt, die Mathematik zu beherrschen, ja, überflügelt zu haben... Dabei weiß er nichts, gar nichts! Seine Professoren haben ihn irregeführt. Im guten Glauben, denn sie selbst wissen ebenso wenig.

Eine bittere Entdeckung für einen jungen Mann, der während seiner gesamten Studienzeit im besten Kolleg in Frankreich, vielleicht gar Europas, von seinen Lehrern beweihräuchert, verehrt, vergöttert worden ist. Er weiß nichts von den Werken François Viètes, einem Mathematiker, der schon fünfzehn Jahre tot, und nichts von John Napier, der eben gestorben ist.

Unwissend... Unfähig wie ein ganz normaler Pedant!

Er vergißt darüber seine Verabredung zum Glücksspiel um Mitternacht. Obwohl das Spiel seine einzige Einkommensquelle ist.

Er eilt zum Minimenkloster, dringt in die Zelle von Marin Mersenne ein und läßt sich auf das Brett fallen, das diesem als Bett dient. Er lamentiert... Mit über zwanzig, nach Jahren des Studiums, wisse er doch gar nichts. Er soll ein »Weiser« sein? Lächerlich! So viel verlorene Zeit... Er hätte gerne die Künste gelernt. Er ist geschickt mit den Händen... Er liebt Maschinen... Welch ein guter Handwerker wäre er geworden!

Der blutjunge Pater Mersenne versucht ihn etwas ungeschickt unter der Sturzflut der Wörter und Verwünschungen zu trösten, indem er ihm die Geschichte seines Vorgängers erzählt: »Begabt zu sein genügt noch nicht. Man muß arbeiten, arbeiten, arbeiten... François Viète chiffrierte von Beruf die Depeschen des verstorbenen Heinrich IV und dechiffrierte die seiner Feinde. Die Mathematik betrieb er ganz allein, er behielt seine persönliche Arbeit für sich und war unter den Pedanten daher nicht bekannt.

Als der neue Botschafter der Staaten (der Niederlande) nach Fontainebleau kam, um Heinrich IV aufzusuchen, machte er ihm Komplimente zur Lage im Königreich. ›Aber, Sire‹, fügte er hinzu, ›Mathematiker habt Ihr nicht. Adrianus Romanus[1], unser berühmter holländischer Gelehrter, hat ein Buch mit einer Aufgabe veröffentlicht, sie war an alle seine Kollegen in Europa gerichtet. Er zählt sie auf, nennt aber nicht einen in Frankreich!‹

Der König war pikiert. Es fiel ihm ein, daß sein Chiffreur eine beträchtliche Anzahl schwieriger Codes »geknackt« hatte. ›In der Tat, in der Tat, ich habe einen hervorragenden Mann‹, sagte er, ›Man hole Herrn Viète herbei!‹

Monsieur Viète eilte herzu. Sie zeigten ihm die von Romanus gestellte Aufgabe. Er studierte sie, und noch bevor der König den Saal verlassen hatte, nannte er zwei Lösungen. Und fügte hinzu, er könnte so viele geben, wie er wollte, denn ihre Zahl sei unendlich.

Der Botschafter schickte die Lösung an den holländischen Mathematiker. Dieser kam auf der Stelle nach Paris. Herr Viète war gerade in Fontenay auf seinem Landsitz. Adrianus Romanus begab sich dorthin und legte ihm ein weiteres, noch schwierigeres Problem vor. Herr Viète fand die Lösung. Der Mathematiker küßte ihm voll Verwunderung die Knie! Beschämt hob Herr Viète ihn auf, bat ihn zum Diner, und die beiden Gelehrten blieben noch sechs Wochen zusammen.

Als sein neuer Ruf bekannt wurde, ließ sich ein sizilianischer Edelmann mit mathematischen Kenntnissen zum Gesandten seiner Republik in Frankreich ernennen, nur um mit Viète konferieren zu können.

Als der verstorbene König das hörte«, so schloß der Minime, »ließ er François Viète zum Maître an der

1 Wie alle Pedanten Europas »latinisierte« er seinen Namen

Beschwerdekammer ernennen, damit er genügend Zeit hatte, um seinen geistigen Arbeiten nachzugehen. Genauso bemüht sich unser Freund Claude Mydorge um das Amt des Reichsschatzmeisters beim Steuerbezirk von Amiens.«

René Descartes suhlt sich in Verbitterung. Ein Amt! So viele Jahre schwierigster Arbeit zum größeren Ruhm, zur Ehre des Königreichs, sollten mit einem Amt vergolten werden!

Der Kavalier hatte gehofft, aufsteigen zu können, indem er eine wichtige, mathematikbegeisterte Persönlichkeit beeindruckte und so bei Hof verkehren durfte. Mit Hilfe von ein oder zwei Entdeckungen in der Geometrie, einem seiner Spezialgebiete, gedachte er dann eine königliche Pension zu erreichen.

Wenn aber schon Herr Viète vom vorigen König, der sich sehr um den Wohlstand und den Ruf Frankreichs gekümmert hatte, nur ein Amt als Maître bekommen konnte, wie kann er dann hoffen, eine Pension unter dem jetzigen zu erlangen, der damit nichts im Sinne hat?

Er fragt bei den Mondänen nach. Die Höflinge entmutigen ihn: »Heinrich IV war geizig, das ist bekannt, aber im Vergleich zu seinem Sohn war er ein ausgemachter Mäzen. Ludwig XIII spielt fast jeden Abend um Geld, und wer immer zu seinem Hof gehören will, muß ihn gewinnen lassen. Der geringste Verlust stürzt ihn in schwärzeste Stimmung.«

Die Schriftsteller verstärken noch dieses Bild:

»Seine Majestät lehnt Widmungen ab. ›Das ist doch unnötig‹, antwortet er, wenn wir ihm den Vorschlag machen... So spart er sich die Subventionen für die Literaten.«

Pater Mersenne hat recht. Descartes braucht ein lukratives Amt wie Mydorge.

Parlamentsrat?

Warum nicht? Die Sitzungen sind nur in einem Halbjahr... Ein halbes Jahr Freiheit ist nicht so schlecht...

Nein. Pedant oder Magistrat will er nicht werden. Niemals.

Was tun?

In den Pariser Salons trifft Chevalier du Perron zahlreiche jüngere Söhne aus adeligen Familien, die gerade aus den Niederlanden zurückgekehrt sind, wie den Dichter Théophile de Viau und den jungen Mann an seiner Seite, Guez de Balzac.

Die beiden haben sich in Amsterdam kennengelernt und an der Universität von Leyden eingeschrieben, die für ihre riesige Bibliothek, ihren Lehrstuhl für Botanik und ihren reichen Garten bekannt ist, den von niederländischen Seefahrern mitgebrachte exotische Pflanzen schmücken... Wie Herr de Racan, ein ehemaliger Söldner im Dienst der Vereinigten Provinzen, der sich jetzt als Schriftsteller betätigt, gedachten sie nostalgisch ihrer Zeit in Holland.

Erinnerungen daran erbauen die Zuhörer... Frankreich erscheint barbarisch im Vergleich zu den Ländern im Norden! In allen Städten der Niederlande, Englands, Deutschlands und Dänemarks sammeln gelehrte Vereinigungen die aufgeklärten, um Wissen bemühten Menschen.

»In diesen humanistischen Zirkeln«, fügt Racan hinzu, »macht man viel Aufhebens um eine Bruderschaft der Gelehrten, die »Rosenkreuzer« genannt wird. Offenbar weiß sie alles und verspricht den Menschen, ihnen die Weisheit zu bringen, das heißt, die wahre, noch unentdeckte Wissenschaft[1].«

Diese Neuigkeit reißt Herrn du Perron aus seinen finsteren Grübeleien. Er fragt nach Einzelheiten. Racan kann sie ihm nennen: »Die Rosenkreuzer behaupten, das Traktat über Astronomie des polnischen Mönchs Kopernikus sei nicht ›die teuflische Erfindung eines Papisten, der darauf wütet, die Bibel in Verruf zu bringen‹, wie es einige Calvinisten predigen. Sie vertreten, daß die Erde sich wirklich um sich selbst und um die Sonne drehe, und daß die Eingeweihten das schon seit dem frühen Altertum wissen. Wie sie sagen, ist dies nur ein winziger Teil von dem, was sie aufzudecken vermögen ... «

René Descartes ist erschüttert. Er, der es sich »zum Berufe macht, die Gelehrten zu verachten«, wie sein Freund Mersenne meint, wirft sich schon Übereilung und Anmaßung im Urteil vor. Aber welche Enttäuschung wäre es, wenn sie sich als Scharlatane erwiesen! Er antwortet scheinbar unbeteiligt:

»Ihre Belange dürfen mir nicht gleichgültig sein. Sind sie Betrüger, ist es nicht Recht, sie eine Reputation genießen zu lassen, die sie sich auf Kosten des guten Glaubens der rechtschaffenen Leute erworben haben. Bringen sie aber etwas Neues, das zu wissen sich lohnt, besitzen sie eine Wissenschaft, deren Grundlagen mir entgehen, so wäre es unehrlich von mir, sie zu mißachten. Ich muß sie treffen, um mich mit ihnen zu besprechen.«

Das ist Racan recht unangenehm:

---

1 Im Lateinischen bedeutet »sophia« zugleich Wissenschaft und Weisheit.

»Aus Bescheidenheit und aus Furcht, mißverstanden zu werden, unwillentlich Leute, die über ihre Forschungen nicht unterrichtet sind, zu erschrecken oder irrezuführen, haben sie geschworen, sich der Welt nicht als die zu zeigen, die sie sind. Sie treten öffentlich in der gleichen Kleidung auf wie alle anderen und verraten sich weder durch ihre Reden noch durch ihre Lebensweise. Sie streben nicht nach Ruhm, nach Geld oder Ehre, nur nach der Wahrheit. Sie geben sich nur denen zu erkennen, von denen sie Verständnis für ihre Lehren erwarten. Es gibt anscheinend eine ganze Anzahl von ihnen am Hof des Prinzen Moritz, des Generals der Republik der Vereinigten Niederländischen Provinzen.«

Racan kennt Moritz von Nassau, den berühmten Kriegsherrn, recht gut: »Er ist ein großer Feldherr. Man findet kaum seinesgleichen, wenn es um die Belagerung einer Stadt oder die Entsetzung eines belagerten Platzes geht. Besonders sticht er in der Kunst hervor, den Feind zu überrumpeln. Und dabei ist er weit davon entfernt, ungebildet zu sein wie die meisten Großen, er besitzt gute Kenntnisse in Mathematik, beherrscht die Kunst des Festungsbaus, hat selbst einige Maschinen erfunden, mit denen man Flüsse überqueren und feste Plätze einnehmen kann. Außerdem übt er sich in Chemie und Medizin... Neben den Militärs besteht sein Hof nur aus Gelehrten und Maschinenbauern aller Länder, die unter ihm arbeiten.«

Jetzt werden auch die anderen »Ehemaligen« gesprächig: »In den Niederlanden nimmt man die Ausländer wie Gleiche unter Gleichen auf: Engländer, Deutsche, Franzosen, Wallonen, Flamen, Katholiken, Protestanten, Juden – ja, sogar Juden! – wettstreiten mit den Niederländern. Nur die Posten mit politischer Verantwortung stehen ihnen nicht offen ...«

»Ämter, Privilegien, Pensionen, damit hat es ein Ende. Es ist ein Verdienst des Prinzen, daß in den Niederlanden die Ämter nach Kompetenz vergeben und von den Generalständen bezahlt werden ...«

»Jüngere Söhne aus Frankreich heuern scharenweise in der Armee der Vereinigten Provinzen an, schließlich steht sie unter dem Kommando eines Feldherrn von Rang, eines Standartenträgers der Freiheiten. Jeder hofft, dort im Dienst einer begeisternden Sache Karriere zu machen: der Republik!«

Am Montag, dem 2. April 1617, empfängt Herr de Vitry, der Hauptmann der Leibwache, vom jungen Ludwig XIII den Befehl, zur »Verhaftung des Marschalls d'Ancre zu schreiten«: Concini. Im Klartext bedeutet dies die Liquidierung des Favoriten der Köninginmutter ... Vitry streckt ihn mit einem Pistolenschuß nieder.

In der Galerie des Louvre begegnet der vom bösen Glück trunkene König Richelieu. Der Staatssekretär weiß von nichts. Er eilt gerade zum Kabinett, wo der Staatsrat tagen soll. Ludwig XIII schaut auf ihn herab:

»Jetzt bin ich von Ihrer Tyrannei befreit, Herr de Luçon!«

Barbin, der wichtigste Minister, und Mangot, der Kanzler, werden in die Bastille gesperrt. Richelieu und die Medici versuchen zu fliehen.

Der König schickt seine Mutter nach Blois und Richelieu nach Avignon »ins Exil«.

In der Wohnung der Galigai findet ein Offizier der Garde Horoskope. Sie ist verloren! Jetzt kann man sie wegen des Verbrechens der Hexerei verbrennen. Aus »Gnade« wird sie nach einem Eilverfahren geköpft und geht mutig in den Tod.

Das freudetrunkene Pariser Volk schändet Concinis Grab, ihn macht es verantwortlich für sein Elend. Die Menge raubt die Leiche, reißt ihr die Kleider herunter, schleppt sie zum Pont Neuf und steinigt sie, errichtet mit drei Pfosten notdürftig einen Galgen, hängt den Toten an den Füßen auf und übergibt ihn den Flammen. Um dieses Freudenfeuer wird getanzt, geschrien, gelacht!

Das spontane Fest schlägt um in Aufruhr. Bedrohliche Umzüge streifen durch die Straßen. Das niedere Volk hält das Pflaster besetzt, die Bürger schließen sich ein.

Endlich beruhigt sich der Tumult.

Man kann wieder ausgehen, besucht einander und sorgt sich um seine Familie, seine Freunde.

Eine Woche, zwei, drei, mehrere Wochen vergehen. Chevalier du Perron zeigt sich nicht mehr. Seine Freunde suchen ihn in ganz Paris.

Vergeblich. Er ist verschwunden.

4. Der Rosenkavalier

»Wie schon der Prinz von Oranien sagt: ›Die jungen Mädchen denken, daß die Männer ständig einen stehen haben, und die Zivilisten, daß die Soldaten stets den Degen in der Hand tragen.‹«

Mit diesem Bild recht martialischer Männlichkeit eröffnet ein französischer Offizier des Moritz von Nassau den Unterricht, in welchem für die Pioniertruppe Spezialisten in der Verteidigung und Eroberung fester Plätze ausgebildet werden sollen.

Ein aufmerksamer Schüler sitzt, wegen seines kleinen Wuchses, in der ersten Reihe der Zuhörerschaft. Chevalier du Perron lernt, wie man Städte und Häfen belagert, wie man sie verteidigt, wie man in »alternierenden Abständen« Hindernisse aufstellt, wie man eine »Bresche« in eine Stadtmauer »schlägt« oder sie wieder schließt, wie man eine Festung »schleift« oder gegen die feindlichen Geschosse vorgeht, wie man »mit Schiffen Brücken baut« oder Fallgerüste und improvisierte Verteidigungsbauten konstruiert.

Über all diese Kenntnisse verfügen die Niederländer schon seit langem. Seit Jahrhunderten kämpfen sie gegen einen ewigen Feind, der hartnäckiger, heimtückischer, zerstörerischer ist als alle Maschinenbauer der Pioniertruppe zusammen: das Meer. In der Kunst des Deichbaus haben sie die Meisterschaft errungen. Dort, wo die wildesten Wellen sich vergebens brechen, würde eine lächerliche Kanonenkugel erst recht nichts ausrichten.

Zum ersten Mal in seinem Leben nimmt Descartes

theoretischen Unterricht. Er lernt begierig. Leidenschaftlich. Nichts schreckt ihn ab. Weder der Garnisonsdienst, die eintönigen Wachen, die er streng versieht, noch die Schießübungen mit scharfer Munition, das Reittraining für die Schlacht, nicht die Erschöpfung, der Morast, die Gefahr, die fast ebenso groß ist wie zu Kriegszeiten.

Er liebt... er schätzt das Konkrete, Reale, die Anwendung von Kenntnissen.

Es ist eine Prüfung für ihn. Sie ist notwendig. Er will Karriere machen, ein großer Feldherr werden.

Er hat den Zufall seiner Geburt stets zurückgewiesen. Hier verschafft er sich endlich die Mittel, um Fortuna zu trotzen. Indem er die Waffen gegen sie ergreift.

Er wird ihr entgegentreten, er wird sie ins Wanken bringen, sie bezwingen.

Schicksal ist nicht das gleiche wie *Geschick*. Alles hängt vom Menschen ab. Eine siegreiche Armee kann das Gesicht Europas verändern.

An der Seite der Soldaten marschiert die Geschichte. Welch großartige Gefährtin!

Er vergißt darüber die Mathematik. Er will nichts mehr von ihr hören.

In seiner Freizeit würfelt er oder macht andere Glücksspiele, vor allem mit Karten, nur um *den Gewinn einzuheimsen*. Die Generalstände der Niederlande geben den Freiwilligen Wohnung, Nahrung und Sold, doch sind sie zur Verteidigung rekrutiert, die Plünderungen fehlen. Bei der Ankunft hat jeder Angeworbene eine Prämie erhalten. Diese Goldstücke will Descartes als Grundstock zu einem Vermögen aufbewahren wie einen Fetisch. Um für die Bezahlung und den Unterhalt seines Dieners aufzukommen, braucht er das Spiel. Den Dienstboten zu entbehren, wäre für einen Kavalier undenkbar.

Die Herbstsonne vergoldet mit ihrem Glanz die Backsteinfassaden. Ein richtiges Sommerwetter, doch ohne die drückende Hitze. Ein Wetter zum Flanieren.

Herr du Perron ergeht sich in den mit schmalen Klinkern gepflasterten Gassen von Breda, die von schmalbrüstigen, zwei- oder dreistöckigen Häusern eingerahmt sind. Alles ist peinlich sauber. Was für ein Gegensatz zu Paris!

Er liebt diese Stadt. Ein Wassergraben umgibt sie, der so breit und tief ist wie ein Fluß. Die Befestigung ist verstärkt durch eine Stadtmauer, die geneigt ist, um den Kanonenkugeln keinen Angriff zu bieten, und flankiert wird von sechseckigen Bastionen. Sie haben ein Schieferdach und eine Zwiebel auf der Spitze wie die Kirchtürme und Burgfriede. Mit solchen Meisterwerken beweisen die niederländischen Zimmerleute ihre Kunst. In der Tat, was Schiffe, Deiche und Maschinen betrifft, sind sie unschlagbar.

Allein mit sich, in einem Zustand tiefer innerer Befriedigung, verweilt der Kavalier gewöhnlich lange in den Läden, wo Kuriositäten und seltsame Gegenstände aus Westindien[1] und den fernen, geheimnisvollen Ländern des Ostens sich türmen... All diese Waren zeugen von der Überlegenheit der niederländischen Flotte, der Herrin der Meere, von dem Wage-

1 Amerika

mut der Kaufleute, die überall in der Welt tätig sind, von den Fähigkeiten der Reeder und vom Reichtum der Banken dieses Landes.

Er fühlt sich diesem Volk sehr nah, das so klein an Zahl ist, aber eine so große Geschichte hat! Wie die alten Griechen das Persische Reich zu Wasser und zu Land besiegten, so haben die Niederlande die spanische Inquisition und ihren weltlichen Arm, die Marine und das Heer des Reichs von Karl V, besiegt. Wie jene beherrschen sie den Welthandel. In Holland, dem neuen Griechenland, in Amsterdam, dem neuen Athen, ist man *frei*. Frei sich zu versammeln, frei, seine Meinung zu äußern, frei, sie zu drucken. Aus ganzem Herzen frei. Eine freie Republik freier Provinzen, verteidigt von freien Bürgersoldaten! Und von Söldnern... Jetzt folgt er schon eineinhalb Jahre lang unermüdlich dem Unterricht im Lager des Prinzen Moritz. Er beherrscht nun die Kriegskunst der Pioniertruppe. Die Ereignisse in Deutschland werden für Beschäftigung in dieser Laufbahn sorgen.

Schau, dort drängeln sich einige Passanten vor einem Aushang... Da er auf alles neugierig ist, geht er hin.

Unter die Proklamation in niederländischer Sprache hat der Graveur eine geometrische Figur gesetzt... Descartes bittet seinen Nachbarn, ihm den Inhalt des Textes wiederzugeben, zuerst auf Französisch, als die Antwort ausbleibt, auf Lateinisch.

Einer der Schaulustigen mustert den kleinen jungen Mann im grünen Gewand mit den Stiefeln und Sporen eines Reiters.[1] Er ist mit einer breiten Lederschärpe

1 Soldat der Kavallerie

gegürtet, die bei seiner Größe unproportioniert wirkt, daran hängt ein Rapier, dessen Scheide fast den Boden berührt. Dazu trägt er einen großen Hut, den auch noch eine riesige Feder krönt, zweifellos um seinen geringen Wuchs auszugleichen... Unglaublich... Dieser abgebrochene Kavalier kann Latein und noch dazu recht gut!

Da der Herr das komische Männchen amüsant findet, geruht er ihm freundlich zu antworten: »Es handelt sich um ein sehr schwieriges Problem, welches den illustren Gelehrten am Hof des Prinzen von einem anonymen Mathematiker gestellt wird, der sich durch diese öffentliche Herausforderung bekannt zu machen hofft.«

René Descartes – er ist augenblicklich wieder er selbst geworden – insistiert. Würde der Herr die Freundlichkeit haben, ihm den Text zu übersetzen?

Der Niederländer ist gern bereit, ihm diesen Gefallen zu tun, unter einer Bedingung – hier wird sein Tonfall eindeutig ironisch: Daß er so gut wäre, ihm »seine Lösung« zukommen zu lassen... Er selbst betrachtet dieses Rätsel als unlösbar.

Die Karte, auf der sein Gesprächspartner ihm die Daten der Aufgabe aufgezeichnet hat, sorgt Descartes, daß dieser Isaak Beeckman heißt, Arzt, Philosoph, Mathematiker und Prinzipal des Kollegs von Dordrecht ist, und daß er sich zur Zeit zu Besuch bei seinem Freund Jacques Aleaume aufhält, dem Hofmathematiker des Prinzen Moritz.

Bleibt die Geometrie-Aufgabe zu lösen. Er hat sich schon lange nicht mehr mit Mathematik befaßt...

Früher, in La Flèche, hatte er an solchen Übungen

gearbeitet. Zum großen Erstaunen seiner Lehrer hatte er geglaubt, sie mit der *Analysis* (der Geometrie der Antike) lösen zu können.

Am nächsten Morgen bringt Descartes dem vornehmen Prinzipal die Lösung der »unlösbaren« Aufgabe. Um einen Gelehrten, den er zufällig getroffen hatte, zu beeindrucken, hatte er in einer Nacht die Grundlagen der Analytischen Geometrie geschaffen.

In den Straßen von Breda unterhalten sich inmitten eines Volksfests zwei Männer völlig vertieft auf Lateinisch, der einzigen Sprache, die beide beherrschen. Sie haben darüber schon die Zeit des Soupers vergessen... Der eine, von stattlicher Größe und nach Art der Calvinisten in strenges Schwarz gekleidet, neigt sich zum anderen hinunter, einem kleinen Kavalier in grünem Kleid.

Fasziniert und gebannt hört Isaak Beeckman dem jungen Mann von 22 Jahren zu, der mit sanfter, eintöniger Stimme langsam spricht. Das hat er sich zur Gewohnheit gemacht, als er noch an einer schwachen Lunge litt. Mit verwirrender Leichtigkeit entwickelt er seinen mathematischen Beweis, als handelte es sich um eine einfache Rechenaufgabe. Dem Arzt schwindelt, er versucht sich auf die Darlegung zu konzentrieren. Eine Vorahnung überkommt ihn. An diesem Tag hat er unter den dummen, arroganten, streitsüchtigen jungen Leuten, die von Ruhm, Krieg und Tod träumen, ein wahres Genie entdeckt.

Abrupt reißt René Descartes ihn aus seinen Gedanken: ob er *Rosenkreuzer kenne?*

Natürlich. Beeckman steht ihnen nahe: Der Hof

von Moritz Nassau besteht nur aus Gelehrten dieser Bruderschaft. Sie haben zahlreiche Bücher veröffentlicht, die in den Ländern im Norden weit verbreitet sind. Johannes Bringern hat eine Geschichte des Ordens verfaßt. Er besitzt das Buch und ist bereit, es ihm zu borgen.

Der Kavalier bittet seinen neuen Freund, es für ihn zusammenzufassen.

»Bringern schreibt, der Begründer des Ordens sei 1378 in Deutschland von sehr armen, aber adeligen Eltern geboren. Im Alter von fünf Jahren kam er in ein Kloster, wo er Griechisch, Latein und zahlreiche orientalische Sprachen lernte. Mit sechzehn Jahren verließ er das Kloster und schloß sich Magiern und Alchimisten an, die ihn in ihre Künste einweihten.

Danach unternahm er Reisen in die Türkei und nach Arabien, wo er erfuhr, daß in einer Stadt namens Damcar, ›die in der Welt nur wenig bekannt ist‹, ausschließlich der Naturwissenschaft kundige Philosophen lebten. Er begab sich dorthin.

Die Gelehrten bereiteten ihm ein freundliches Willkommen, grüßten ihn mit seinem Namen, bevor er ihn genannt hatte, und erzählten ihm von seiner Kindheit... Sie hatten seine Ankunft schon lange erwartet, denn ›er würde eine Generalreformation der Welt einleiten‹. Sie unterrichteten ihn ›in verschiedenen Dingen‹ und vertrauten ihm einen ›Großteil ihrer Geheimnisse an‹.

Der Ordensgründer blieb drei Jahre bei ihnen, dann verließ er sie, um die Barbarei [Nordafrika] zu besuchen, er hielt sich in Fez auf und konferierte mit den zahlreichen Magiern und Kabbalisten dieser heiligen Stadt.

Von dort setzte er über nach Spanien, doch nachdem er die Grundlagen der universellen Neuordnung geschaffen hatte, mußte er vor der Inquisition fliehen.

Er zog sich nach Deutschland zurück und lebte dort bis zum Alter von einhundertsechs Jahren in völliger Einsamkeit. 1484 starb er, ohne krank geworden zu sein. Sein Leib ruht in der Grotte, in welcher er, völlig unbekannt, gelebt hatte.

1604 entdeckten vier Gelehrte den Eingang des Heiligtums, ›sein Licht kommt von einer Sonne am Grund der Höhle, welche selbst ihr Licht von der Sonne der Welt empfängt. Diese esoterische Helligkeit leitete sie durch das Erdinnere, und sie erfuhren seine Geheimnisse.‹

Im Zentrum eines runden Altars trägt eine Kupferplatte folgende, in Latein gravierte Inschrift:

Ich A.C.R.C.

habe mir dieses Abbild der Lichter zum Grabmal gemacht.

Es wird von vier Figuren eingerahmt, die jede auf ihrem Sockel eine Inschrift tragen: *Die unversehrte Herrlichkeit Gottes; Die Strenge des Gesetzes; Die Freiheit des Evangeliums; Nirgends leerer Raum.* Daneben mehrere Werkzeuge und Gegenstände, verschiedenartige Spiegel, Lampen, Glöckchen, Bücher, darunter *Die kleine Welt,* vom Gründer selbst verfaßt.

An einer alten Mauer zog ein Satz ihre Blicke an: *Nach sechs zwanzig Jahren werde ich entdeckt.* Von 1484 bis 1604 sind genau einhunderzwanzig Jahre vergangen... Jeder der vier Entdecker wählte einen Zeugen. Diese acht Gelehrten gründeten den Orden vom Rosenkreuz.

Bringern erklärt den Ursprung dieses Namens

nicht. Er stammt nicht vom Begründer, der, im Gegensatz zu einer verbreiteten Auffassung, nicht Christian Rosenkreuz hieß. Sein Name ist unbekannt.«[1]

Beeckman lächelt.

»Das alles übersteigt das Verständnis vieler Menschen... Die Calvinisten machten sich daran, den Orden zu verunglimpfen. Sie nennen ihn eine neue Sekte »paracelsischer Lutheraner«. Tatsächlich sind die Brüder Anhänger des Paracelsus, eines großen Mediziners und Alchimisten des 16. Jahrhunderts... «

Die beiden Männer gehen ins Gespräch vertieft ziellos die Straßen entlang. Manchmal bleiben sie plötzlich stehen, nehmen einander am Arm und halten ihn fest, um ihren Gedanken Nachdruck zu verleihen. Sie sprechen laut, ohne sich um die Menge zu kümmern. Niemand beachtet sie. Die meisten Passanten sind betrunken...

Heute ist der 10. November, der Vorabend zu Sankt Martin, »der Sitte nach ein Tag zum Feiern« (im Mittelalter wurden die Arbeiter jeden Morgen neu angeworben. Ein »Feiertag« war ein Tag ohne Arbeit). Da die Kirche das heidnische Fest der Herbstäquinoktien[2]

---

1 Wie alle Symbole ist »das Rosenkreuz« (zwei gleichlange Kreuzlinien schneiden sich in der Mitte und »zerteilen« so vier Rosenblätter) sehr alt. Es ist schon auf griechischen Münzen zu finden, die bei den Kelten zwei Jahrhunderte vor unserer Zeitrechnung in Umlauf waren.

2 Am 23.September, zur Zeit der Weinlese. Wasser und Feuer (die Sonne) mischen sich zu gleichen Teilen und ergeben so den Wein. Der 11.November war das Fest des »Herbstendes«, das die Kelten ausschweifend begingen. Die Kirche hatte die beiden Herbstfeste zusammengelegt.

nicht abschaffen konnte, stellte sie es unter den Schutz jenes Heiligen, der seinen Mantel in zwei gleichgroße Stücke geschnitten hatte, um ihn mit einem Armen zu teilen. Aber ein heidnisches Fest ist schon der Definition nach Pan geweiht, dem befruchtenden Prinzip, dem Phallus. Der Name ist zwar verschwunden, doch der Brauch ist geblieben ... In ihre Gedanken versunken gehen René Descartes und Isaak Beeckman an wankenden Saufbrüdern, eng umschlungenen Liebenden und in Winkeln liegenden Pärchen vorüber, ohne sie zu sehen ... Das große Fest hat begonnen.

»Die Rosenkreuzer«, fährt Beeckman fort, »verwerfen die galenische Medizin und ihre seit dem 11. Jahrhundert von der Scholastik verfälschten Prinzipien ...«

»Dann müssen sie wissen, wie man die Wahrheit in der Wissenschaft finden kann. Sie müssen die Wissenschaft der Wissenschaften kennen ... Die alten Griechen nannten sie *Mathesis* ... Die Mathematik ...«

René Descartes hat unwillkürlich das Gespräch unterbrochen, weil ihn ein Gedanke durchzuckt, scheinbar ohne Bezug zum Thema.

Er spricht zu seinem Begleiter, aber in Wirklichkeit hält er einen Monolog: »Als ich anfing, die Mathematik zu studieren, las ich fast alle Autoren, die sich mit diesem Gegenstand befaßt hatten, vor allem mit der Arithmetik und Geometrie, den beiden einfachsten und leichtesten Wissenschaften. Sie konnten mich nie zufriedenstellen. Alles, was da über Zahlen und Figuren gesagt wurde, erkannte ich als richtig, nachdem ich es durch Nachrechnen überprüft hatte, ebenso die Regeln, die daraus entsprangen. Aber *warum* verhielt es sich so und *wie* waren sie darauf gekommen? Das sagten sie nicht. Im übrigen wundert mich nicht, daß die meisten Menschen, auch die intelligenten und gebildeten, diese Wissenschaft wieder aufgeben, wenn sie ihre Grundlagen einmal kennengelernt haben, weil sie diese für allzu simpel und unnütz halten, oder, im Gegenteil, für zu schwierig und verworren.

Die Alten hingegen wollten zur Philosophie niemand zulassen, »der die Mathematik nicht kannte«. Als ob diese Disziplin notwendig wäre, um bedeutendere Wissenschaften kennenzulernen[1]... Ich frage mich, ob sie nicht eine Mathematik kannten, die von der unseren verschieden ist... Auch wenn sie sie nicht bis zur Vollkommenheit entwickeln konnten, denn ihre Kenntnisse waren noch in den Anfängen.

Wenn die Rosenkreuzer wirklich die *Wahre Wissenschaft* besitzen, kann es sich nur um jene unbekannte Mathematik handeln...«

Seine Eingebung war klar und evident aus ihm hervorgebrochen, er hatte sie ohne Mühe nach dem Lauf seiner Gedankengänge formuliert. Sie wird ihn nie mehr verlassen.

Die zufällige Begegnung mit dem wissenschaftsbegeisterten Prinzipal eines Kollegs hat in René Descartes eine emotionale Erschütterung ausgelöst, groß genug, um seine Kreativität voll zu entfalten.

Dank der Vermittlung Isaak Beeckmans konferiert er mit den gelehrten Rosenkreuzern, die sich um Prinz

1 »Daß keiner hier eintritt, der die Geometrie nicht kennt!«, diese Inschrift befand sich über der »Säulenhalle«, in welcher Sokrates lehrte.

Moritz von Nassau versammelt haben. Sie wissen nichts von der »unbekannten Mathematik«. Aber sie sind von seinem gewaltigen Verstand gefesselt und borgen ihm gerne das Buch von Valentin Andreä, *Fama fraternitatis et confessio fratrum Rosae-Crucis*, und die Werke von Robert Fludd, Elie Ashmole, Dorn und anderen Mitbrüdern... Es sind inspirierte, lyrische Texte. Diese Hymnen an den Ruhm des transzendentalen Wissens, diese Suche nach Weisheit, diese prophetischen Dichtungen von großer Schönheit, das Erbe einer seit den Ursprüngen der Menschheit überlieferten Tradition, begeistern und entzücken den Kavalier.

Er überträgt seine Begeisterung auch auf den Mann, der ihm die Entdeckung dieses Denkens ermöglicht hat. Isaak Beeckman hatte ihn aus der trivialen Welt geholt, in die er geflüchtet war. Unbewußt sieht er in ihm einen idealen Vater... Den Mann, den er zum Vater hätte haben müssen.

Dies raubt ihm allerdings nicht seinen Scharfblick. Er sieht durchaus Beeckmans Grenzen. Die Wissenschaften, die dieser ausüben will, übersteigen seine Fähigkeiten, und deshalb klammert er sich an seine schwer erkämpften materiellen Gewißheiten. Er versteht nicht den universellen, tiefen, zeitlosen Sinn der Allegorien, der Symbole, und ihre Rolle als Leitlinien und Anhaltspunkte auf dem Weg zur Erkenntnis, ihre Rolle als Bindeglieder zwischen Vergangenheit, Gegenwart und Zukunft. Dieser der ganzen Menschheit gemeinsame Diskurs, über alle Zeiten, alle Breiten hinweg, von Volk zu Volk kaum verschieden, dieser kollektive Urgrund, Quelle der Inspiration und Reflexion, erscheint Beeckman unnütz. Er ist von einer seltsamen Blindheit geschlagen... Für einen Arzt, der der Mathematik kundig ist, dieser Wissenschaft, die vollkommen *esoterisch*, das heißt, für einen Nicht-Eingeweihten unverständlich ist, sollte die *Poetik* – die Mythen, Fabeln, Legenden und heiligen Bücher – durch einfache Übertragung sofort verständlich sein. Nichts davon... Er lehnt sie insgesamt ab und weigert sich, sie zu überprüfen. Wahrscheinlich aus Angst, für so naiv gehalten zu werden wie die Leute aus dem Volk, die diese Erzählungen wörtlich nehmen und überzeugt sind, daß die »Nekromanten« Gold herstellen aus dem Blut Neugeborener, die vorher auf einem kabbalistischen Altar erdrosselt wurden, oder glauben, daß die Alchimisten einen Vertrag mit dem Teufel »und seinen 6666 Legionen von 6666 Dämonen« eingehen.

Es gibt eine Domäne, in der sich Eingebung, Verstand und Sinne vermischen. Sie muß auch für einen Mann akzeptabel sein, der »nur von Wissenschaft hören will«: *die Domäne der freien Künste.*

Sollten sie eine Annäherung möglich machen? Würde er ihn so für jenes Ganze sensibilisieren können, dessen Teile die universelle Harmonie bilden, und dabei Gesetzen gehorchen, die teilweise durch die Mathematik faßbar, sichtbar und formulierbar werden?

Am 1. Januar 1619 schenkt René Descartes seinem Freund Isaak Beeckman, als Neujahrsgeschenk sozusagen, das Manuskript eines in Latein verfaßten Traktats, *Compendium musicae*, Leitfaden der Musik[1]. Sein Vorwort lautet:

---

1 Ein Jahrhundert später wird Rameau es in den höchsten Tönen loben. Zitiert aus der Ausgabe von Johannes Brockt (Hg), Darmstadt 1978

Er hat den Ton zum Gegenstand

Der Zweck des Tones ist letzten Endes, zu erfreuen und in uns verschiedene Gemütsbewegungen hervorzurufen. Die Gesänge können aber zugleich auch traurig und ergötzlich sein. Und es ist nicht verwunderlich, daß sie so verschieden sind. Gefallen uns doch die Elegien- und Tragödiendichter um so mehr, je mehr Trauer sie in uns erregen.

An Mitteln zu diesem Zweck oder der Eigenschaften des Tones gibt es vornehmlich zwei: nämlich die Verschiedenheit hinsichtlich seiner Dauer oder Zeit und seiner Stärke in bezug auf Höhe und Tiefe. Von der Beschaffenheit des Tones selbst, womit und wodurch er am geeignetsten erzeugt wird, handeln die Physiker.

Es folgt eine mathematische Theorie der Musik, zur Einführung steht ihr ein Brief voran:

Ich erleide gern, daß dieses unvollkommene geistige Erzeugnis in Ihre Hände gelangt, um Sie unserer Freundschaft zu erinnern, wie auch als sicheres Unterpfand der ehrlichen Zuneigung, die ich für Sie hege. Doch bleibt die Bedingung, daß Sie es, bitte, am Grunde Ihres Kabinetts begraben mögen, damit es nicht dem Urteil Anderer ausgesetzt wird. Auf der Suche nach Material für die Zensur könnten diese sich möglicherweise bei den unzulänglichen Stellen des Stückes aufhalten, ohne ein Auge auf jene zu werfen, an denen ich vielleicht die lebendigsten Züge meines Geistes eingeschrieben habe. Ich bin überzeugt davon, daß Sie es nicht auf diese Weise verwenden werden, da Sie ja wissen, daß dieses Werk nur für Sie ist und daß es allein Ihre Wertschätzung war, die es mich im Tumult eines Wachcorps hinwerfen ließ, in welchem Unwissenheit und Faulheit vorherrschen und wo man stets von ande-

ren Gedanken und anderen Beschäftigungen als denen der Feder abgelenkt wird...

– vor allem vom Spiel... Man muß schließlich leben!

Seit ihrer ersten Begegnung hört Beeckman nicht auf, ihn mit Fragen in Mathematik und Physik zu plagen. Er beeilt sich mit einer Antwort:

Ich habe Ihren Brief erhalten, den ich erwartet hatte. Schon beim ersten Blick darauf habe ich mich gefreut, da er Musiknoten enthielt: Wie hätten Sie mir deutlicher zeigen können, daß Sie sich meiner erinnern? Aber ich hatte noch etwas erwartet, und das war wichtiger: Was haben Sie in der letzten Zeit getan, was tun Sie jetzt, wie geht es Ihnen? Denn ich sorge mich nicht nur um die Wissenschaft, sondern auch um Sie, das sollten Sie mir glauben; und nicht nur um Ihren Verstand, obwohl er das Wichtigste ist, sondern um den ganzen Menschen.

Was mich betrifft, so bin ich müßig wie immer, und habe den Büchern, die ich auf Ihren Rat hin schreiben sollte, kaum einen Titel gegeben. Glauben Sie jedoch nicht, ich sei so untätig, daß ich meine Zeit völlig verschwendete. Im Gegenteil, ich habe sie nie nützlicher verwendet, allerdings auf Sachen, die Ihr mit höheren Dingen befaßter Verstand zweifellos mißachten wird, und auf die Sie von Ihrem hohen Himmel der Wissenschaften abschätzig herabblicken werden: Ich widme mich in der Tat der Malerei, der Kriegsbaukunst und dem Studium der flämischen Sprache...

Beeckman, ein guter Physiker, aber dürftiger Theoretiker, versteht nichts von dem Traktat über Musik, es ist ihm viel zu abstrakt. Mit gewohnter Eleganz macht der Kavalier sich selbst dafür verantwortlich:

Wenn Sie mein Traktat über Musik sorgfältig prüfen, werden Sie sehen, daß alles, was ich darin über die Intervalle der Akkorde, die Tonleiter und die Dissonanzen sage, mathematisch bewiesen wird. Aber die dazugehörige Erklärung ist unverständlich, wirr und allzu kurz.

Genug über diesen Punkt, bei anderer Gelegenheit werde ich mehr dazu sagen. Bis dahin lieben Sie mich und seien Sie überzeugt, daß ich Sie nicht eher vergessen könnte als die Musen selbst. Sie sind es, in der Tat, die mich mit dem Band einer nie endenden Zuneigung mit ihnen verbunden haben.

René Descartes ist es müde, über Wissenschaft zu reden. Der sittenstrenge Isaak Beeckman hält ihm seine Trägheit vor. Sie erscheint ihm unmoralisch. Er soll nur daran denken, seine Gaben zu kultivieren, da er nun einmal das Glück hat, sie zu besitzen. In seinen verärgerten Reaktionen ist auch Eifersucht zu spüren.

Nein, der Mensch ist kein *vernunftbegabtes* Tier, er ist ein *sinnenhaftes* Wesen. Er braucht die Liebe. Descartes noch mehr als andere. Er hat so lange ohne sie auskommen müssen. Der geblendete, von seinen wundervollen geistigen Fähigkeiten völlig eingenommene Beeckman betrachtet ihn als ein Ungeheuer, als ein Phänomen! Aber wer kümmert sich um *den ganzen Menschen* namens René Descartes? Die Frauen! Er genießt mehr denn je die Sanftmut ihres Geistes. Im von braven calvinistischen Bürgern bewohnten Breda und seiner Umgebung hat die *furia francese* der im Sold stehenden jüngeren Söhne die Wirkung eines reinigenden Wirbelsturms. Der Kavalier zählt die Herzen nicht mehr, die er im Handstreich erobert hat.

Er liebt das Leben leidenschaftlich. Er verwendet

Geist und Sinne daran. Er erfreut sich am Schönen so sehr wie am Guten, an den Künsten, Theatervorstellungen und langen Ritten, an Fechtkämpfen, Wein und Banketten, an der Liebe der Frauen ... Er nimmt sich Zeit, mit richtigen Freunden zu leben, die nicht von den Wissenschaften aufgesogen sind. Seit seiner Begegnung mit Beeckman hat er seine Beziehung zur Mathematik auf höchstem Niveau wiederaufgenommen. Es ist ein seltenes Vergnügen, anstrengend, aber doch kostbar und einmalig, ein göttliches Privileg ... Er verdankt ihm wirklich sein Wiedersehen mit den »Musen« der Wissenschaft.

Aber er will alles kennenlernen, sich allem stellen. Dem Abenteuer, dem Kampf und dem Tod. Er hat beschlossen, an den Kriegen in Deutschland teilzunehmen.

Ein unergründlicher Wille, eine unwiderstehlicher Trieb drängt ihn dazu. Er *muß* diese Prüfungen auf sich nehmen. Wenn er überlebt, hat das Geschick ihn ausersehen.

Er muß bis an seine Grenzen gehen. Im Feuer, in der Schlacht wird er sich endgültig seiner Kutte eines ohnmächtigen, schwachen und abhängigen Kindes und Jünglings entledigen.

Wenn er von seiner Vergangenheit abgeschnitten, zu einem *Anderen* wiedergeboren, umgestaltet und verwandelt sein wird, nur aus dem eigenen Willen heraus, nur aus sich selbst geschaffen und begabt mit der Macht, die er in der Todesgefahr erlangen wird, wenn er endlich im Einklang mit sich selbst ist, wird er alles wagen, alles anpacken können.

Es ist Zeit für ihn, fortzugehen. Die Niederlande, Hochburg der Freiheiten, sind zu einem ummauerten Feld geworden, in welchem sich zwei calvinistische Sekten, die *Arminianer* und die *Gomaristen* bekriegen.

Der Verfolgungen müde, haben die Anhänger des Arminius, welche in der Minderheit sind, Soldaten angeworben, die »Wärter«. »Der republikanische Prinz« Moritz von Nassau, der durch den Tod seines Bruders Prinz von Oranien geworden ist, unterdrückt die Wirren mit seinem Söldnerheer.

René Descartes verläßt Breda. Die Freiheit ist ein Mythos. Am 26. März, wenige Tage vor seinem 23. Geburtstag, schreibt er an Beeckman:

Es wird mir erlaubt sein, wie ich denke, brieflich von Ihnen Abschied zu nehmen, da ich es nicht mündlich tun konnte, als ich mich von Ihnen entfernte [...]. In den letzten sechs Tagen habe ich meine Musen mit mehr Sorgfalt denn je gepflegt. Ich habe in dieser kurzen Zeit in der Tat vier bedeutende und völlig neue Beweise gefunden [...].

Die Diskussion habe ich noch nicht bei allen fertiggestellt; aber wie ich meine, werde ich das gleiche, das ich für das eine gefunden habe, auch leicht auf weitere anwenden können. Und auf diese Weise wird man vier Mal so viele Fragen lösen können als bei der üblichen Algebra, und außerdem wesentlich schwierigere [...].

Schon suche ich eine andere Sache, mit der man zusammengesetzte Wurzeln mit verschiedenen Nennern gleichzeitig ziehen kann. Wenn ich es finde, wie ich hoffe, werde ich die Wissenschaft völlig ordnen, ich muß nur meine natürliche Trägheit überkommen und das Geschick muß mir die Gunst eines freien Lebens gewähren.[1]

Sicherlich werde ich, und damit enthülle ich Ihnen schlicht das Ziel meines Unternehmens, dem Publikum eine grundlegend neue Wissenschaft geben, die es im allgemeinen erlaubt, alle Aufgaben zu lösen, die man in irgendeiner Weise an eine Quantität stellen kann, je nach ihrer Natur, sei sie kontinuierlich oder diskontinuierlich. [...]

Dieses Vorhaben ist bestimmt grenzenlos und kann nicht von einem allein geleistet werden. Es ist ein unglaublich ehrgeiziges Projekt! Aber ich habe im dunklen Chaos dieser Wissenschaft ein Licht entdeckt und ich denke, daß mit Hilfe dieses Lichts die größten Finsternisse zerstreut werden können.

Was meine Reisen betrifft, so war die letzte glücklich. Sie war es umso mehr, als sie am ersten Tag noch gefährlicher [...] erschien, sodaß die Winde mich zwangen, nach Vlissingen umzukehren; als ich mich am nächsten Tag jedoch auf einem sehr kleinen Schiff eingeschifft hatte, litt ich unter einer noch stürmischeren See, dies aber mehr mit Vergnügen als mit Furcht. Denn es war mir eine Prüfung. Nachdem ich die Fluten des Meeres überquert hatte, ohne seekrank zu werden, worin ich bis jetzt keinerlei Erfahrung hatte, fand ich mich wagemutiger, eine noch größere Reise zu unternehmen.

[...] ich werde erst in drei Wochen abreisen. Doch dann hoffe ich, Amsterdam und von dort aus Danzig zu erreichen; nach der Durchquerung Polens und eines Teils von Ungarn werde ich schließlich in Öster-

1 Descartes ist der Schöpfer der modernen Algebra.

reich und Böhmen anlangen. Dies ist zwar der längere Weg, aber nach meinem Empfinden auch der sicherste. Im übrigen werde ich meinen Diener mitnehmen und vielleicht noch einige Gefährten, die ich hier kennengelernt habe: Das schreibe ich Ihnen, damit Ihre Zuneigung keinen Grund zur Sorge mehr um mich hat. Aber ich werde bestimmt nicht vor dem 15. April von hier aufbrechen. Sie selbst können ermessen, ob es möglich ist, daß ich vorher hier einen Brief von Ihnen empfangen kann; sonst werde ich vielleicht für lange Zeit keinen mehr erhalten. Wenn Sie mir schreiben, sagen Sie mir, was Sie von den Mechaniken halten und ob Sie mit mir übereinstimmen.

Bis dahin lieben Sie mich, leben Sie in der Freude und lassen Sie es sich gut ergehen. Sie werden vor meiner Abreise noch einen Brief von mir erhalten.

René Descartes lebte nach einer sehr einfachen Theorie und Praxis: Die Leidenschaften machen das Leben lebenswert, ihr Übermaß macht es nur noch besser.

Beeckman, ein »seriöser« und »vernünftiger« Mann der Wissenschaft, kann das begreifen, aber er kann es nicht gutheißen. Nun zu sehen, wie der »größte Mathematiker aller Zeiten« sich für ein Söldnerheer anwerben läßt, ist für ihn völlig unerträglich. Ein Mann, der trotz seiner begrenzten intellektuellen Mittel sein Leben der wissenschaftlichen Forschung gewidmet und ihr alles geopfert hat, muß eine solche Unbeteiligtheit verabscheuen. Er bezeigt seine Mißbilligung, indem er schweigt. Er schmollt ... Der Kavalier lockt ihn aus seinem Winkel:

Ich wollte Ihnen diesen Boten nicht ohne einen Brief schicken, obwohl mir nicht mehr die Zeit bleibt, viel zu schreiben. Aber ich bitte Sie, mir wenigstens durch ihn zu antworten – er steht in meinen Diensten – und mir zu sagen, wie es Ihnen ergeht, was Sie tun, ob Sie sich noch mit Ihrer Heirat beschäftigen und nicht mehr mit der eines anderen. Ich werde nächsten Mittwoch von hier aufbrechen, sobald mein Bote zurückgekehrt ist. Ich habe Ihnen vor drei Wochen einen längeren Brief geschrieben. Adieu. Lieben Sie mich.

Seine Karte kreuzt sich mit Beeckmans Antwort. Ein weiteres Mal drängt ihn der Freund, sich vorrangig mit der Wissenschaft zu beschäftigen. Descartes schreibt ihm sofort:

Ich habe Ihren Brief beinah am selben Tag erhalten, an dem er geschrieben wurde, und ich möchte nicht von hier abreisen, ohne mit diesem Wort noch einmal die Freundschaft aufzufrischen, die uns verbindet und noch lange dauern soll. Aber erwarten Sie nichts mehr von unseren Musen: Mein Geist ist schon auf Reisen, während ich mich bereite, um mich morgen auf den Weg zu machen. Ich weiß noch nicht..., wo das Schicksal mich hinführt, wo mir Aufenthalt gewährt wird.[1] *Denn es ist noch nicht sicher, ob die Wechselfälle des Krieges mich nach Deutschland rufen werden. Wie ich vermute, wird es dort viele Bewaffnete, aber keine Schlacht geben. Wenn es sich so verhält, werde ich in Dänemark, Polen, Ungarn umherreisen, bis ich in Deutschland auf sichere, nicht mehr von plündernden Soldaten beherrschte Straßen treffe, oder auf die Gewißheit, daß wir im Kriege sind. Wenn ich mich irgendwo aufhalte, wie ich es hoffe, so verspreche ich Ihnen, sogleich die »Mechanik« oder die »Geometrie« zu ord-*

1 Die Hervorhebung ist von Descartes; es ist ein Zitat.

nen und ich werde Sie dann als den Förderer und ersten Autor meiner Studien ehren.

Denn Sie sind wirklich der Einzige, der meinen Leichtsinn erschüttert hat; Sie allein haben meine Kenntnisse zurückgerufen, die ich schon fast aus dem Gedächtnis verloren hatte, und Sie haben meinen Geist, der sich von jeder ernsthaften Beschäftigung entfernte, wieder auf bessere Gedanken gelenkt. Wenn also zufällig etwas aus mir kommt, das nicht zu verachten ist, dürfen Sie es mit gutem Recht gänzlich für sich in Anspruch nehmen. Ich selbst werde nicht vergessen, es Ihnen zuzusenden, damit Sie daraus Nutzen ziehen und es korrigieren können. [...]

Eines Tages werde ich ein vollständiges Werk über die Geometrie schreiben. Ich meine, daß es neu und kaum zu verachten sein wird.

Aber jetzt habe ich schon einen ganzen Monat nicht studiert. Die Erfindungen haben meinen Geist so erschöpft, daß er nicht mehr die Kraft hat, etwas über die anderen Gegenstände zu entdecken, die ich ebenfalls studieren wollte... Aber er hat die Kraft, stets Ihr Andenken zu bewahren. Adieu.

Im Augenblick der Abreise schickt er noch einmal einen langen Brief:

Ich will keine Gelegenheit auslassen, Ihnen zu schreiben und Ihnen meine Zuneigung zu bekunden, auch damit das Andenken, das ich Ihnen bewahre, von keiner Beschäftigung verjagt wird, die mir meine Reise auferlegt.

[...]

Ich schiffe mich heute ein, um Dänemark zu besuchen. Ich werde einige Zeit in Kopenhagen bleiben, wo ich einen Brief von Ihnen erwarte. Denn es legen jeden

Tag Schiffe von hier nach dieser Stadt ab; ich werde Sorge dafür tragen, daß die Matrosen mich informieren, wenn einer von ihnen einen Brief für mich trägt...

Mehr sage ich nicht, füge nur noch hinzu: lieben Sie mich und seien Sie glücklich. Adieu.

Mit seiner Abreise aus den Niederlanden flieht René Descartes die religiösen Querelen. Er weiß, daß sie nur einen heftigen Kampf um die Macht überdecken: Die katholischen Theologen geben vor, die »Hexerei« zu bekämpfen, die calvinistischen Theologen behaupten, gegen die »Ketzerei« vorzugehen und rechtfertigen mit dieser Schutzbehauptung politische Exekutionen. Am 9. Mai erklären die »Gomaristen« auf der nationalen niederländischen Synode in Dordrecht und »mit der Unterstützung durch das Schwert des Prinzen von Oranien« die »Arminianer« zu Ketzern. Sogleich leiten sie deren Verfolgung ein, eröffnen einen Prozeß gegen den Generaladvokaten Barnaveldt, den Delegationsführer und Sprecher. Er wird am 12. des Monats im Alter von 76 Jahren geköpft.

Heute bleiben die Tore von Frankfurt am Main geschlossen. Nach dem neuen Kalender des Papstes Gregor, der seit 1582 von den Katholiken verwendet wird, ist es der 9. September 1619; nach dem Kalender, der unter Julius Caesar eingeführt wurde und der trotz seiner Unzulänglichkeiten bei den Protestanten immer noch in Kraft ist, ist es der 30. August: Die

Reformierten lassen sich von diesen »verdammten Papisten« keine Lektion erteilen...

Heute wird der österreichische Erzherzog Ferdinand, der zum König von Böhmen und Mähren ernannt und außerdem von den Kurfürsten zum Römischen Kaiser gewählt wurde, in seiner guten kaiserlichen Stadt zum Deutschen Kaiser gekrönt. Fremden ist es verboten, an der Zeremonie teilzunehmen. Der Zutritt zur Stadt wird ihnen von Kriegsleuten verwehrt.

Dennoch schlängelt sich ein kleiner Kavalier im grünen Gewand zwischen den Stadtbewohnern hindurch, die am Weg vom Palast zur Bartholomäuskirche aufgereiht sind. Von der Menschenmenge umgeben, sieht er fast nichts von dem nicht enden wollenden Defilé.

Sobald aber ein ruhmreiches Tedeum ankündigt, daß der feierliche Zug herauskommt, setzt der Kavalier seine Ellbogen ein, um endlich trotz seines geringen Wuchses etwas zu sehen...

Die Offiziere des Kaiserlichen Hofes gehen voran. Dann kommen die Kaiserlichen Ratgeber, Kurfürsten, Barone, Grafen und Prinzen. Goldbesetztes Purpur flammt, das Gold auf Schildern und Brustpanzern blitzt, die Edelsteine auf Hals- und Ehrenketten glitzern... Die fünf Herolde des Reichsbanners lassen die Baccina erschallen. Nacheinander folgen die Gesandten der Kurfürsten der Pfalz und Brandenburgs, sie tragen auf einem tiefroten, mit Goldstickereien verzierten Samtkissen den Reichsapfel mit dem Kreuz und das Szepter Karls des Großen. Hinter ihnen schreitet der Gesandte des Kurfürsten von Sachsen, mit ausgestreckten Armen trägt er auf einer dicken Seidendrapierung, die mit kostbaren Steinen in seltenen Metallfassungen übersät ist, das Reichsschwert des »Kaisers mit dem blühenden Bart«. In all seiner Pracht folgt nun, unter einem von Konsuln und Senatoren getragenen Baldachin, seine Kaiserliche Majestät Ferdinand II, bekleidet mit dem Zeremonienmantel, der langen Albe und der großen Stola, alles reich geschmückt, und darüber trägt er den goldenen Mantel von Carolus Magnus. Danach kommen die Kirchlichen Kurfürsten von Mainz und Köln in wertvollem Ornat. Der prunkvolle Zug bewegt sich in Richtung Palast über die Mainbrücke, die mit roten Teppichen bedeckt ist. Nachdem der Kaiser sie betreten hat, werden die Teppiche vom Volk zerstückelt und als Andenken mitgenommen. Drei Offiziere zu Pferde beschließen, eine Unzahl von goldenen und silbernen Münzen in die Menge werfend, den Zug. Auf der einen Seite der Münzen ist das Profil des Kaisers, auf der Rückseite sein Wappen mit dem Datum der Krönung geprägt. Die Begeisterung des Volkes wird zum Rausch.

»Um der pompösesten Aufführung beizuwohnen, die auf dem Theater der Welt von den ersten Schauspielern der Geschichte gegeben wird«, wie er seinen Freunden schreibt, hat René Descartes seinen Kopf aufs Spiel gesetzt. Wenn er gefaßt und der Spionage überführt wird, endet er unter dem Beil des Henkers.

Der wichtigste Schauspieler in diesem Stück, der Kaiser, ist jedoch nur ein Figurant: der »vom Herrn Gesalbte« kann nur regieren, das Heilige Römische Reich Deutscher Nation kann nur existieren durch die Gnade des Hochheiligen Vaters, durch die Allmacht seines Goldes und mit der Hilfe der Spanischen Truppen seiner Katholischen Majestät. Ohne sie würde die gekrönte Marionette, jener ferne Nachfahre

Karls des Großen, sogleich in sich zusammensinken ...

»Wirren« in Böhmen erschüttern das Reich. Die calvinischen Kurfürsten haben nur ihre Vertreter zur Krönung geschickt. Der Krieg ist unausweichlich. Und das Los des kaiserlichen Hampelmanns hängt von dem Ausgang dieses Krieges ab.

Bis zu seiner Anwerbung, die nicht lange auf sich warten lassen wird, hält sich Herr du Perron im festlichen Frankfurt auf. Er nimmt teil an den Pferderennen, Maskenbällen, am Karneval und all den anderen Belustigungen für Hof und gemeines Volk.

Endlich kündigt der Herzog von Bayern die Aushebung von Truppen an, um gegen Ernst den Bastard, Graf Mansfeld, und seine böhmischen Aufrührer ins Feld zu ziehen. Es soll also die bayrische Armee sein: Chevalier du Perron schließt einen Vertrag als Freiwilliger ab, die Bezahlung erfolgt durch die Kriegsbeute.

Später unterrichtet der Herzog seine Armee davon, daß sie gegen den Pfälzischen Kurfürsten Friedrich V marschieren wird, den die calvinischen Fürsten zum König von Böhmen gewählt haben. Es spielt keine Rolle: Die Söldner, alle rauhbeinige Gesellen, kennen weder Freund noch Feind, sie kennen nur Kriegsherren und Beute.

Mit den bayrischen Truppen marschiert der Kavalier in Richtung Donau, um dort das Winterlager zu beziehen, bis in den ersten warmen Tagen die Kämpfe wieder beginnen. Es sei denn, Verhandlungen können den Konflikt beilegen.

Untätigkeit, ein gefährliches Übel... Es gibt nichts zu tun und nichts zu sehen, nichts und niemand außer den Mannen des Bayern. Der Kavalier ist von der Welt abgeschnitten. Wenn er sich nicht mehr über seine Einsamkeit hinwegtäuschen kann, indem er sich in das mondäne Leben stürzt, verschwindet der Chevalier du Perron und René Descartes taucht wieder auf.

Über zwei Monate lebt er keusch und abstinent. Keine Frau, kein Tropfen Wein... Er denkt nicht einmal mehr daran. Aus der Not heraus spielt er, denn das beim Kartenspiel gewonnene Geld ist seine einzige Einkommensquelle. Aber er trinkt nicht und spricht kein Wort, denn bei der geringsten sarkastischen Bemerkung ergreift ihn Raserei. Der unbedachte Herausforderer riskiert, statt der üblichen Strafe, einer leichten Verletzung, nach einem sehr kurzen Duell einen tödlichen Stoß mit dem Degen.

Seine Gedanken drehen sich im Kreis. Langsam wächst in ihm eine Eingebung... Die Eingebung, daß es eine *wunderbare Wissenschaft* gibt, aus der alle anderen entspringen, eine grundlegende Wissenschaft, die auf alle Kenntnisse anwendbar ist. Die Wissenschaft der Wissenschaften. Er ahnt einen kleinen Teil von ihr, kann sie aber nicht mit der erforderlichen Präzision formulieren.

Das, was man richtig erfaßt hat, läßt sich auch klar ausdrücken...

Dieser Spruch ist zutreffend und ärgert doch den Kavalier: Gerade der unsterbliche Autor dieser Maxime hat sich doch an wortreichen Abhandlungen selbst übertroffen! René Descartes hat es aufgegeben, Montaigne zu lesen, er findet ihn flach und unverständlich wie alle Philosophen.

Seine Eigenschaft als »Freiwilliger ohne Sold« entbindet ihn vom Garnisonsdienst. Er kann die Landsknechte nicht mehr ertragen. Er mietet ein Zimmer bei einem Privatmann.

Auch dort hält es ihn nicht. Er irrt in einem Zustand unerträglicher nervlicher Anspannung durch die Straßen. Das Gehen zu Fuß entspannt ihn. Er kehrt erst wieder in seine Unterkunft zurück, wenn er vor Müdigkeit torkelt... Dann gelingt es ihm einzuschlafen.

An diesem Abend fühlt er sich schlecht, als ob er ersticken müßte, als läge eine Last auf ihm. Das Atmen fällt ihm schwer. Auch ist ihm ungewöhnlich heiß... Lauwarme Luft umgibt ihn, es ist der Fön. Aus den Schweizer Alpen kommend, fegt dieser starke Wind manchmal Tage, manchmal Wochen durch das Donautal, ohne nachzulassen. Man sagt, der Fön mache die Menschen verrückt... Die Leute scheinen wirklich irr geworden zu sein: Alle Häuser sind hell erleuchtet, in Gruppen gehen sie von Weinstube zu Schenke hin und her. Sie schreien, singen, tanzen, nehmen im Chor die Melodien auf, die beschwipste Musiker anstimmen. Die Laternen werfen verzerrte Schatten an die Fassaden... Zweifellos wollen sie die lezten schönen Tage nutzen. Der Sommer von Sankt Martin wird in Unwettern enden.

Sankt Martin... Das ist ja morgen! Der Kavalier bemerkt es erst jetzt... *Deshalb sind die Leute draußen: sie feiern.*

Eine Erinnerung streift ihn. Vor einem Jahr, auf den Tag genau, hatte er jenes Gespräch mit Isaak Beeckman... Und die plötzliche Offenbarung über die Mathematik...

René Descartes langt in einem Zustand heftigster Erregung zu Hause an. Er gestikuliert und spricht laut mit sich. Satzfetzen entfahren ihm, zuweilen einzelne Wörter, er wirft sie in den Wind, um sich von einer unerträglichen geistigen Anspannung zu befreien. Er schließt sich in seinem »Ofen« ein, einem Zimmer, das von einem monumentalen Feuergerät aus glasiertem Ton geheizt wird, und legt sich wie immer zu Bett, um besser nachdenken zu können.

Endlich, spät in der Nacht, schläft er ein, aber er schläft schlecht, hat Alpträume[1] ...

Groteske, grinsende Figuren tauchen auf und versperren ihm den Weg. Von Furcht ergriffen versucht er zu fliehen. Es ist unmöglich... Er fühlt sich so schwach auf der rechten Seite, daß er sich beugen muß, sich nur ganz gebückt, mit kleinen Schritten durch die menschenleeren Straßen vorwärtsschleppen kann. Jeder Schritt bereitet ihm Schmerzen und erhöht seine Angst. Er beißt die Zähne zusammen, um nicht zu schreien.

Voll Scham über sein Benehmen versucht er sich mit übermenschlicher Anstrengung aufzurichten. In dem Moment, in dem es ihm gelingt, dreht ihn eine Böe drei oder vier Mal um sich selbst. Der Wind bläst in immer heftiger werdenden Stößen. Er schleppt sich weiter, so schwach, daß er bei jedem Schritt glaubt hinzufallen. Doch eine überwältigende Panik treibt ihn voran.

Er sieht ein Portal, es ist offen. Er tritt ein... Es ist

1 Wie fast alle Informationen, die in diesem Bericht benutzt werden, hat Descartes diese Träume mit einer typischer rosenkreuzerischen Symbolik minuziös aufgeschrieben.

der Hof eines Kollegs... Die Kapelle ist hier, ganz in seiner Nähe. Er sammelt all seine Energie und steuert auf sie zu, kämpft an gegen den Sturm...

Endlich hat er sie fast erreicht... Aber er ist an einem Mann vorübergekommen, den er sehr gut kennt, und er hat ihn nicht gegrüßt. Er versucht umzukehren... Augenblicklich dreht der Wind und drückt ihn machtvoll zur Kirche zurück.

In der Mitte des Hofs spricht ihn ein Unbekannter freundlich an und sagt ihm, er solle jemand finden, der ihm etwas übergeben wolle.

Wahrscheinlich eine Melone, die er aus der Fremde mitgebracht hat, denkt er sofort.

Seine Angst wird noch größer. Der Hof füllt sich mit Menschen, die fest und aufrecht auf ihren Beinen stehen. Er selbst ist immer noch gekrümmt und schwankt... Dabei hat der Sturm nachgelassen. Der Wind legt sich.

Der Schmerz an der Seite wird fürchterlich... Unerträglich.

Er wacht auf. Er liegt quer über seinem Bett, zusammengekrümmt. Er hat wirklich Schmerzen. Er verändert seine Lage, streckt sich aus und entspannt sich. Der Schmerz läßt nach.

Nachdem der Erregungszustand noch lange angedauert hat, schläft er schließlich wieder ein.

Ein heftiger, dröhnender Donnerschlag reißt ihn aus dem Schlaf. Er öffnet die Augen. Ein Regen von Lichtblitzen fällt in sein Zimmer... Er kennt diese Erscheinung gut, sie ist ihm schon im Wachen begegnet. Wenn er die Augen schließt und langsam wieder öffnet, werden die Blitze schwächer und verschwinden allmählich.

Endlich entspannt, schläft er ein.

... Auf seinem Tisch sieht er deutlich ein Buch, das er noch nie zuvor gesehen hat. Es wurde von einem Unbekannten dort hingelegt. Er schlägt es auf. Es ist ein Wörterbuch... Er wird es gut gebrauchen können.

Noch ein Buch... Eine dicke Gedichtsammlung von Ossone: *Corpus Poetarum.* Er öffnet sie willkürlich auf der Seite mit der Überschrift *Quod vitae sectabor iter? (Welcher Weg ist im Leben zu verfolgen?)*

Er dreht sich um. Ein Unbekannter zeigt ihm lächelnd ein Gedicht, *Est et non*. Er kennt es schon. Es ist in der Sammlung dort auf dem Tisch enthalten. Er sucht es heraus.

Der Mann fragt ihn, woher er das Buch hat.

Er weiß es nicht... Aber da war noch ein Wörterbuch... Es ist verschwunden, ohne daß er weiß, wer es ihm gebracht oder wieder genommen hat... Kaum hat er dies gesagt oder gedacht – beide scheinen sich ohne Worte zu verständigen –, da erscheint das Wörterbuch wieder. Aber es fehlen einige Seiten.

Er kann suchen, soviel er will. Er findet *Est et non* nicht mehr...

»Aber ich kenne ein viel schöneres«, sagt er, immer noch in Gedanken, zu dem Unbekannten, *»Quod vitae sectabor iter?«* Er blättert in dem dicken Gedichtband, um es zu finden, und findet eine Serie kleiner Kupferstich-Porträts ...

Alles tritt zurück, der Mann und die Bücher.

René Descartes wacht auf. Er ist ruhig und klar, die Anspannung hat sich gelöst.

Sein erster Traum ist seine leidvolle Kindheit, seine

Lungenkrankheit, seine körperliche Schwäche, seine als hart empfundene und schmerzlich erlebte Andersartigkeit im Kolleg von La Flèche. Der Mann, den er begrüßen wollte und der ihn zur Kapelle zurückgestoßen hat, verkörperte er seine Jesuitenlehrer? Seinen Vater. Und die Melone, die ihm von einem Unbekannten geschenkt wurde? Das war Pater Charlet mit seinem Geschenk, der schmackhaftesten aller Früchte: Es ist der Freiheit des Studiums, die Einsamkeit und schließlich die Erkenntnis, die ihn hier in Deutschland überkommt, denn die Melone »ist aus der Fremde mitgebracht worden«.

Der zweite Traum ist sein gegenwärtiges Leben, der Krieg, der Schlachtendonner. Er wird ihn mit seiner Intelligenz und seinem Mut überleben.

Der dritte Traum prophezeit ihm seine Zukunft, eine ungewisse Zukunft, und den Weg der Wahrheit, den er ohne die Hilfe der Bücher finden wird.

Diese ahnungsvollen Träume bewahrheiten sich schon am nächsten Tag mit dem unvorhergesehenen Besuch eines seiner Freunde, eines italienischen Malers. Er war durch die Kupferstiche angekündigt worden.

Alles ist gesagt. Mit dieser Erinnerung an seine Vergangenheit, mit der Beschreibung der Gegenwart und dem Bild der Zukunft hat ihn der *Geist der Wahrheit* über den Weg aufgeklärt, den er nehmen muß.[1]

Noch unter diesem Eindruck macht sich René Descartes am nächsten Morgen an die Abfassung eines universellen Traktats, *Olympica* – die Olympischen – eine ausgedehnte Schilderung des menschlichen

---

1 Die Interpretation stammt von Descartes

Denkens, seiner Ursprünge, Geschichte und Bestimmung.

Aus der Überlegenheit der Gedichtsammlung über das Wörterbuch, das sich als unvollständig erwiesen hat, zieht er folgende Lehre: »Über allem thront die *Poetik*, die Vereinigung von *Philosophie* [im antiken Sinn von ›Erkenntnis‹] und *Weisheit* [dem ›Wissen‹]: Ob die Dichtung religiös ist oder profan, ob die Gedichte flüchtig sind und leicht, so sind sie doch durchzogen von wichtigen Gedanken, die sinnvoller und besser ausgedrückt sind als die der Philosophen. Dieses Wunder verdankt sich der *Begeisterung* und der *Macht der Imagination*.« Später würde Descartes sagen: *innere Freude* und *intellektuelle Intuition*. »Sie lassen die Samen der *Weisheit* [der Wissenschaft] aufquellen, welche im Geist aller Menschen ruhen wie die Funken in einem Feuerstein. Und das gelingt ihnen mit viel mehr Leichtigkeit und Brillanz als nur aus dem Verstand, den die sogenannten Philosophen gebrauchen.«[1]

Den Dichtern ist eine doppelte Gabe geschenkt: die *Enthüllung* und die *Begeisterung*. René Descartes hat nicht die Hoffnung, begnadet zu sein wie sie. Es ist nicht sein Weg.

Als der *Geist der Wahrheit* in seinem zweiten Traum mit einem Donnerschlag über ihn kam, hat er ihm gezeigt, wie er die falsche Aufklärung, jene Funken, die seinen Blick störten, zerstreuen kann: Sein Weg ist

---

1 Im Gegensatz zu dem, was man erwarten würde, wird Descartes diese Meinung nie ändern. Der Verstand ist für ihn deduktiv (nur in der Deduktion schöpferisch), während die »intellektuelle Intuition« an sich schöpferisch ist.

der *Zweifel*. Das *Est et non* seines zweiten Traums. Es ist das *Ja* und *Nein* des Pythagoras, das *Sein* und das *Nichts*, das *Sein* oder *Nicht-Sein*, das Schwarz und Weiß, ein *untrennbares Paar*, da das eine durch das andere definiert ist. Sie sind universelle Kräfte und finden sich in der Erkenntnis wie in den profanen Wissenschaften in Form von Wahrheiten und Irrtümern. Das eine ergibt sich aus dem anderen, aus seinem Gegensatz.

Sic paulatim scintillas aliquot magis ac magis indies perlucere sus oculis mentalibus percipiet...

So wird der Mensch allmählich immer mehr Funken immer stärker vor seinem geistigen Auge leuchten sehen. Sie werden wachsen, bis sie ein so starkes Licht ergeben, daß er alle Dinge, derer er bedarf, im Laufe der Zeit erkennen wird...

Ganze Seiten eines Buches von Dorn kommen ihm ins Gedächtnis. Er greift zur Feder:

So wie die Vorstellungskraft sich Figuren nimmt, um die Körper zu begreifen, so bedient sich die Intelligenz, wenn sie gewisse geistige Dinge darstellen will, fühlbarer Körper wie des Winds und des Lichts. Auf diese Weise können wir auf höherer Ebene philosophieren und mit der Erkenntnis unseren Geist in die höchsten Höhen führen...

Der Winter geht vorbei... Umgeben von 2500 Söldnern in der Garnison am Ufer der Donau verbringt René Descartes einsam seine Zeit mit dem Abfassen eines Traktats in Latein, das er »den Gelehrten der ganzen Welt« widmet.

Er hofft, es bald fertigzustellen, noch vor Ostern.

Im Frühjahr – am 31. März 1620 ist er 24 Jahre alt geworden – begibt er sich nach Ulm auf die Suche nach einem Buchhändler, der bereit wäre, *Olympica* zu verlegen.

Dort begegnet er Johannes Faulhaber, einem berühmten Mathematiker, der besonders in Arithmetik und Algebra hervorsticht und eine Sammlung von Aufgaben in deutscher Sprache veröffentlicht hat. Seine Kühnheit rief einen Skandal hervor:

Das Wissen, den Scholasten vorbehalten, muß in Latein verbreitet werden. Faulhaber hat eine verantwortungsvolle Position im Orden der Rosenkreuzer inne.

Wie alle Gelehrten, die der Kavalier unterwegs trifft, ist Faulhaber fasziniert von diesem Genie ...

Ein anderer Mathematiker und Mitbruder, Peter Roten aus Nürnberg, hat gerade Lösungen zu Faulhabers Aufgaben veröffentlicht und mit ihnen weitere »außerordentlich schwierige Aufgaben« gestellt. Johannes Faulhaber »bittet Herrn Descartes, mit ihm in eine *Arbeitsgemeinschaft* zu treten, um sie zu lösen. Er kann ihm diese Rechtschaffenheit nicht verweigern.«

Der Kavalier nimmt den Vorschlag tatsächlich an, löst die Aufgaben und fügt, um das Maß voll zu machen, am Schluß *»die Regeln und allgemeinen Lehrsätze an, die zur Lösung dieser Art von Fragen notwendig sind, sowie für alle anderen der gleichen Art.«*

René Descartes ist mit sich zufrieden. Er hat die *Algebra* von Viète übertroffen, ohne sie gelesen zu haben. Und er hat eben dem besten Mathematiker Deutschlands gezeigt, daß die übliche Vorgehensweise der Gelehrten, sich wahllos Aufgaben zu stellen und sie in allmählich vortastenden Versuchen, mit verschiedenen Annäherungen, zu lösen, nicht weiterbringt. Es kommt darauf an, *Gedankenfolgen* zu finden, *Arten* des Nachdenkens, *Methoden*, die Schlüssel der Wissenschaften.

Er eröffnet sich Johannes Faulhaber:

»Die Wahrheit ist ebenso leicht in einem schwierigen Gegenstand zu erkennen wie in einem leichten. Denn in jedem Fall findet man die Wahrheit mit einem ähnlichen Akt heraus. Der Unterschied liegt in dem Weg, der länger ist, wenn er zu einer komplexen Wahrheit führt. Einzige Vorbedingung ist, daß man vom Leichten zum Schwierigen voranschreitet.

Wenn ich verstehen will, warum eine einzige Ursache gleichzeitig gegensätzliche Wirkungen hervorrufen kann, gehe ich nicht hin und höre zu, wie die Ärzte über ihre ›Heilmittel‹ reden, die ›gewisse Launen vertreiben‹ und ›andere zurückhalten‹. Ich höre mir nicht irgendwelche Ausführungen über den Mond an, ›der mit seinem Licht erwärmt‹ und gleichzeitig ›durch eine nicht erkennbare Eigenschaft‹ Kälte verbreitet. Ich sehe mir lieber eine Waage an, an der ein einziges, gleiches Gewicht die eine Waagschale senkt, während sie die andere anhebt, sowie ähnliche Beispiele ...

Aber die meisten Menschen mißachten die einfachen Dinge, als seien sie ihrer und ihres Wissens nicht wert. Weil sie sie nicht verstehen, bewundern sie dafür umso mehr die schrecklich komplizierten Gedankengänge, die die Philosophen von so weit hergeholt haben... Doch basieren diese Gedankengänge auf Grundlagen, die niemals von irgend jemand bewiesen wurden. Es sind wirklich arme Irre, die eine größere Neigung zur Finsternis haben als zum Licht!«

Faulhaber stimmt ihm zu:

kehr mit Prostituierten, ablehnen – und schließlich, die Physik in all ihren Sparten zu studieren, insbesondere die Medizin und Chemie.

Die Brüder vom Rosenkreuz verbreiten keine Lehre. Sie haben keine Dogmen, Doktrinen oder Eröffnete Wahrheiten. Wer dem falschen Wissen entsagt hat, wer sich daran gewöhnt hat, nach dem Zeugnis seiner eigenen Augen und Ohren zu urteilen, wer sich auf seine Erfahrung stützt, selbst nachdenkt und daraus eigene Schlüsse zieht, der verfolgt ihren Weg. Er braucht sich nicht zu wundern, wenn er auf diesem Weg ständig Mitgliedern des Ordens begegnet. Wenn er den Wunsch danach äußert, werden sie ihn brüderlich aufnehmen ...«

Nach diesen Gesprächen beschließt René Descartes, sich in das »Register« des Ordens einzutragen.[1] ...

Es ist ein symbolischer Vorgang. Wenn ein solches Dokument existierte, könnten Polizeispitzel sich der Unterlagen bemächtigen. Die Mitglieder des Ordens würden verfolgt und in den Ländern, in denen die Inquisition herrscht, nach schrecklichen Martern verbrannt.

---

1 Um jede unnötige Polemik zu vermeiden, genügt es, auf eine grundlegende Tatsache hinzuweisen: Die betreffende Bruderschaft der Rosenkreuzer *verschwand* in der Mitte des folgenden Jahrhunderts. Sie hat mit den fünf oder sechs Rosenkreuzer-Orden, die bis in unsere Tage bestehen, *nichts gemein* – einer von ihnen wurde von Jesuiten gegründet –, dasselbe gilt für die aktuellen Rosenkreuzer-Orden.

Die Arbeit an *Olympica*, von seinem Autor – »vorübergehend« – weggelegt, sollte nicht mehr aufgenommen werden. Dem Kavalier stellt sich eine dringende Aufgabe.

In Dänemark hat er zahlreiche Rosenkreuzer kennengelernt. Alle suchen sie die Wahrheit, doch plagen sie sich unter falschen Gelehrten, Pseudo-Philosophen und Scholiasten mit unzähligen Schwierigkeiten ab. Um ihnen zu Hilfe zu kommen, beschließt er, ein lateinisches Traktat zu verfassen, den *Mathematischen Schatz*, unter dem Pseudonym *Polybios der Kosmopolit*...

Er umreißt sein Vorhaben in einem Manifest:

Es sind enthalten die wahren Mittel, um alle Schwierigkeiten dieser Wissenschaft zu lösen; es wird gezeigt, daß der menschliche Geist über diese Schwierigkeiten hinaus nichts mehr finden kann; dies wird gesagt, um die Trägen aufzurütteln und die Kühnheit derer anzustacheln, die versprechen, in allen Wissenschaften neue Wunder aufzuzeigen; die Schrift ist auch angetan, die Marterarbeit derer zu erleichtern, welche Tag und Nacht in gewissen gordischen Knoten dieser Wissenschaft gefangen sind und das Öl ihres Geistes unnütz verbrauchen [...]

Auch dieses Werk ist den Gelehrten der ganzen Welt gewidmet, im Besonderen den berühmtesten G.F.R.C. [deutschen Brüdern vom Rosenkreuz: Faulhaber und Roten werden sich darin erkennnen].

Zur Zeit sind die Wissenschaften hinter einer Maske verborgen; ohne diese Maske werden sie in all ihrer Schönheit erscheinen. Demjenigen, der die Kette der Wissenschaften in ihrer Gesamtheit sieht, wird es nicht schwieriger erscheinen, sie im Gedächtnis zu behalten, als sich die Folge der Zahlen zu merken.

Auch dieses Werk wird er nicht vollenden... das Schicksal hat ihn gerufen.

Nach dem Prager Fenstersturz (1618 waren in Prag die Kaiserlichen Statthalter aus dem Fenster geworfen worden. Beteiligt waren die Hussiten, Anhänger des Prager Reformators Jan Hus, der beim Konstanzer Konzil verbrannt worden war, und die böhmischen Calvinisten, die den Forderungen des Kaisers nicht mehr Folge leisten wollten), nach dem Prager Fenstersturz also hatten die Calvinischen Kurfürsten dem Kurfürsten von der Pfalz die Böhmische Krone angeboten. Zu Böhmen, das von Generalständen regiert wurde und mit Mähren, Schlesien und der Lausitz in einer Generalföderation vereinigt war, gesellte sich die Pfalz, und man konnte auf die Unterstützung der Calvinisten aus Österreich bauen...

Der Erzherzog von Österreich, Katholik und neuer deutscher Kaiser, »entsendet den Grafen Fürstenberg, um die Hilfe des Königs von Frankreich zu erbitten«.

Fürstenberg braucht nicht lange, um zu bemerken, daß Herr de Luynes, der zum Favoriten aufgestiegene ehemalige Vogler Ludwigs XIII, alle Vollmachten besitzt: Er ist soeben zum Grafen und Pair des Parlaments befördert worden. Der Erfolg seiner Gesandschaft hängt also von Luynes ab.

»Das Interesse Frankreichs gebietet, das Haus Österreich, seine Rivalin, zu schlagen und der Pfalz, seiner Alliierten, zu helfen.« Dennoch verspricht der Graf von Luynes, gegen den Pfälzer zu intervenieren, unter der Bedingung, daß Herr de Cadenet, sein Bruder, das

Fräulein de Picquigny de Chaunes heiratet, »eine der reichsten Erbinnen des Jahrhunderts«, die zusammen mit der Infantin Isabella in Brüssel erzogen wurde... Der Kaiserliche Gesandte und der Vertreter Spaniens, Marquis de Mirabel, beeilen sich, zuzustimmen. In der Folge hebt der Herzog von Bucquoy »auf Befehl des Königs«, das heißt seines Favoriten, Truppen aus und überschreitet den Rhein.

Deutschland geht in Flammen auf...

»Trotz der inständigen Bitten des Herzogs von Bouillon beim König von Frankreich, seinem Herrn«, entsendet der Graf von Luynes eine außerordentliche Gesandtschaft, die wegen ihres Prunks die *Berühmte* genannt wird. An ihrer Spitze stehen der Herzog von Angoulême und der Abbé de Préaux. Die *Berühmte* hat den Auftrag, die aufständischen *calvinischen* Fürsten *zur Vernunft zu bringen.*

Die *berühmte* Gesandtschaft nimmt ihren Sitz in Ulm. Auch der Kavalier hat sich dorthin begeben und begegnet so der Geschichte... Er trifft eine Menge junger Leute vom Stande, die aus Frankreich gekommen sind: Die Gefolgschaft der Diplomaten zählt 400 Pferde. Er erfährt, daß sich bei den Truppen des Herzogs von Bucquoy zahlreiche jüngere Söhne und französische Edelleute befinden, die ungeduldig darauf warten, den Degen zu ziehen.

René Descartes ist entschlossen, an den Kämpfen teilzunehmen, teils um sich zu beweisen und teils aus Not, denn er hat keine Einkünfte. »Nur das Schicksal« kann ihm »die Gunst eines freien Lebens« verschaffen. Sein Schicksal ist das *Kriegsglück*... Er wird nicht wie die einfachen Soldaten Bauern und Kleinbürger ausplündern, sondern von den kolossalen Summen, welche von Unredlichen jeder Art, von Amtsinhabern, Großhändlern, Finanziers angehäuft wurden, sein Scherflein einstreichen.

Als er zu den kaiserlichen Truppen stößt, hat der Herzog von Bayern die österreichischen Calvinisten bereits besiegt und der Herzog von Bucquoy an der Spitze seiner Söldner schon zahlreiche Städte und feste Plätze eingenommen. Nach ihrer Vereinigung bilden die beiden Armeen ein Heer von 50000 Mann. Sie marschieren auf Prag.

Die lutherischen Fürsten, die durch die *Augsburger Konfession* mit den Katholiken verbunden sind, »können nicht zulassen, daß sich die Calvinischen zu den Herren über ein Königreich und drei große Provinzen aufschwingen«: Ihr General, der Kurfürst von Sachsen, bemächtigt sich der Lausitz und läßt seine Truppen zu den Kaiserlichen Alliierten stoßen, um Böhmen zu schlagen.

Auf dem Weg nach Prag, in Erwartung dieser Verstärkung, nimmt der Chevalier du Perron mit der kaiserlichen Armee ein rundes Dutzend Städte ein.

Niedergebrannte Gehöfte und Dörfer, geplünderte, in Trümmern liegende Städte, an den Balkonen, an den Pfeilern der Gebäude, an den Hauptästen der Eichen Hunderte, Tausende Gehenkter..., in ihrem Bett gemordete Kranke, erdrosselte Greise und Kinder, Frauen, vergewaltigt und mit aufgeschlitzten Bäuchen zwischen halb zerlegten Viehrümpfen, die zur Ernährung der Landsknechte an Ort und Stelle geschlachtet worden sind, das ist alles, was von einer Landschaft übrigbleibt, wenn die siegreichen Truppen über sie gegangen sind. Nicht schwer, ihnen zu folgen, man braucht sich nur vom Geruch des Todes leiten zu lassen. Er macht schon von weitem klar, daß es in dieser Gegend vor kurzem noch Leben gegeben hat ... Es ist die Politik der verbrannten Erde: Felder, Wiesen und Wälder werden niedergebrannt. Ein Flammenmeer begleitet die kaiserlichen Armeen. Niemand darf in dieser verkohlten Wüste überleben. Die Kaiserlichen wollen ihre Feinde durch den Schrecken besiegen ...

Doch da taucht der Markgraf von Anspach auf, der Generalleutnant der calvinischen Armee, an der Spitze von 15 000 Mann.

Der Herzog von Bucquoy drängt zur Entscheidung:

»Die fortgeschrittene und sehr rauhe Jahreszeit läßt es nicht mehr zu, daß wir uns mit Belagerungsbauten vor festen Plätzen vergnügen. Wir müssen in großen Tagesmärschen Prag erreichen. Dort entscheidet sich das Los des Pfälzers ... noch vor dem Winter.«

Der Marsch auf Prag ist eben zu Ende gegangen.

In dem kraftraubenden Wettlauf waren die kaiserlichen Truppen und die böhmische Armee sich auf Kanonenreichweite nahegekommen, ohne einander abschütteln zu können.

Am Samstag, dem 7. November 1620, kampieren die Kaiserlichen eine halbe Meile vor der Stadt.

Am nächsten Morgen, dem Sonntag, erkennen sie im fahlen Licht des Tagesanbruchs den Feind, der in Verteidigungsstellung auf dem Weißen Berg vor der Stadtmauer liegt.

In Hemd und Beinkleidern, das feine Leder der

hochhackigen Stiefel zeichnet die Waden und Schenkel ab, zieht René Descartes du Perron seinen Kampfanzug an. Der Kammerdiener bindet die Schnüre der Diechlinge zusammen, der von einem Gürtel herabhängenden Kettenbänder, die den Unterleib und die Vorderseite der Beine bedecken und von den Hüften hinunter bis zu den mit Muscheln geschützten Knien reichen. Dann zieht er seinen Harnisch über, ein enges Wams aus Stahl, steif und abgerundet, damit die Lanzenspitzen abgleiten, danach die Spaliere, Schulterstücke, an welchen eine Reihe Metallscheiben befestigt sind, die bis zu den Ellbogen reichen, wo ein einteiliges Unterarmstück ansetzt.

Zu Pferde erweist sich diese leichtere Rüstung als besonders nützlich. Zu Fuß gibt sie ihrem Träger das Aussehen eines monströsen Insekts ... eines finsteren Hampelmanns – ohne die Schnur.

Descartes nimmt seinen Helm, die Schaller, deren Seitenteile über den Stehkragen bis zum Kinn reichen, und verläßt das Zelt.

Die Ebene wimmelt von grotesken Gestalten. In unförmige Eisenpanzer gezwängte Soldaten kommen herbei, um von den Offizieren ihre Befehle zu empfangen.

Der Herr du Perron geht zum Kriegsrat, den der Herzog von Bayern einberufen hat, ins Feldherrenzelt.

Der Bayer trägt einen Harnisch mit feinen Ziselierungen, gekreuzt von der breiten Spitzenschärpe eines Generalissimus. Darüber schmückt ihn ein riesiger Spitzenkragen. Mit diamantenen Kreuzen übersäte Spitzen zieren die Handgelenke. Unter dem linken Arm trägt er den Helm mit einem prächtigen

Schmuck, drei riesigen weißen Federn. In der Rechten hält er den Feldherrnstab.

Der Herzog von Bucquoy liegt auf einer Bahre, denn er ist von einer Verletzung noch nicht genesen. Auch er trägt einen Harnisch, doch ist dieser einfach, schmucklos, nackt wie eine Klinge.

Er faßt die Situation zusammen:

»Die Truppen des Kurfürsten von der Pfalz, verstärkt von 10 000 Ungarn, sind an Zahl immer noch viel schwächer als wir. Aber sie haben sich in einer vorteilhaften Position verschanzt und besitzen zehn Artilleriegeschütze. Die Kaiserlichen haben nicht eines. Sollen wir ihnen eine Schlacht liefern?«

Die Offiziere sind sich einig:

»Die Leute sind von den tagelangen Gewaltmärschen erschöpft. Der Feind ist uns an Feuerkraft überlegen. Er kämpft auf den Mauern von Prag: Um diesen hohen Einsatz wird er mit dem Mut der Verzweiflung bis zum Ende kämpfen. Setzen wir lieber nicht zu viel aufs Spiel.«

Da erscheint ein barfüßiger Karmeliter. Pater Dominique d'Aragon übergibt dem Herzog von Bayern ein vom Papst geweihtes Schwert. Der adelige Mönch verheißt den Sieg, wenn man am heutigen Tag angreift – dem Tag des Herrn.

Einem Mitglied jenes Bettelordens, der während des ersten Kreuzzugs unter den Mauern von Jerusalem gegründet wurde, darf man sich nicht widersetzen... Die Ritter hatten geschworen, barfuß zu gehen und bis an ihr Lebensende von Almosen zu leben, falls Gott ihnen die Einnahme der Heiligen Stadt gewährte.

Seither erleuchtet der Heilige Geist ihre Nachfolger besonders, wenn sie über das Kriegsglück weissagen.

In der allgemeinen Begeisterung brechen Späher auf, um die Durchlasse zu erkunden, durch die die Armee angreifen, oder, wenn der Feind sie bedrängt, abziehen kann.

Die Kaiserlichen stellen sich in Kampfordnung auf. Der Herzog hält den rechten Flügel mit den französischen und wallonischen Söldnern, sie unterstehen dem Befehl des Grafen Tilly, Marschall des Hauptlagers. Der Herzog von Bucquoy, voll bewaffnet auf seiner Bahre sitzend, befehligt zusammen mit Tieffenbach, dem anderen Marschall des Hauptlagers und Anführer der bayrischen Truppen, den linken Flügel. Die Kroaten und Italiener werden in der Reserve gehalten, jenseits der hinteren Stellungen, um das Kriegsmaterial zu schützen.

Der Karmeliter stürmt mit dem Kruzifix in der Hand an die Spitze der Vorhut, um den von Trommelklängen begleiteten Angriff anzustacheln.

Doch die Dinge stehen schlecht.

Auf der Rechten dringt ein Gegenangriff der Böhmischen tief in die Reihen der Kavaliere und Infanteristen des Grafen Tilly ein. Auf der Linken beschießen ihre zehn Kanonen die Bayern von Tieffenbach aus nächster Nähe.

Die kaiserliche Armee zieht sich ungeordnet zurück...

Der Herzog von Bucquoy, noch im Fieber von seinen Verletzungen, läßt sich aufs Pferd setzen. Er sammelt seine erste Reserve, die Spezialisten des Belagerungskriegs, unter ihnen der Chevalier du Perron. In einem einzigen heroischen Angriff befreit die *furia francese* den Grafen Tilly.

Die Kaiserlichen fassen neuen Mut.

Bucquoy läßt, unter dem Befehl des Herzogs von Bayern und mit dem Auftrag, den Gegner in einem Scheinangriff zu binden, seine gewöhnliche Reserve auf dem rechten Flügel vorrücken. Dann führt er alle Reiterschwadrone zusammen und rollt mit einem Drehmanöver den Feind von hinten auf.

Du Perron und eine Abteilung der Pioniertruppe galoppieren über die Mäander der Erdbefestigungen, über Hindernisse aus Rundhölzern und andere hastig aufgestellte Verteidigungsbauten – die Techniken sind ihnen wohlbekannt – auf die zehn Kanonen zu. Nach einigen Degenstößen und Pistolenschüssen fallen oder fliehen die Kanoniere.

Die Truppen des Herzogs setzen dann noch einmal zum Angriff auf den Feind in Auflösung an und schlagen ihn vollends in die Flucht. Sie haben 135 Standarten in ihren Besitz gebracht, das gesamte Lager des Pfälzers, der mit seinen Offizieren nach Prag geflohen ist, sowie sein ganzes Gepäck mit dem Kriegsschatz.

Die Bilanz des Tages ergibt 5000 auf der Stelle getötete Böhmen, 2000, die beim Fluchtversuch in der Moldau ertrunken sind, und Hunderte von Gefangenen gegen 400 gefallene oder verwundete Bayern oder Söldner und das der kaiserlichen Armee ohne Verteidigung ausgelieferte Prag.

Schon am nächsten Tag, nachdem der Kurfürst von der Pfalz und kurzzeitige böhmische König geflohen ist, ergeben sich die Prager.

Der Herzog von Bayern und der Herzog von Bucquoy halten feierlich Einzug in der eroberten Stadt und begeben sich in einer Prozession zu Dankesfeier und Te Deum in die Kapuzinerkirche. Um ihre

Zufriedenheit mit den Truppen zu beweisen, lassen die beiden Sieger dann die Stadttore sechs Tage lang schließen, statt der üblichen drei Tage, damit die Söldner nach Belieben plündern können.

Es ist verboten, an die Güter der Katholiken und Lutheraner von der Augsburger Konfession zu rühren. Diese sind Alliierte des Kaisers. Den *Picarden* oder *Picardisten* hingegen, – Hussiten oder aufrührerischen Calvinisten – wird nur das nackte Leben gelassen, und die Kleider, die sie auf dem Leib tragen. Mit dieser Einschränkung, – und auch sie ist schwer durchsetzbar gegenüber den Landsknechten, denen Straffreiheit gewiß ist, – wird ihnen alles abgenommen: ihre feste und bewegliche Habe, ihre Güter und Besitztümer, ihre Juwelen, ihr Geschirr – bis zum einfachsten Haushaltsgerät. Man nimmt ihnen wirklich alles, auch die freie Ausübung ihrer Religion. Unglück über die Besiegten!

Der Chevalier du Perron beteiligt sich nicht an der Jagd auf Beute.

Während die Kriegsknechte die Häuser der Besiegten vom Keller bis zum Speicher ausräumen, während sie foltern, um die allzu gut versteckten Sparstrümpfe auch noch zu bekommen, während sie die Mütter vor den Augen ihrer Kinder vergewaltigen, und junge Mädchen vor ihren Eltern und »sich einer Unmenge von Ausschreitungen überlassen, die zu Kriegszeiten durchaus gewöhnlich sind«, stellt René Descartes Nachforschungen an.

»Das ist auch das Ziel des Buchs, das unser berühmtester Bruder, Francis Bacon, der Kanzler von England, gerade veröffentlicht hat. In allen Ländern Europas, die ständig im Krieg liegen und von Intoleranz, Unwissenheit und Aberglauben heimgesucht werden, erhält die Scholastik die Konfusion in den Köpfen aufrecht... Deshalb vereint unser Orden diejenigen, die auf der Suche nach der Wahrheit in der Natur und nach der Wahren Wissenschaft sind, ohne auf Nationalität, Religion, Vermögen und Herkunft zu achten. Die Brüder arbeiten für die Generalreformation der Welt, aber nicht in Religion, Regierungsform oder Sitten, sondern in den Wissenschaften, an einer Reformation durch das Wissen.

Michael Maier, der Arzt des deutschen Kaisers, hat die Verfassung der Bruderschaft aufgesetzt«, fährt Faulhaber fort, »sie umfaßt sechs Generalstatute. In dem ersten verpflichten sich die Brüder, die Medizin kostenlos auszuüben – anders ausgedrückt, jedem Menschen in körperlicher, geistiger oder sozialer Gefahr Hilfe und Unterstützung zu gewähren. Mit dem zweiten Statut verpflichten sie sich, die Tracht des Landes zu tragen, in welchem sie sich gerade aufhalten – das heißt, sich seinen Gesetzen anzupassen, seiner Religion, seinen Sitten und Gebräuchen. Mit dem dritten, sich einmal im Jahr zu versammeln, mit dem vierten, an die Stelle der Verstorbenen fähige und gute Leute zu wählen. Mit dem fünften, im Stempel oder Siegel die beiden Initialen R und C zu führen. Mit dem sechsten Statut verpflichten sie sich, die Bruderschaft mindestens 100 Jahre lang geheimzuhalten. Außerdem verpflichten sie sich zum Zölibat – symbolisch heißt das, daß sie die Ausschweifung, den Ver-

Er sucht Gegenstände von unschätzbarem Wert: die »Maschinen« des Tycho Brahe.

Dank dieser Visierapparate, »fähig, Winkel mit einer ungeheuren Präzision zu messen, sie waren unter seiner Anleitung entwickelt und hergestellt worden«, hatte der große dänische Astronom die Position der Sterne bestimmt und die Bewegung der Erde mit einer bis dahin ungeahnten Genauigkeit beschrieben. Doch seit seinem Tod, vor nicht langer Zeit, sind die Maschinen verschwunden... Faulhaber zufolge hatte sich »Meister Tycho«, wie ihn die Gelehrten liebevoll nannten, mit seinen sechs Kindern in Prag niedergelassen. Er war damit dem Rat seines Schülers Kepler gefolgt, der ihm beim verstorbenen deutschen Kaiser eine Pension verschafft hatte.

»Schon vor fünf Jahren«, hatte Faulhaber hinzugefügt, »hat unser Mitbruder, der Mathematiker Wilhelm Johannes, seine Familie gesucht. Er fand keine Spur von ihr...«

René Descartes geht zum Rathaus.

Die städtischen Magistrate wissen von nichts... Nur, daß der »Schwiegersohn Tycho Brahe's, Baron Tengnagel, ein Wissenschaftler und Schriftsteller, zu den Aufständischen gehört. Und mit dem Pfälzischen Kurfürsten geflohen ist.«

»Und die Maschinen?«, fragt der Kavalier.

Die Magistrate weichen aus: »Anscheinend« hat sie »der verstorbene Kaiser« nach dem Tod des Astronomen »für 20000 Ecus von seinen Erben gekauft, sie unter der Bewachung bezahlter Garden verstauen lassen, und streng verboten, sie irgend jemand zu zeigen, aus Furcht, daß Mißbrauch mit ihnen getrieben wird... Nicht einmal Brahe's Schüler Johannes

Kepler, obwohl 'Kaiserlicher Mathematiker', durfte sie sehen. Er hat sich bitter darüber beklagt, ohne Erfolg...«

Schließlich erfährt René Descartes auf Umwegen, daß die berühmten Maschinen in den Kellern des Hauses Curtz gelagert seien.

Er eilt hin.

Das völlig zerstörte Gebäude droht einzustürzen. »Letztes Jahr, als die Armee des Pfälzers in Prag eindrang«, erklären ihm die Nachbarn, »hat sie das Palais geplündert, denn es gehört dem Haus Österreich.« Trotz Einsturzgefahr steigt der Kavalier in die Keller. Sie sind leer. Wie Kepler wird Descartes niemals Tycho Brahes Maschinen zu Gesicht bekommen...

Nachdenklich geht er wieder.

Kepler... Nach Faulhabers Aussagen hat er nie die Augen zum Sternendom erhoben: »Nachts schläft er. Ganz friedlich, wie es scheint... Ausgehend von einer wahren Theorie, der Kopernikanischen, und von zutreffenden Daten, die die genauen Beobachtungen Tycho Brahes geliefert hatten, hat er die mathematischen Gesetze errechnet, die die Bewegungen der Himmelskörper regieren, ohne selbst ein einziges Mal den Lauf der Planeten zu beobachten...«

René Descartes lächelt vor sich hin... Es ist richtig, das äußere Erscheinungsbild der Natur täuscht uns. Aber warum sollte man den Sinnen die Befriedigung nicht gönnen, die der grandiose Anblick der Millionen über das gesamte Universum verteilten Sterne verschafft?

Lautes Geschrei weckt ihn aus seinen Träumereien. So viel Lärm heute abend in Prag! Die Stadt ist hell erleuchtet. Stammt das Leuchten von Feuersbrünsten?

Nein... Freudengeschrei und Tanzweiseen sind zu hören. Katholiken und Lutheraner feiern, bei den Calvinisten und Hussiten gehen die Plünderungen weiter.

Er hat den seltsamen Eindruck, dies schon einmal erlebt zu haben.

Damals war er allein, eingeschlossen, im Hintergrund war das Raunen des Festes zu hören gewesen... Sankt Martin! Seine Begegnung mit Beeckman... Es ist der dritte Jahrestag jenes Gesprächs. Vor einem Jahr hatten ihn drei ahnungsvolle Träume heimgesucht.

Hier ist ein Zeichen, eine Botschaft.

Die Erscheinungen führen uns in die Irre, denkt er sofort... Hinter dem christlichen Fest verbirgt sich die Feier der Äquinoktien. Hinter dem Irrtum ist die Wahrheit verborgen.

Äquinoktien: *Nacht* gleich *Tag*, *Tag* gleich *Nacht*. Das Symbol der Mathematik.

Aber jedes Symbol enthält unendlich viele Bedeutungen, von der einfachsten zur schwierigsten. Wer sie kennt, für den sind die Symbole wie ein unendliches Nachschlagewerk. Also enthält und übersteigt auch »Äquinoktie« diese erste Bedeutung.

Hier liegt der Schlüssel.

Was ist größer als die Mathematik, die doch eine exakte Wissenschaft ist? Als Wissenschaft ist sie, wie die Symbolik, universell und grenzenlos (die Folge der negativen und positiven Zahlen ist unendlich), beide zusammen sind *die* göttlichen Buchstaben schlechthin.

Die Arithmetik, die Geometrie, die Algebra sind Wissenschaften an und für sich.

Was haben sie gemein? Das mathematische Denken.

Es geht aus von bekannten Wahrheiten, sie sind sofort einsichtig oder durch das Denken überprüft worden. Es schließt daraus auf neue Wahrheiten, welche sich ihrerseits miteinander kombinieren lassen und komplexere Wahrheiten ergeben.

Hier ist der Schlüssel, er ist so einfach, daß man ihn nicht sieht: Die *mathematische Methode* übersteigt die Mathematik, welche nur ihre Anwendung ist. In allen Wissenschaften muß man also *die Mathematik* anwenden. Die Wissenschaft der Wissenschaften!

In dieser Nacht notiert Descartes in einem Heft, in dem er gewisse Gedanken in Latein aufschreibt: *»Heute habe ich die Grundlagen der wunderbaren Wissenschaft entdeckt.«*

René Descartes läuft durch die Straßen von Prag.

Nach einer Woche der Plünderungen – Sonntag, den heiligen Tag, ausgenommen – stellen Reiter und Offiziere ihre Beute auf den Straßen zur Schau. Von einem Packen zum nächsten gehend, wühlt der Kavalier in den Bergen von Schüsseln, den Stapeln von Töpfen, Schuhen und Stiefeln, dem hingestreuten Schmuck, in Kleidern, die zwischen einer Karosse, einem Tisch und einem Bett aufgehäuft sind...

Die Fürsten von der Böhmischen Krone sind gekommen, um ihr Treue- und Gehorsamsgelöbnis für den Kaiser in die Hände des Herzogs von Bayern zu legen. Ihnen folgen die Bürgermeister mit den Schlüsseln ihrer Städte als Zeichen ihrer Unterwerfung. In diesen Zug mischt sich ein Schwarm von Händlern,

Schacherern, Maklern in Juwelen und Goldarbeiten, von Hausierern, Aufputzern und Zwischenhändlern aller Nationalitäten. Diese Geier sind die gewohnte Ergänzung der Armeen im Feldzug, sie stürzen sich auf die Städte, sobald diese erobert sind, um das von den Besiegten Erbeutete zu schlechten Preisen aufzukaufen. An den Toren der Stadt beobachtet der Kavalier den Aufbruch ihrer Wagen-Karawanen. In diesen wirren Zeiten reist man im Konvoi, mit einer guten Eskorte... Er fragt sie aus, untersucht ihre Waren. Laden für Laden befragt er die Goldschmiede, Schlosser und Schmiede.

Er sucht immer noch die unnachahmlichen Maschinen von Tycho Brahe... Oder wenigstens Teile, mit denen man sie rekonstruieren könnte.

In der Astronomie sind noch so viele Beobachtungen zu machen!

Er findet nichts. Nicht einmal einen Sockel.

Eines Abends, als er entmutigt zu seiner Unterkunft zurückkehrt, spricht ihn ein Mönch an. Ein Weiser, ein heimlicher Schüler des Kopernikus. Auf Lateinisch, damit sie niemand versteht, legt er ihm dar, wie unnütz seine Suche ist:

»Der verstorbene Kaiser hatte einen Horror vor diesen ›teuflischen Maschinen‹. Falls ein Astrologe in ihren Besitz gelangte, so glaubte er, würde er die Zukunft mit großer Gewißheit voraussagen können. Dies würde ihm über die menschlichen Geschicke eine grenzenlose Macht verschaffen, sodaß er in kürzester Zeit den Befehl über die gesamte Welt in seine Hand bringen würde! Er hat die ›Teufelsmaschinen‹ zu einem exorbitanten Preis aufgekauft, ›um sie dann sorgsam zerstören zu lassen, damit nichts von ihnen übrig bleibt‹. Diese Entscheidung eröffnete er seinem Beichtvater, der uns davon unterrichtete. Aber es war schon zu spät! Wir konnten nur den großen ehernen Globus retten. Wir versteckten ihn in unserem Kloster und schafften ihn dann zu den Jesuiten nach Schlesien, in Sicherheit.«

In sechs Wochen »liefern sich« 40 böhmische Städte »auf Gnade und Verderb dem Sieger aus«. Nur Tabor und Pilsen, wo der Bastard von Mansfeld starke Garnisonen zusammengezogen hat, bleiben im Besitz der Aufständischen.

Es gibt keinen nennenswerten Feind mehr, der zu bekämpfen wäre. Die kalte Jahreszeit rückt näher. Schon ist es Zeit, an Weihnachten zu denken.

Graf Tilly wird an der Spitze einer Besatzungsarmee von 6000 Mann zum Gouverneur von Prag ernannt.

Der Herzog von Bayern führt seine restlichen Truppen nach München. Die Söldner des Herzogs von Bucquoy rücken ab ins südliche Böhmen, um dort ihr Winterlager aufzuschlagen.

Der Chevalier langweilt sich. Im Frühjahr nimmt er am Feldzug gegen Ungarn teil, entgeht nur knapp dem Tod und quittiert den Dienst.

Im nächsten Winter verschleudert er in Erwartung der Volljährigkeit seinen Kriegsschatz im Haag.

Anfang Februar begibt er sich aus Neugier auf die Infantin Isabella zum Hof nach Brüssel. Nach dem Tod ihres Gatten, des Erzherzogs Albert, hat sie bei den Nonnen von der Heiligen Klara den Schleier genommen. Das hindert sie nicht daran, mit der wilden Energie einer Kreuzfahrerin gegen die Niederlande zu kämpfen, diese Zuflucht der ketzerischen Republikaner.

Dort erfährt der Kavalier, daß in Paris schon seit zwei Jahren die Pest wütet. Adel und Großbürgertum sind aus der Hauptstadt geflohen. Der Hof ist in Fontainebleau.

Er beschließt, die Bretagne über den Norden zu erreichen, einen möglichst weiten Bogen um die Stadt mit ihren Tausenden von Toten zu machen.

5. Ein Meisterspion

Mitte März ist er in Rennes. Was für eine Überraschung...

Nach sieben Jahren der Abwesenheit und des Schweigens hatte »man« ihn offenbar für tot gehalten...

Der verlorene Sohn läßt seine Sporen auf dem empfindlichen Parkett des Stadthauses klingen und stößt mit seinem Rapier gegen die schönen Möbel des Herrn Vater. Kaum hat er die Stiefel ausgezogen, fordert er seinen Teil am mütterlichen Erbe. Er bestellt seinen Bruder Pierre ein, wiederholt seine Forderungen und setzt ein Fälligkeitsdatum fest – sobald er volljährig ist, will er tätig werden: die Notare sollen die Unterlagen schon einmal vorbereiten. Im übrigen »sucht er diese selbst auf«. Er will verkaufen und hat nicht viel Zeit.

Der Älteste, ein würdiger Sohn seines Vaters, möchte das Familienvermögen zusammenhalten und ist gegen eine Aufteilung. Doch traut er sich nicht, seine Meinung zu vertreten... Wie auch? Soll er sich auf seine Autorität als Familienoberhaupt berufen? Der vorsichtige Joachim Descartes will den Landsknecht nicht provozieren. Die Schwester ist wie alle Frauen im Bann des Abenteurers und stellt sich auf dessen Seite.

In zwei Wochen ist die Angelegenheit geklärt, eine Inventarliste aufgestellt, die Besitztümer sind geschätzt und der Anteil eines jeden ist bestimmt.

Am 31. März 1622 wird René Descartes sechsundzwanzig Jahre alt. Endlich volljährig!

Drei Tage nach seinem Geburtstag schließt er mit seinen Miterben einen Vertrag ab.

Aber der Bruder hat zahlreiche Vorkehrungen getroffen und bindet ihn mit notariellen Vereinbarungen.

Ich, der Unterzeichnete, verpflichte mich gegenüber Herrn Pierre Descartes, Rat des Königs beim Parlament der Bretagne, meinem Bruder, die in der Überschreibung enthaltenen Besitztümer, welche er mir heute gegeben hat, nicht unter dem Betrag von 8000 Gold-Ecus zu veräußern. Das heißt, 10 000 Pfund für das Haus und Garten in der Stadt Poitiers und 14 000 Pfund für die in Availles gelegenen Ländereien, es sei denn mit seiner Einwilligung. Die Garantie ist wichtig, denn im Spiel ist schnell eine unglückliche Wendung eingetreten und Herr du Perron ist wohl fähig, das väterliche Erbe zu verschachern, um eine Ehrenschuld zu begleichen! Andererseits kann er das Objekt aber auch bei einem großen Coup als Einsatz nehmen. Sein ältester Bruder, alias Herr de La Brétaillière, läßt ihn deshalb noch folgendes unterschreiben: *Und im Fall, daß ich die genannten Sachwerte zu besagtem Preis oder zu einem höheren, so ich ihn erlangen kann, veräußere, verpflichte ich mich, sie der Gesamtsumme des Erbes der verstorbenen Fräulein Jeanne Sain, meiner Großmutter, Jeanne Brochard, meiner Mutter, und Jeanne, Dame d'Archangé, meiner Tante, hinzuzufügen, welches aufgeteilt wurde. Zu Rennes diesen 3. April, 1622. René Descartes*

Der feurige Kavalier bricht sofort ins Poitou auf, besichtigt seine *Ländereien*, schätzt ihren Höchstwert ein und sucht sich »Vereidigte«, um sie zu verkaufen.

Aber man schließt keine Geschäfte ab, wie man eine Stadt oder das Herz einer Dame erobert. Die *furia francese* des Söldners bricht sich an der lauen Vorsicht der Kaufleute. Bei einem Verkäufer unter Zeitdruck – das ist er und er bezeugt es auch – genügt es, ein wenig zu warten, und der Preis sinkt. Wenn es nach ihm ginge, würde er ohne Zögern abschließen...

Aber er ist an den drakonischen Vertrag gebunden. Beim geringsten Verstoß würden die beiden Robiner seine Verhaftung erwirken. Seine Freilassung müßte er gegen die Erklärung seiner »Geschäftsunfähigkeit« eintauschen, sein lieber Vater würde zu seinem Vormund ernannt und sein Bruder zum Gegenvormund, der ihr gemeinsames Vermögen zu verwalten hätte...

Doch braucht er Geld und zwar schnell. Er hat einen Gegenangriff vor.

Beim Stöbern in den Notariatsarchiven hat er entdeckt, daß seine Mutter Renten geerbt hatte. Sein Vater hat nur den Nießbrauch, wie es eine Reihe von Dokumenten beweisen, von denen er eine beglaubigte Kopie sorgfältig verwahrt hält:

»Ich, der Unterzeichnete, Joachim Descartes, Rat des Königs an seinem Gericht beim Parlament der Bretagne, bezeuge, vom Königlichen Rat, dem Wohlgeborenen Herrn Léon Frénicle, der Empfänger und Auszahler auf Darlehen basierender Renten ist, die Summe von 15 Ecus Sols des fälligen Viertels von 60 Ecus Sols Rente empfangen zu haben, welche mir aufgrund von Fräulein Jeanne Brochard gehört, Tochter und Teilerbin des verstorbenen Edelmanns René Brochard, zu Lebzeiten Königlicher Rat in seinem Staatsrat. Diesem war besagte Rente vom Provosten der Kaufleute und Gilden der Stadt von Paris verkauft und überschrieben worden

am 11. Tag im Juli 1569 gegen verschiedene Darlehen und Subsidien gleichen Werts.

Am 22. Mai ruft Descartes sich seinen Verwandten in Erinnerung: Er fordert von den genannten Einkünften – Zinsen auf die von seinem Großvater geliehenen Geldbeträge – vermehrt um die Anteile der anderen, bereits verstorbenen Erbinnen, ebenfalls sein Drittel.

Dieser Brief ist eine bittere Überraschung für Joachim Descartes... Er hatte geglaubt, René das genaue Ausmaß des Familienvermögens verbergen zu können, aber dieser Herumtreiber, dieser mittellose Reiter, dieser verkommene Sohn eines Magistraten ist zudem Baccalaureus und Lizentiat der Rechte und darin erweist er sich gerissen wie ein Winkeladvokat...

Vater Descartes und sein ältester Sohn beratschlagen.

Ob sie wollen oder nicht, sie müssen ihm seine Rente geben. »Wider Willen« hört sich in der Bretagne besser an als »wider das Leben«. Ein mittelloser René Descartes würde eine ganze Kette der Schrecken nach sich ziehen: Spiel, Schulden, Duelle, Frauen von Notablen, die er verführt und dann verläßt, den Räten Descartes gingen Ehre und Reputation verloren... Der Orkan eines riesigen Skandals würde sich über ihre Rechtsprechung erheben und eine ehrbare Familie aus altem Bürgertum hinwegfegen, welche sich doch eben zum Robenadel aufschwingt. Lieber bezahlen als zusehen müssen, wie dieser hochfliegende Freigeist Rennes heimsucht!

Dabei hat der Kavalier das gar nicht im Sinn ... In der Aureole eines Siegers und unbezwinglichen Haudegens, bandelt er von seinem winzigen Lehen du Perron aus mit den Damen und Fräulein in Châtellerault und Poitiers an, wo er seine große Verwandtschaft besucht.

Die Luft von Paris, die fast drei Jahre lang von der Pestepidemie verunreinigt worden war, wird allmählich wieder reiner.

René Descartes begibt sich in die Hauptstadt, »um Neuigkeiten über Staat und Literatur zu erfahren«, wie er seinen Freunden Mersenne und Mydorge schreibt.

Die »Ereignisse« in Deutschland sind in aller Munde. Gemeint sind die Erfolge des Bastards Mansfeld und der Ruin des Herzogs von der Pfalz – seine Kurfürstenwürde war an den Herzog von Bayern übertragen worden, der in Ratibor zum Truchseß ernannt wurde. Die Alliierten der spanischen Partei hatten, unterstützt von den politischen Irrtümern Frankreichs, wahre Triumphe gefeiert – dies alles macht die Runde in den Pariser Salons.

Da der Chevalier du Perron über dieses Thema am besten Bescheid weiß, sieht René Descartes sich in der Lage, die Neugier der Pariser zu befriedigen und verzeichnet damit einen beachtlichen Erfolg bei der feinen Welt.

Das breite Volk hingegen ereifert sich über eine ganz außergewöhnliche Neuigkeit: Die Ankunft der Rosenkreuzer in Paris wird auf Plakaten an Straßenecken und Gebäuden bekannt gemacht.

Wir, Gesandte des wesentlichsten Kollegiums der Brüder vom Rosenkreuz halten uns... sowohl sichtbar als unsichtbar in dieser Stadt auf. Wir zeigen und lehren ohne Bücher oder Zeichen, wie alle Sprachen der Länder zu erlernen sind, in denen wir uns aufhalten [...][1]

Die Gebildeten mokieren sich über die Aufregung des Volks – welche umso größer ist, als ihre Ankunft mit der der »alumbrados« zusammenfällt, der »Erleuchteten« von Spanien.

Um Rat gefragt, erklären die gelehrten Pedanten der Sorbonne, nichts über die sogenannte internationale Bruderschaft der Weisen zu wissen. Diese überspannten Plakate seien das Werk von Narren oder ein Studentenstreich!

Die »Unsichtbaren« – so der Beiname der Rosenkreuzer – kommen sofort in Mode. Possenschreiber verfassen komische Romane und Fabeln über sie, Farcen, die im Hôtel de Bourgogne gespielt und Lieder, die auf dem Pont-Neuf verkauft werden.

Eines Morgens finden die Pariser an ihren Hauswänden von den Rosenkreuzern unterzeichnete Bekanntmachungen:

Wenn einer uns nur aus Neugier zu sehen wünscht, wird er uns niemals begegnen. Aber wenn sein Wille ihn wirklich und tatsächlich dazu treibt, sich in das Register unserer Bruderschaft einzutragen, werden wir, die wir nach dem Denken urteilen, diesem die Wahrheit unserer Verheißungen zeigen. Dies geschieht in der Weise, daß wir nicht einmal unseren Wohnsitz angeben,

---

1 Zitiert in: Michael W. Fischer: Die Aufklärung und ihr Gegenteil. Die Rolle der Geheimbünde in Wissenschaft und Politik. Berlin 1982, S. 90

denn das Denken dessen, der diese Bekanntmachung liest, wird ihn zusammen mit seinem Willen befähigen, daß er uns erkennt und wir ihn.

Ehrbare und vertrauenswürdige Persönlichkeiten beglaubigen diesen Text, der mit dem Siegel R.C. und verschiedenen Symbolen versehen ist. Und bald geht das Gerücht in Paris um, von den 36 Gesandten, die von der jährlichen Vollversammlung der Bruderschaft nach Europa geschickt worden waren, seien allein sechs in Frankreich und wohnten im Marais du Temple bei einem Finanzier, der auch Mäzen der von Mondory geleiteten Theatertruppe des Marais[1] war...

»Die beiden wichtigsten Komödianten dieser Truppe, Lenoir und seine Frau, eine sehr schöne, zierliche Person, haben lange Zeit die Theaterabende am Hof des Prinzen von Oranien gestaltet. Und wissen Sie, wer der Führer der Rosenkreuzer ist? Na, der Prinz selbst!«

Die Spitzel von der Kanzlei (der Polizei) übertreffen sich gegenseitig. Eine wilde Kabale wird erfunden. Man extrapoliert, imaginiert, fabuliert:

»René Descartes du Perron, der bekannte Gelehrte und Abenteurer, ist zur gleichen Zeit wie die Gesandten in Paris eingetroffen, ohne eigentlichen Grund, nach Jahren der Abwesenheit, die er in Deutschland und Holland zugebracht hat, wo die Brüder sehr zahlreich sind. Ein eigenartiger Zufall! In seinen Briefen, die von der Königlichen Polizei abgefangen und kopiert wurden, hat er viel über das Ansehen dieser hervorragenden Ärzte, Physiker und Chemiker geschrieben...«

---

1 Er inszenierte die ersten Stücke von Corneille, darunter den *Cid.*

Schon steht er im Ruf, ein Rosenkreuzer zu sein.

Die Unterstellung ist gefährlich. Die von Provokateuren manipulierte öffentliche Meinung reagiert panisch:

»Sind die bedrohlichen Texte, in denen sie ihre Macht herausstellen, sind die mysteriösen, wahrscheinlich vom Teufel stammenden Symbole nicht Beweis genug, daß sie mit dem Dämon paktieren?«

Die »guten Katholiken« glauben fest an den Teufel. Sie fürchten ihn. Sie sind überzeugt davon, daß er bei der geringsten Sünde kommt und sie an den Füßen in die Hölle zieht, um dort ihre Seele ewig zu peinigen. Der Klerus läßt sie in diesem Glauben. »Die Furcht vor dem Teufel ist der Beginn der Weisheit«, wiederholen die guten Apostel... Zum Glück gibt es sie noch. Sie treten für die Gläubigen ein, bringen sie mit Hilfe von Geld ins Fegefeuer: die Ablässe, mit dem Beinamen »Brot der Mönche«, sind die Quelle des kolossalen Reichtums, den die Kirche angehäuft hat.

Die unwahrscheinlichsten Verdächtigungen werden ohne weiteres geglaubt:

»Tatsache ist, daß die Rosenkreuzer ständig im Haus dieses mysteriösen Finanziers verkehren... Man hat ja nie erfahren, woher er seinen Reichtum hat.«

»Diese Alchimisten haben vielleicht den Stein der Weisen gefunden, sie haben ihn ja lange genug gesucht...«

»Ganz bestimmt! Die Rosenkreuzer nehmen sogar Juden auf, wohl, weil die ihnen das letzte Geheimnis anvertraut haben, die Umwandlung der Metalle.«

»Diejenigen, welche die kabbalistische Lehre empfangen haben, können Blei in Gold verwandeln, aber vorher müssen sie der Taufe widersagen und sich dem

Teufel hingeben, indem sie geweihte Hostien schänden.«

Ein Schauder überläuft die Zuhörerschaft... Die Unseligen haben ihre Seele verkauft! Da kann sie nur *eine* Buße vor dem ewigen Feuer retten: die öffentliche Abbitte, kniend auf dem Pflaster vor Notre Dame, und der Scheiterhaufen – sowie die Konfiszierung ihres Vermögens, zugunsten des Heiligen Kirchengerichts, selbstverständlich.

Wer würde es unter diesen Umständen wagen, seine Ehre und vielleicht sein Leben aufs Spiel zu setzen, indem er sich »in das Register des Ordens einträgt«? Keiner: die Gesandtschaft wird ein Mißerfolg. Die Bruderschaft kann in Frankreich nicht Fuß fassen.

Um diese Zeit muß man sich nämlich vor zwei Gefahren sorgsam hüten: vor der Pest, einer blind zuschlagenden, natürlichen Geißel *(Obwohl ich von Ihnen keine Neuigkeiten habe und obwohl die aus Paris im allgemeinen schlecht sind, habe ich doch von Ihrem guten Leibeszustand eine solche Meinung, daß ich nicht glauben kann, er sei von der schlechten Luft angegriffen* – schreibt Guez de Balzac[1] an seinen Freund Boisrobert, einen mondänen, bei Hofe wohlgelittenen Abbé und Poeten – *eher als daß Sie sich von der Menge der Todgeweihten haben mitreißen lassen, will ich glauben, daß Gott Sie verschont, damit Sie für die Welt das Epitaph und die letzten Gesänge schreiben, welche die Freuden der Menschen beschließen sollen...)* und hüten muß man sich vor der Intoleranz, die auch Männer wie Théophile de Viau trifft *(»dem man vorwirft, die Keuschheit unserer Sprache vergewaltigt und die Fran-*

1 Jetzt ist er zum »ersten Briefeschreiber Frankreichs« avanciert.

zosen fremde Laster gelehrt zu haben, die ihre Väter nicht kannten« [er war bisexuell], fährt Balzac, sein Jugendfreund, fort).

Auf eine Anzeige der Theologen von der Sorbonne wird der Rabelais-Schüler dazu verurteilt, zusammen mit seinen gottlosen Büchern zu brennen. Um sich zu entlasten und von dem früheren Gefährten seiner Ausschweifungen abzusetzen, gibt Balzac ihm den Todesstoß: *Die Dichtung, welche Gott zuweilen dazu erwählt hat, Orakel zu sprechen und den Menschen ihre Geheimnisse zu erläutern, sollte allerwenigstens zu einem ehrbaren Zwecke verwendet werden. Sie jedoch für schmutzige Dinge zu benutzen, ist keine geringere Sünde, als wenn man eine Nonne schändet. Das sage ich Ihnen bezüglich unseres Freundes, ich fürchte, er wird bald eines unnatürlichen Todes sterben, wenn ihn nicht seine vierten bösen Blattern dahinraffen. Bereits zum zweiten Male hat er sich durch eine Bresche aus Paris gerettet und ist so einer Feuersbrunst von der Größe Trojas entflohen.*

Tatsächlich konnte Théophile mit Hilfe von Freunden bei der Wache nächtens entfliehen. Seine Bücher werden öffentlich verbrannt. Voll des Schreckens plädiert Balzac für sich selbst:

Ich für meinen Teil kann sein Verhalten nicht verstehen... Wir sind nicht auf die Welt gekommen, um Gesetze zu erlassen, sondern um jenen zu gehorchen, die wir vorfinden und uns mit der Weisheit unserer Väter zufriedenzugeben, wie wir uns mit ihrer Erde und ihrer Sonne zufriedengeben... Und da selbst bei indifferenten Dingen [gemeint sind unwichtige Dinge] *die Neuheit mißbilligt wird und die Könige* [von Frankreich] *die Lilien in ihrem Wappen wohl kaum gegen Tulpen austauschen werden* [eine Anspielung darauf, daß die »geistigen Neuerungen« aus den Niederlanden und von den Rosenkreuzern kommen], *um wieviel mehr müssen wir die alten Grundlagen der Religion bewahren. Denn sie ist durch ihr Alter umso reiner, als sie damit den Ursprüngen aller Dinge näher ist und zwischen ihr und dem Anfang des Allguten* [er meint das »höchste Gut« – Gott] *weniger Zeit verging, in welcher sie hätte verderben können.*

Um es ohne Umschweife zu sagen, es hat nicht sehr den Anschein, als hätte die Wahrheit seit Anbeginn der Welt gewartet, um sich ihm in Bordellen und Weinstuben zu zeigen. Sobald ich gehört hatte, daß er die Grenzen der Welt überschritt und das angriff, was über dem Himmel liegt, habe ich sogleich unseren Umgang beendet und geglaubt, daß ich nichts anderes tun könnte, als Gott zu bitten, daß er ihm seinen gesunden Verstand zurückgibt und Erbarmen mit ihm hat, wie damals, als die Juden ihn kreuzigten ...

Für René Descartes klingt dieser Brief, der in ganz Paris gelesen wird, wie ein Warnschuß. Wie Théophile de Vian lebt er als Freigeist, frei in Sitten und Denken, verliebt in die Liebe und die Freiheiten ...

Der stolze Kavalier weiß nichts über die königliche Polizei und ihre Methoden. Er wird sie noch am eigenen Leibe erfahren.

Der in Ungnade gefallene, durch den Sturz Concinis ausgeschaltete Richelieu versucht mit Hilfe der allmächtigen Königinmutter, seiner Mätresse, die Macht zurückzugewinnen. Er braucht die Unterstützung der *Ultras* – der »guten Katholiken«, der Frömmler und der Gesellschaft vom Heiligen Sakrament. Alle verfolgen sie mit dem gleichen Haß die atheistischen Freidenker wie Théophile de Viau, oder Giulio Vanini, einen italienischen Philosophen, der 1619 in Toulouse wegen »Atheismus und Magie« verbrannt wurde, aber auch die deistischen Freigeister wie René Descartes und seine Brüder vom Rosenkreuzer-Orden. Eigentlich sind diese am gefährlichsten, denn durch ihre unbeirrbare Suche nach der Wahrheit stellen sie die Schriften der Kirchenväter in Frage, welche die ideologische Grundlage der katholischen, aristokratischen und monarchischen Gesellschaft sind.

Kardinal de Richelieu beauftragt Gabriel Naudé, ein künftiges Mitglied des »Schwarzen Kabinetts« seiner Eminenz, »ein Pamphlet mit dem Titel *Die Unterrichtung Frankreichs über die wahre Geschichte der Rosenkreuzer* zu schreiben«, ein schnell hingeworfener, entstellender und verdrehter Abklatsch des Buchs von Johannes Bringern. Er braucht den symbolischen Text nur wörtlich zu nehmen, ihn zu verstümmeln und einzelne Sätze wegzulassen, und schon kann er die wissenschaftlichen Forschungen der Brüder als »magische und teuflische« Praktiken hinstellen. Diese grotesken Anschuldigungen können die gebildeten Leute nicht irreführen, aber sie ermöglichen die Schaffung einer offiziellen Doktrin. Der Kardinal verschafft sich so die Dankbarkeit der orthodoxen Vertreter der Gegenreformation, der *Ultras,* die überzeugt sind, daß mit ihm einer der Ihren in den Staatsrat des Königs einzieht. Ein schwerer Irrtum: er dient nur sich selbst und seinem Machtwillen.

Im Namen dieser Doktrin wird der unter dem Verdacht der Ketzerei stehende René Descartes der höchsten Überwachung durch die diensteifrigen Theologen der Sorbonne und die Büttel der Polizei unterstellt. Seine Freunde erfahren davon und teilen ihm die Schwere der Vorwürfe mit: sie führen geradewegs zum Scheiterhaufen. Er muß Paris verlassen und sich in der Provinz verstecken.

Er soll fliehen? Nein.

Er zeigt sich. In allen Salons.

Sein Erscheinen erregt großes Aufsehen. Die Gespräche verstummen. Die Leute gehen auseinander und mustern ihn. Er stellt sich einen Moment lang schweigend zur Schau. Als die Spannung groß genug ist, erklärt er ganz gefaßt:

»Man behauptet, ich sei ein Rosenkreuzer, ein *Unsichtbarer.* Wie Sie selbst feststellen können, hat es nichts damit auf sich, denn ich bin sichtbar. Was die Brüder betrifft, aufgrund ihrer Unsichtbarkeit habe ich nie einen von ihnen gesehen.«

Die vernünftigen Leute lachen darüber. Die anderen haben ihre eigene Meinung... hüten sich aber, ihm zu widersprechen.

Die Wahl zwischen der okkulten und rein hypothetischen Gefahr eines Florierens der Bruderschaft und seinem sehr realen und sofort tödlichen Degen fällt nicht schwer.

Jetzt muß er noch Pater Mersenne beschwichtigen, »dem dieses *falsche Gerücht* unmäßigen Kummer bereitet.«

Nach dem freudigen Willommensgruß vertraut dieser enge Freund ihm in höchster innerer Erregung Auszüge aus seinem gigantischen Buch an, das er Jean-François Gondy, dem ersten Erzbischof von Paris, gewidmet hat. (Denn die Hauptstadt ist durch eine Bulle Papst Gregors XV gerade zum Sitz eines Erzbistums erhoben worden, nur das Parlament hat sie noch nicht »geprüft und angenommen«).

Unter dem äußerst schwammigen Titel *Fragen zu den sechs Anfangskapiteln der Genesis* behandelt Marin Mersenne tausend Themen, vor allem das der Rosenkreuzer, und greift dabei Robert Fludd und seine *Apologie*, die 1616 in Leyden, Holland, erschienen war, heftig an. Er hat Mühe, seine Erregung zu beherrschen.

»Nachdem dieser englische Edelmann das Kriegshandwerk aufgegeben hatte, wandte er sich dem Studium der Physik zu, insbesondere der Medizin, Chemie, Kabbala, Magie[1] und allem, was an Mysteriösem in der Natur zu finden ist. Und jetzt greift dieser Ketzer Aristoteles an, unter dem Vorwand, Kepler zu kritisieren!«

In großer Bedrängnis versucht der Kavalier den eifrigen Mersenne, den er sehr liebt, zu mäßigen. Robert Fludd ist ein ernstzunehmender Gegner, der gute Pater wäre ihm nicht gewachsen. Aber das kann er nicht aussprechen, da er diesen nicht verletzen will. So argumentiert er etwas ungeschickt.

»Was nützt die Polemik? Es ist doch nicht der Rede wert... Die Streitigkeiten unter Gelehrten sind sinnlos. Sie sollten sich besser mit den Wissenschaften befassen.«

»Dazu ist es zu spät«, antwortet der Minorit... Der erste Band seines Kolossalwerks ist schon unter der Presse.

Marin Mersenne ist enttäuscht, daß ihm der »größte

1 Alle diese Disziplinen gehörten damals zur »Physischen Wissenschaft«

Mathematiker, den Gott schuf«, nicht hilft. Doch schließlich bleibt ihm die Freude, daß sein lieber Freund nicht ein Parteigänger dieser verderblichen Philosophie ist ... Der Beweis: Er verteidigt sie nicht.

In Wirklichkeit beschäftigt René Descartes diese Angelegenheit sehr. Die Ankunft der abgesandten Brüder vom Rosenkreuz in Paris hatte *im Geheimen und Verborgenen* stattgefunden, wie es die Ordensregeln verlangten. Sie wären in keinem Fall öffentlich aufgetreten. Die Aushänge mußten das Werk der Polizei sein ... Dies bedeutete, daß die Bruderschaft ausspioniert wurde, also von Spitzeln infiltriert war, daß ihre Mitglieder bekannt waren und in all ihren Bewegungen verfolgt wurden, daß die Kanzlei Spezialisten beschäftigte, die fähig waren, nach authentischen Texten Fälschungen herzustellen und dabei jene Begriffe und Symbole verwenden konnten, die nur die Mitbrüder kannten. Konklusion: die Brüder vom Rosenkreuzer-Orden, die in katholischen Ländern leben, sind nicht mehr sicher. In Spanien werden schon die dem Heiligen Offizium denunzierten »alumbrados«[1] den Flammen übergeben. In Portugal reißt ihnen der Henker der Inquisition die Muskeln mit einer in der Glut erhitzten Zange aus, so werden dort gewöhnlich Verbrechen der *Gottes- oder Majestätslästerung* geahndet.

Nach seinem Kurzbesuch von kaum zwei Monaten in der Hauptstadt kehrt René Descartes du Perron ins

1 Mitglieder eines den Rosenkreuzern nahestehenden Ordens

Poitou zurück, um sein mütterliches Erbe zu verkaufen und um in Vergessenheit zu geraten...

Glücklicherweise erzielen die beiden fetten Pachtgüter einen guten Preis. So kann er das Land von Perron verschleudern, ohne die brüderlichen Vertragsklauseln zu verletzen... Abel de Couhé, Herr von Châtillon und de La Tour d'Arnières, und damit schon reichlich bedient, überläßt ihm gerne, gegen gute Bezahlung, den mit seinem Lehen verbundenen Adelstitel. René Descartes bleibt Chevalier du Perron.

Sein berüchtigter Namensvetter, der Kardinal du Perron, ist vorzeitig an den bösen Blattern gestorben. Was Skandalgeschichten betrifft, scheint Descartes geeignet, »ihn würdig zu vertreten«... Auch wenn sie auf ganz anderem Gebiet liegen.

Gleich darauf verstirbt völlig unerwartet »einer seiner Verwandten mütterlicherseits«, Herr Sain, sein Pate. Vom Steuerkontrolleur in Châtellerault war er zum Generalkommissar der Versorgung für die Alpenarmee aufgestiegen. Die Witwe verehrt den unerschrockenen Kavalier und verabscheut seinen Vater, diesen »Sauertopf«... Sie beauftragt ihren lieben Neffen René, die Erbschaft ihres Gatten beim Oberkommando der Armee zu ordnen, die »etwas konfus und durcheinander sei«. Als Gegenleistung verspricht sie ihm eine ehrliche Kommission und Unterstützung, damit er das sehr lukrative Amt ihres verstorbenen Gatten für sich gewinnen kann.

Mit allem versehen, was nötig ist, um die sensiblen Geschäfte auf dem militärischen Markt zu Ende zu bringen, die gewöhnlich mit unentwirrbaren Intrigen, Bestechungen und Schwarzverkäufen abgewickelt werden, geht er auf die Reise.

Eigenartigerweise hält er sich nur sehr kurz beim Generalstab der Alpenarmee auf. Dann reist er durch die Schweiz, ein bäuerliches Land von Viehzüchtern, das einzige in Europa, das seit seiner Niederlage von Marignan, die schon ein Jahrhundert zurück liegt, in Frieden lebt. Selbst die Reize der Natur und die Gesellschaft der helvetischen Gelehrten können ihn nicht aufhalten. Er fährt nach Graubünden und von dort aus ins Veltlin, wo er länger verweilt.

Unter dem üblichen Vorwand, die »Katholiken vor den Protestanten schützen zu müssen«, hatte Spanien, das ganz Italien besetzt hielt, im Jahr 1619 Graubünden das Veltlin abgenommen. Es ermöglichte damit seiner Armee den Übergang nach Österreich und dem Heiligen Römischen Reich Deutscher Nation, seinen Alliierten, und machte die Spanischen Niederlande – Flandern – besser erreichbar.

Der Kavalier besucht die Region als einfacher Reisender. Von einer Stadt zur anderen lustwandelnd, kommt er auch nach Tirol und bis Innsbruck. Am Hof des Erzherzogs Leopold versäumt er es nicht, auch den französischen Gesandten zu begrüßen.

Schließlich begibt er sich, wie er es überall angekündigt hatte, nach Venedig, um der Hochzeit des neuen Dogen mit der Adria beizuwohnen.

Nach Abschluß dieser grandiosen aquatischen Zeremonie mit Fischerstechen und Wasserspielen reist er nach Mailand.

Während der Chevalier du Perron sich den schrillen, mondänen Spielereien überläßt, bleibt der Experte für Befestigungsfragen und Belagerungskriege, René Descartes, unbeachtet ... Ganz im geheimen hat er eine Aufstellung über den Zustand von Truppen,

Material und Verteidigungsbauten Österreichs und Spaniens gemacht.

Er spioniert im Auftrag der Alpenarmee...

Nach seinem Übergang ins Veltlin besetzen die Truppen des Marquis von Coeuvres diese Provinz und stützen sich dabei auf den Bericht, den er dem französischen Gesandten in Innsbruck übermittelt hat. Vom Kavalier bestens informiert über die Größe der Garnisonen, die Qualität der Bauten und die Feuerkraft der Gegner, teilt der Marquis seine Truppen auf, greift die festen Plätze gleichzeitig an und vertreibt die Österreicher und Spanier in weniger als acht Wochen.

Was für ein Feldzug! Er wurde so schnell durchgeführt, daß Richelieu, endlich zum Leiter des Staatsrats ernannt, sich scheinheilig beim Papst entschuldigen kann, sein General »habe seine Anweisungen überschritten«... »Bevor ihn ein Gegenbefehl erreichen konnte«, habe der Marquis die in Flandern stationierten spanischen Truppen von ihrer Verstärkung abgeschnitten, die zuhauf in den italienischen Garnisonen liegt... Jetzt können diese nicht mehr in Deutschland eingreifen. Genau das war der Wunsch Richelieus gewesen, der das Haus Österreich bekämpft...

Jetzt fehlt nur, daß französische Truppen in dieser strategischen Region stationiert werden, »um die Katholiken zu schützen«.

In der Zwischenzeit beendet der unbekannte Urheber des Erfolgs seine »Studienreise« bei den feindlichen militärischen Kontingenten in Norditalien.

Zur Alpenarmee zurückgekehrt, regelt er die Angelegenheiten seines verstorbenen Onkels. Zu seiner wohlgerundeten Kommission kommt noch die Prämie für den »Spezialauftrag«, anders gesagt, die Spionage.

Aber dieses Wort schockiert das Schamgefühl der Militärs, sie verwenden es nie.

Auf das Amt des Versorgungs-Intendanten braucht er sich keine Hoffnungen zu machen. Das hat Bullion ergattert, eben jener kleine »Häßling« und Protegé der Herzogin de Sault. Er beginnt so seinen ungewöhnlichen Aufstieg, am Ende wird er gar Staatsratsmitglied. Was gilt ein unbekannter Held gegen die Intrigen des Hofs? Nichts! Für ihn wäre es wichtiger gewesen, mächtige politische Protektion beizubringen.

Sei's drum. Er will dafür sorgen.

In der katholischen Welt gibt es keine wichtigere Neuigkeit als das Jubiläum – das erste Viertel des 17. Jahrhunderts ist voll. Urban VIII hat eine Bulle erlassen, »daß grundsätzlich alle Ablässe verschoben und aufgehoben werden sollen, welcher Art sie auch seien, damit dieses Jubiläum noch notwendiger wird« und noch mehr Menschen nach Rom lockt, wo der Papst einen Generalablaß verkünden will.

Herr du Perron begibt sich kurz vor Weihnachten in einer gewaltigen Menge von Pilgern nach Rom.

Dennoch sind es nicht so viele wie zur Jahrhundertwende von 1600 – zweifellos wegen der Pestepidemie, die die Stadt und ihre Umgebung dahinrafft, und wohl auch wegen der Kriegsgerüchte. Aber die Bettelfürsten sind gekommen: Erzherzog Leopold, der von Frankreich bedroht ist, Ladislaus, Prinz von Polen und Anwärter auf den Thron und all die anderen... In einer Prozession folgen sie dem Papst und den Kardinälen, den Teilhabern an der Macht der Kirche und ihrem Gold – Gold von Westindien, das die spanischen und portugiesischen Souveräne für ihr Seelenheil am Fuß des päpstlichen Throns ausschütten. Gold, mit dem man Söldner bezahlen kann, und diese können die Könige dieser Welt machen und absetzen, das Gold also, mit dem man die Großen kauft. Das Gold der Neuen Welt verlängert den unrettbaren Traum vom Heiligen Römischen Reich Deutscher Nation.

Rom ist voll von Spionen, käuflichen Kreaturen, von Einfach-, Doppel-, Tripel-Agenten, von in Geschäfte verwickelten Diplomaten und in Politik verstrickten Geschäftsleuten. Die Spanier halten einen Teil Italiens besetzt. Aus ihrer Zahl wie aus ihrem Kredit bei den lombardischen Banken zu schließen, sind sie auch die Herren am päpstlichen Hof... Tatsächlich spielt Urban VIII das gefährliche Spiel des Ausgleichs zwischen den rivalisierenden katholischen Mächten, den Lutheranern und den Calvinisten, ihren Feinden – die ihrerseits in fanatische Sekten aufgesplittert sind, jederzeit bereit, sich gegenseitig umzubringen.

Ihre katholische – die spanische – Majestät hat ihn gebeten, sich in den laufenden Konflikt einzuschalten. Der Papst beschließt in einem Brief vom 16. März 1625, einen Legaten – seinen eigenen Neffen, den Kardinal Barberini – zum Sehr Christlichen – dem französischen – König zu entsenden, mit der Bitte, das Veltlin und alle von seinen Truppen eingenommenen Festungen in die Hand Seiner Heiligkeit zu legen. So würden sie den »Ketzern« Graubündens entgehen – dieser Vorwand war sowohl von Spanien als auch von Frankreich für ihre Intervention vorgebracht worden.

Ludwig XIII ist schon von den französischen Kardinälen – den »Gallikanern« – unterrichtet und schickt seinen Botschafter, Herrn de Béthune, um dem Heiligen Vater anzudeuten, daß *dieser Besuch ihm nicht genehm sein würde.*

»Das hatten wir uns schon gedacht«, gibt Urban VIII zurück. »Mit der unerfüllbaren, schon im voraus abgewiesenen Forderung wollen wir nur unsere Sorge um die spanischen Interessen ausdrücken, ohne etwas an der militärischen Situation zu verändern.« Der Vertreter Frankreichs kann nur noch seinen Wunsch äußern, sich zu verabschieden, und an der Bedeutung der Antwort zweifeln... die doppelte, dreifache Wendung in der macchiavellistischen Politik des neuen Vertreters Christi ist kaum verständlich...

Chevalier du Perron hält es für die Pflicht eines französischen Kavaliers, dem »Neffen Kardinal«, der in seinem Land eine so wichtige Mission auszuführen hat, persönlich seine Aufwartung zu machen...

Barberini empfängt ihn liebenswürdig »und gibt sich nicht mit einem flüchtigen Besuch und ebensolchen Komplimenten zufrieden. Er liebt das Gespräch mit Gelehrten und genießt dieses eine ganz besonders, er ehrt den Chevalier mit seiner Freundschaft, schenkt ihm Bücher, versichert ihn seiner Ergebenheit unter allen Umständen und bittet ihn, seine emsige Arbeit bei ihm fortzusetzen...«

Der Legat schifft sich im April nach Frankreich[1] ein, Wissenschaftler und politische Ratgeber begleiten ihn.

1 Er geht in Marseille von Bord und fährt von dort zu Schiff die Rhône hinauf; die Reise auf den Wasserwegen ist bequemer als auf der Straße.

Zur gleichen Zeit verläßt Herr du Perron Rom in Richtung Toskana. Die neuerliche militärische »Studienreise« läßt ihm nicht einmal die Zeit, Galileo Galilei zu besuchen: Krieg bricht aus zwischen der Republik Genua und dem Schwager Ludwigs XIII, Karl-Emanuel, Herzog von Savoyen.

Spanien unterstützt die Genueser... Der König schickt den Savoyern einen Wagen voller Goldstücke und 10 000 Mann unter dem Connétable Lesdiguières zu Hilfe.

Dieser Generalissimus ist mit seinen 85 Jahren immer noch ein Menschenführer. Nach einem Blick auf die sehr präzisen Angaben, die ihm der Kavalier gesandt hat, setzt er sich an die Spitze seiner Vorhut, schlägt verschiedene spanische, neapolitanische und milanesische Parteien, bringt Capriata bei Novi in seinen Besitz und belagert gleich nach dieser Blitzkampagne Gavi.

Vor dieser starken, auf dem Massiv der Apenninen errichteten Zitadelle, die als unbezwingbar gilt, stößt der Chevalier du Perron zu ihm.

Zu Zeiten Franz I hatte nicht einmal der berüchtigte barbarische Pirat Rotbart diese trutzige Festung einnehmen können. Aber der Konnetabel versichert: »Graubart wird gelingen, was Rotbart nicht gelang.« Zuerst zerschlägt er eine Verstärkung von tausend Mann, die der Gouverneur von Mailand geschickt hatte, gleich danach haut er 300 Mann in Stücke, die aus der Garnison ausgebrochen waren, um ihn von hinten aufzurollen, dann nimmt er die Stadt in Besitz.

Bleibt noch die »unbezwingliche« Festung... Du Perron läßt eine Geschützbatterie auf einen benachbarten Berg verlegen, was bis dahin als undurchführbar galt. Von der höhergelegenen Stellung läßt er dann die Befestigungen, Verteidigungsbauten und Mauern beschießen... Entmutigt und von der ununterbrochenen Bombardierung zermürbt, »übergibt der Gouverneur in einer Kapitulation die Feste«.

Darauf nimmt der Kavalier zusammen mit der Savoyer Armee an der Eroberung von einhundertvierundsiebzig festen Plätzen teil. Es sind rasche Erstürmungen mit beträchtlichem Gewinn: ein idealer Feldzug... Der Durchgang nach Norden ist nun endgültig verriegelt.

»Im Ruhelager« in Turin, am Hof des Herzogs von Savoyen, wird dem Chevalier du Perron die Genugtuung zuteil, der Herzogin und Prinzessin von Piemont seine Aufwartung zu machen«. Sie heißt Christine von Frankreich und ist die Schwester Ludwigs XIII. Die Tochter Heinrich IV genießt die Erzählungen über die Großtaten der Italienarmee.

Diese zweite Kontaktaufnahme mit den Großen wird zu einem zweiten Erfolg...

Während seiner Rückkehr nach Frankreich überquert der Kavalier Mitte Mai die Alpen. In der neugefundenen Einsamkeit vor der Allmacht dieser Natur verwandelt er sich wieder in René Descartes... Er stellt vielfältige Beobachtungen an, entwickelt eine einfache, rasche und zuverlässige Methode, die Höhen der Gipfel zu messen, die Triangulation. Er untersucht die Auswirkungen der Höhe und formuliert Hypothesen über jene Schneefälle, welche die Bergbewohner

»Lawinen«[1] nennen, sowie über Ursprung und Folgen von Blitz und Donner...

Von Lyon nimmt er die Post ins Poitou, um Madame Sain, der Witwe des Kommissars, Rechenschaft abzulegen. Sie zahlt ihm seinen Anteil aus und schlägt ihm ein Geschäft vor: der Statthalter des Orts will sein Amt verkaufen. Er hat es eilig, da er ein neues, noch lukrativeres für seinen Sohn erwerben will. Sie deutet René an, daß es für 16000 Ecus – 50000 Livres – zu haben sei.

Sein restliches Erbteil, die Prämien von seiner Mission und seine Kriegsbeute zusammengenommen, besitzt er 10000 Ecus. Seine Familie bietet ihm ein zinsloses Darlehen an über den Rest – wenn der Vater für ihn bürgt. Denn Vorsicht ist immer geboten.

Dies Amt bedeutet ein festes Einkommen, eine anerkannte gesellschaftliche Stellung, in einer wunderbaren Gegend, nicht weit von Paris, ein schönes Leben...

Ein Traum.

Zu viel steht auf dem Spiel... Der Kavalier überwindet seinen Stolz... Er schreibt seinem Herrn Vater, gerade zu Geschäften in Paris, einen sehr demütigen Brief, »ersucht ihn um Rat, bittet ihn, eine Wahl für ihn zu treffen«... Wenn er ihn *»für unfähig hält, ein so bedeutendes Amt zu bekleiden,* da er mit 29 Jahren keine andere Übung errungen hat, als den Degen zu führen«, und weil er »recht spät zur Robe zu kommen« scheint, wäre er »bereit, bei einem befreundeten Staatsanwalt am Châtelet [Mydorge] einen Lehrgang zu absolvieren, um sich die nötige Praxis anzueignen.«

---

1 Zu jener Zeit war das Vokabular der Bergbewohner den Bewohnern der Ebene unbekannt.

Kaum ist der Bote fort, erkennt Descartes seinen Fehler: Nach Jahren der Verachtung den reuigen Sohn zu spielen, das kann nicht gut gehen. Er hätte besser daran getan, seinen Widerwillen zu überwinden, seinen Vater in Paris aufzusuchen und die Angelegenheit, wie stets, in einem Handstreich hinter sich zu bringen...

Er, der Chevalier du Perron, nimmt wieder die Post – die Kutsche – wie ein einfacher Bürger oder Handelsreisender, so sehr ist er darum bemüht, seinen lebenswichtigen Plan zu verwirklichen. Er eilt zu seinem Vater.

Zu spät... Durch seinen Brief gewarnt, hat Joachim Descartes bereits das Weite gesucht. Voller Furcht vor einer Begegnung mit dem wilden Landsknecht hat er sich auf eines seiner bretonischen Güter zurückgezogen. Sein Verwalter hat den Auftrag, ihn für abwesend zu erklären, falls sich »unerwünschter« Besuch einstellt.

Soll er ihm folgen, ihn in seiner bretonischen Zuflucht bedrängen? Dem Kavalier bleibt keine Zeit zu diesen Überlegungen. Paris hallt wider von einer schrecklichen Nachricht: »Nach neunmonatiger Belagerung haben die Holländer die Stadt Breda dem Grafen Spinola übergeben.«

In Breda hatte er gelernt, als freier Mensch zu leben und diese Freiheit mit der Kriegskunst zu verteidigen. Die Niederlande werden immer das Land seiner Herzenswahl bleiben. Dieses Land ist nun schwer bedroht: Prinz Moritz ist vor zwei Monaten gestorben. Im

Todeskampf ließ er einen katholischen Priester und einen protestantischen Minister an sein Lager kommen und über Theologie disputieren. Lange hörte er sie an und murmelte dann: »Ich sehe schon, es gibt keine Gewißheit außer der Mathematik[1].« Dann drehte er sich zur Wand und hauchte das Leben aus...

Sein Bruder und Nachfolger Friedrich-Heinrich ist ein guter Feldherr, aber er hat nicht das Genie Moritzens. Würden die Generalstände der Vereinigten Provinzen ohne ihren großen Feldherrn dem spanischen Druck widerstehen können? Ihnen in dieser tödlichen Gefahr zu helfen, ist sich der Kavalier selbst schuldig.

Außerdem muß er zur Jahresversammlung der Rosenkreuzer irgendwo in Holland reisen.

Er läßt alles stehen und liegen und schifft sich nach Calais ein.

In der Zwischenzeit erschüttern Gerüchte von einem phantastischen Streit die Literatenrepublik.

Guez de Balzac ist ein erfahrener Höfling und daher ein Meister der Schmeichelei: In einem seiner Briefe an den Kardinal de La Valette hatte er diesem in der Meinung, ihm damit eine Freude zu machen, vorgeschlagen, man könnte die Protestanten verpflichten, den gelben Hut zu tragen, der den Juden schon seit Jahrhunderten aufgezwungen wird. Der Kardinal hat lediglich in aller Öffentlichkeit darüber gelacht: »Der erste Briefeschreiber Frankreichs verfolgt die Refor-

1 Im Sinne Moritz von Nassaus, eines Mitglieds des Rosenkreuzer-Ordens, bedeutet dies, daß die Mathematik die einzige sichtbare Bekundung der göttlichen Vollkommenheit ist.

mierten und das Volk der Gottesmörder mit dem gleichen Haß... Welch geistige Verwirrung!«

Doch der gleiche Guez de Balzac, dessen Briefe, die in den Salons von Faubourg St Germain und Marais kolportiert werden, für die ganze Hauptstadt ein Hochgenuß sind, dieser in den Umgangsformen der Schönen Welt so wohlunterrichtete, unverbesserliche Balzac hat sich dazu hinreißen lassen, in zwei Häusern gleichzeitig zu intrigieren: Im Haus seines Beschützers, des Grafen d'Epernon, dessen Sohn, der Kardinal de La Valette, ein ergebener Freund Richelieus ist – sein Vater nennt ihn den »Kardinal-Kammerdiener«[1] – und im Hause des Grafen Schomberg, der Monsieur Gaston d'Orléans nahesteht, dem erklärten Feind des Ministers. Der leichtsinnige Briefeschreiber hatte sich in den Streit der Großen hineinziehen lassen... Das genügt, damit Pater Goulu, eine der im Schatten Seiner Eminenz, des Kardinals Richelieu, verborgenen Gestalten, sich auf den Unseligen stürzt: In einem rüden Pamphlet hebt er grausam Balzacs Eitelkeit hervor, gibt ihm den Beinamen Narcissus und enthüllt die Hintergründe einer in der Öffentlichkeit unbekannten Rivalität unter Schriftstellern.

Guez de Balzac und Racan, beide Jugendfreunde René Descartes', berufen sich auf einen gemeinsamen geistigen Vater: den hochberühmten lyrischen Dichter und Grammatisten François de Malherbe, den Reformator der französischen Sprache und Neuerer der Dichtung. Als Experte im Katzbuckeln hatte Balzac ihn einmal einen »christlichen Sokrates« genannt.

1 auf Französisch »cardinal-valet« (d.Ü.)

Geschmeichelt erging sich der Meister im Lob seiner Schüler.

Aber mit steigender Berühmtheit wurde beiden die Bevormundung ihres Vorläufers lästig. Und der vertrug das Altern schlecht. Er wurde konservativ – wie alle Reformer –; schon beschimpften ihn die *Modernen* als einen *Alten.* Racan fand Geschmack am Verseschmieden, er ertrug Malherbes Monopol in der Dichtkunst nicht mehr...

Der Streit zwischen dem Alten und den Modernen vergiftet sich. Der christliche Sokrates verliert die Geduld und beschuldigt Honorat de Bueil, den Herrn von Racan, daß ihn die bösen Blattern auffräßen und daß er unfähig sei, die Damen zu beehren.

Es ist die Wahrheit... In Italien verbreiten die Prostituierten die »französische Krankheit«, in Frankreich verbreiten sie die »neapolitanische Krankheit«... Guez de Balzac hat sich bei seinen römischen Orgien und Racan bei seinen pariserischen Ausschweifungen die schreckliche Plage zugezogen, gegen die es kein Mittel und keine Hilfe gibt. Die Ärzte und Barbiere haben beide so malträtiert, daß sie davon impotent wurden. Dennoch beklagt sich der von dem Schlag unter die Gürtellinie schwer beleidigte Racan bei Jean-Louis Guez de Balzac, der es übernimmt, zu antworten. Diese privaten Briefe, die von der Polizei des Kardinals abgefangen und von Pater Goulu veröffentlicht wurden, sind es, die den Skandal entfachen:

Racan an Balzac:

Herr de Malherbe hat die Frechheit besessen, mich der Frigidität zu bezichtigen, wo er doch selbst nur noch Eis ist und seine letzte Mätresse im Jahr des schweren Winters an Altersschwäche starb...

Balzac an Racan:

In Zukunft will ich von Ihnen nur als von einem sprechen, der Wunder vollbringen kann, was auch immer Herr de Malherbe darüber sagt. Ich weiß, daß ich dabei die Damen auf meiner Seite habe. Doch denke ich wohl, daß Ihre Verse gefährlicher sind als Sie selbst und halte diese für fähig, ebenso viele Ehemänner zu hörnen wie der verstorbene König [Heinrich IV], *was Sie von sich nicht ohne Prahlerei behaupten könnten. Andererseits sind Sie in diesem Punkt noch nicht so eingeschränkt, daß man von Ihrem Hosenschlitz wie von einer verflossenen Angelegenheit sprechen müßte, und es bleibt Ihnen noch genügend Jugend, um eine Handvoll Ehemänner eifersüchtig zu machen... Was mich betrifft, muß ich Sie allerdings bitten, einen Grabspruch zu schreiben, denn auf meine Hosen könnte man mit gleichem Recht »Hier ruht« schreiben wie auf ein Grab. In der Tat, ich verlange nicht einmal mehr Gesundheit, denn was ich brauche, ist die Auferstehung...*

Der christliche Sokrates war immer stolz auf seine Liebesfähigkeit gewesen und prahlt noch stets damit.

Balzac an Malherbe:

Ich bezweifle nicht, daß der Teil, der uns ebenso zu Männern macht wie der Verstand, Ihnen früher einige Ehre eingebracht hat und daß die Geschichte einmal von dieser Ihrer vergangenen Manneskraft ein ruhmreiches Zeugnis ablegen wird. Aber heute, da Sie nur noch in der Erinnerung glücklich sein können und Ihr Mut zur Ausführung die Kraft Ihres Sohnes benötigen würde, erscheint es mir nicht sehr liebenswürdig, daß Sie sich über unsere Impotenz lustig machen.

Nur H.F... [Claude Favre, Baron von Pérouges, Herr de Vaugelas, »dessen Sanftmut und gesundes Aussehen sogar den zartesten Frauen gefallen konnten«, wie Colomiès schreibt] *dürfte über den Nachteil der anderen lachen und auf unsere Kosten Bonmots erfinden. Ihm stände es zu, da sein Verdienst allgemein anerkannt ist und er kaum weniger wacker ist als jener antike Held, der in einer Nacht fünfzig Mal zum Schwager seines Gastgebers wurde.*

Ich schätze die hervorstechenden Qualitäten, die in ihm wohnen, sehr hoch ein, aber wenn ich bedenke, daß er fähig ist, uns einem ganzen Geschlecht verächtlich und uns in den Augen der schöneren Hälfte der Welt lächerlich zu machen, habe ich große Mühe, ihm nichts Böses zu wollen. Und wie sehr ich auch teilhabe am Ruhm, den man ihm schenkt, so verletzt es mich doch sehr, daß unsere Eloquenz nicht so männlich ist wie die seine...

Vaugelas soll eine heiße Hose sein? Der berühmte Grammatist, den jeder erkannt hat, gibt sich aus Koketterie beleidigt:

Balzac an Vaugelas:

Für alle Fälle bitte ich Sie um Entschuldigung für den Fehler, dessen Sie mich zeihen, obwohl ich nicht meine, Ihnen bei den Damen einen so schlechten Dienst erwiesen zu haben, wie Sie mich glauben machen wollen. Ganz im Gegenteil, wenn diese meiner Bekundung Glauben schenken, wird es in der Zukunft kaum eine geben, die Sie nicht als ihr letztes Glück ansieht, und die nicht all ihre Perlen verkaufen würde, um sich dafür eine Ihrer Nächte zu erwerben... Die Königinnen werden von allen Enden der Welt kommen, um vom Genuß zu kosten, den es bedeutet, mit Herrn Vaugelas zu schlafen. Nach Salomon und Alexander werden Sie dann der Dritte sein, zu dem die Damen nur auf das Gerücht seiner Manneskraft hin anreisen...

Ja, Schande über den in die Damengemächer Geladenen, der sich nicht geil aufführt! Bevor er auf Betreiben Richelieus verhaftet wurde, mußte der schöne Bassompierre 6000 Liebesbriefe verbrennen, um »verschiedene Damen« nicht zu kompromittieren. Der Kardinal fürchtete seinen kritischen Geist und hatte ihn bei Ludwig XIII angeschwärzt. Seine Rücksichtnahme brachte Bassompierre den Ruf des »ersten Edelmanns von Frankreichs« ein, obwohl dieser Titel von Rechts wegen nur dem König zustand. Im *zärtlichen Wettstreit* mußte selbst der, welcher keinen Herrn über sich hatte, seiner Herrin gehorchen! Doch Anna von Österreich bläst des Abends in ihren Gemächern Trübsal, derweil Ludwig der Dreizehnte, zu Füßen der Königsmutter liegend, für seine Höflinge die Gitarre spielt. Die Franzosen haben schließlich nicht die gallische Lerche zu ihrem Emblem erwählt – sie bringt nur Triller hervor –, sondern den gallischen Hahn. Sie lieben es nicht, wenn ihr König sich aufführt wie ein Kapaun...

Trotz seiner Leidenschaft für die Macht, die an ihm zehrt, ihn verschlingt, ist auch Richelieu rasend in die wunderschöne Marie de Rohan verliebt, die Gräfin Chevreuse wurde und ihrer amourösen Begabung zu Ehren sogleich den Spitznamen »La Chevrette«[1] bekam. Richelieu begibt sich nächtens in ihr Haus und überläßt sich allerlei Exzentrizitäten. Eines Abends tanzt er, als grüner Teufel verkleidet, in grünlichen Strumpfhosen, mit kleinen Hörnern auf dem

1 Zicklein

Schädel und mit silbernen Schellen an Fuß- und Handgelenken, vor der Grausamen ein erotisch-groteskes Ballett. Sie weist ihn mit Abscheu zurück.

Das Zicklein ist nicht diskret, es ist einer ihrer kleineren Fehler: Am nächsten Morgen amüsiert sich ganz Paris köstlich über das Abenteuer.

In einer Stadt, in der dies alles so viel zählt, ist es unmöglich, als Veteran in der Liebe dazustehen! Wie den Invaliden der Aufenthalt in den Gassen verboten ist, werden die beiden von der allgemeinen Verachtung aus den Salons vertrieben. Malherbe, der die Altersgrenze erreicht hat, und Pater Goulu, ohnehin außer Konkurrenz, verurteilen Racan und Balzac mit ihren Schlägen auf den Unterleib zum gesellschaftlichen Tod.

Balzac zieht sich in die »Wüste« seiner entlegenen Güter zurück. Für einen Mondänen wie ihn ist dieses Exil fern von Paris eine schreckliche Strafe.

Ich zerschlage alle Spiegel, die ich finde, ich trübe das Wasser jedes Bachs, auf den ich treffe, ich meide alle Maler, wenn ich in eine Stadt gelange, aus Angst, sie könnten mir mein schlechtes Gesicht darstellen.

Ich nähre mich hier von Gift und erleide das Leben als Sühne, während Sie an dem Ort, an dem Sie sich befinden, den Rest des goldenen Zeitalters verbringen dürfen und ihren Sinnen nichts verweigern werden, was Sie ihnen rechtens gewähren können... Und obwohl der Hof Ihrer Königin so heilig ist, daß es leichter wäre, sich an einer Quelle zu betrinken, als sich dort an Freuden zu berauschen, welche nicht ehrbar sind, und obwohl man sich an der Tür läutern muß, bevor man empfangen wird, ist es Ihnen dennoch erlaubt, süße Versuchungen zu verspüren und hinterher anderwärts solidere Befriedigungen zu suchen.

Aber für mich in meinem jetzigen Zustand besteht kein Unterschied mehr zwischen einer schönen Frau und einem schönen Gemälde, und da mir die Krankheit [an der ich leide] auch die Kraft genommen hat, solche zu malen, ist meine jämmerliche Manneskraft ebenso eingeschränkt, wie die Nüchternheit den Armen empfohlen ist. (Guez de Balzac, Brief an den Abbé de Boisrobert)

René Descartes ist zurückgekehrt. Seine niederländischen Freunde haben ihn beruhigt. Niemals würden sich die Spanier in die überschwemmbaren Provinzen wagen, die einen Großteil der Niederlande ausmachen.

Er fragt nach Neuigkeiten aus Paris.

Man berichtet ihm von dem Streit... »Narzissus«, lächerlich gemacht und unerbittlich von Goulu verfolgt, verbirgt seine Schande in seinem Stammsitz Balzac. Ihn zu verteidigen bedeutet, bei Richelieu in Ungnade zu fallen... Nur Vaugelas wagt es, in gemäßigter Form, aber er gehört zum Hof von Gaston d'Orléans, dem Bruder des Königs.

René Descartes wird diese Torheit begehen. Und zwar ohne Mäßigung.

Balzac ist sein Freund. Welche Fehler er auch haben mag, er will ihm treu bleiben, ihm helfen, ohne Sorge um das Risiko.

Descartes begibt sich umgehend an den Hof in Fontainebleau und dort zum Legaten des Papstes. Voller Abscheu beschreibt er diesem mit seiner üblichen Leidenschaftlichkeit das Vorgefallene. Dieser Machtmißbrauch muß ein Ende haben. Balzac soll nach Paris zurückkommen können, Pater Goulu muß zum Schweigen gebracht werden!

Der »Neffe Kardinal« ist angerührt von diesem schönen, reinen Zorn und schreibt sofort an »Dom Juan de Saint-François, Generalsuperior der Feuillanten«, besser bekannt unter seinem Polemisten-Namen Phylarch[1], erteilt ihm Anweisung, in sein Kloster zurückzukehren und »sich nicht mehr in den mondänen Trubel einzumischen«.

Um dem Briefeschreiber aus der Patsche zu helfen, in die er sich mit seiner unverbesserlichen Dummheit gebracht hat, läßt René Descartes ein Mitglied der Geheimpolizei seiner Eminenz kaltstellen... Verblüfft erwartet Paris das Gewitter. Der »Rote Mann« würde es ihm nie verzeihen!

In seinem Zorn geht der Kavalier noch weiter, er verfaßt einen Brief an Balzac, in Latein. Er wird sofort abgefangen, kopiert und in ganz Paris gelesen.

Wenn Herr de Balzac zuweilen gezwungen ist, von sich zu reden, so tut er es mit derselben Freiheit, die ihn von Anderen sprechen läßt, und die ihm die Lüge unerträglich macht. So wie die Furcht vor der Verächtlichkeit ihn nicht davon abhält, den Anderen die Schwächen und Krankheiten seines Leibes zu offenbaren, veranlaßt ihn die Mißgunst seiner Neider nicht, die Vorzüge seines Geistes zu verbergen. Dies kann man freilich als eine schlechte Eigenschaft werten in einem Jahrhundert, in welchem die Laster so verbreitet sind und die Tugenden so selten...

Er spricht über alle Dinge, wenn er es tut, nur aus der

1 wörtlich: Fürst der Blätter

Liebe, die er für die Wahrheit hegt und aus einem Großmut, den er von der Natur besitzt. Die Nachwelt, welche in ihm Sitten finden wird, die denen der großen Menschen der Antike gleichkommen, wird die Arglosigkeit und Aufrichtigkeit an diesem über dem Gewöhnlichen stehenden Geist bewundern und ihm vor seinen Neidern Recht geben, auch wenn diese sich heute weigern, seine Verdienste anzuerkennen. Denn die Verdorbenheit der Menschengattung ist so groß, daß Wahrheit für Hochmut gehalten wird, Verschleierung und Lüge hingegen für Bescheidenheit...

René Descartes spricht hier von sich. Er zeichnet ein Selbstporträt.

Guez de Balzac, der mondäne Schnösel, hat solche Lobreden nicht verdient; der Kardinal de La Valette wird ihm mit einem seichten Entschuldigungsbrief Genugtuung verschaffen.

Mit der Veröffentlichung dieses Textes hoffen Richelieus Büttel, den Kavalier lächerlich zu machen und ihn hinzustellen, als sei er einem feigen, speichelleckerischen Höfling auf den Leim gegangen. Descartes weiß es und scherzt oft mit seinen Freunden darüber. Dieser Aufschrei der Empörung, diese für den Anlaß übertriebene Reaktion, dieses Übermaß an Bitterkeit war nicht für einen Hanswurst geäußert worden.

Selbst seinen engsten Freunden bleibt René Descartes ein Rätsel. Nicht einmal Racan, der ebenfalls früher Söldner war, kann ihn verstehen...

Nachdem er sieben Jahre das Kolleg besucht hat, schreibt dieser an einen Freund, *legt er jetzt sein Latein ab wie ein Kleid, das eines Kavaliers nicht geziemt. Offenbar glaubt er, dem Mut, dem guten Benehmen und dem Adel der französischen Marschälle ausreichend nachzueifern, wenn er ihre schlechte Orthographie imitiert. Ich selbst falle nicht so plötzlich von einem Extrem ins andere und glaube, Soldat sein zu können, ohne völlig zu verrohen...*

Das ist noch schwach ausgedrückt... Descartes verhält sich unverschämt und aggressiv gegen die unerträglichen Pedanten, gegen ihre von lateinischen und griechischen Zitaten durchsetzten Ergüsse. Damit irritiert er auch das lernbegierige kultivierte Publikum, es ist verwirrt und verärgert... Mit wenigen Worten zerstört er alles, was diese gutwilligen Männer und Frauen bewundern, ohne es zu verstehen. Latein? Das sei überflüssig! Sein Gebrauch diene nur der Unwissenheit als Maske und verschleiere die Armut der Gedanken unter der stilistischen Anmut antiker Dichtung. Ein guter Redner sei eloquent, selbst wenn er nur niederbretonisch spräche. Die gebräuchliche Orthographie findet Descartes im übrigen stupide, deshalb reformiert er sie eigenhändig, ohne sich um die Konventionen zu kümmern.

Doch nichts ist unangenehmer, als Gewißheiten dahinschwinden zu sehen, und Gewißheiten sind umso wohltuender, wenn sie unverständlich bleiben: Descartes' Zuhörerschaft »wird unruhig«.

Dann beginnt er, in klaren, präzisen, logischen, für alle verständlichen Sätzen mit der Demonstration: Er zerschlägt die falsche Dialektik, nimmt die bestgehüteten Sophismen auseinander und stellt die unüberwindlichen Widersprüche heraus, die in diese brillanten Ausführungen eingestreut sind. Anschließend definiert er seinen Gegenstand, analysiert ihn, handelt ihn vollständig ab und bezieht ihn zum Schluß in allgemeine Überlegungen ein. Die Versammlung ist gefesselt, alle sind gebannt, fasziniert ... Er verläßt seine Zuhörer in diesem Zustand, geblendet von einem Wissen, das sich in die Unendlichkeit zu erstrecken scheint, um sich mit einem Hohlkopf, der mit ihm Streit gesucht hat, ein Duell auf Leben und Tod zu liefern.

René Descartes leidet an einer unheilbaren Krankheit: der sozialen Frage. Er versteckt seinen Zorn unter der Arroganz eines Edelmanns. Zum Schein. Den Edelmut, das Privileg der Leute vom Stande[1], kann der Roben- oder Geldadel nicht erwerben. Descartes weiß dies, doch er pfeift darauf: *Herr de la Brétaillière, Herr von Kerlan, von Trémondée, von Kerbourin* würde offiziell nie ein anderer sein als Pierre Descartes, Parlamentsrat in der Bretagne, ein Nichts, trotz dieser und weiterer Titel, die an Ländereien geknüpft sind, welche ihm der Vater anläßlich der Vermählung mit Marguerite Choan de Cockander im Jahr zuvor geschenkt hat. Pierre Descartes ist ein Staatsdiener von mittlerem Rang, geringem Vermögen, der Gefahr läuft, von Lakaien bastoniert zu werden, sollte er einen hochgestellten Kläger, etwa einen Großen Herrn oder Kirchenfürsten, verärgern. Davor muß er sich hüten. Eine Person vom Stande wegen des Mordes an einem Bauernlümmel verfolgen? Er würde nicht im Traum daran denken.

Der Kavalier kann diese unwürdige Unterwürfigkeit nicht ertragen.

Er erträgt es nicht, mitansehen zu müssen, wie Menschen, seinesgleichen, in Not leben müssen, von

1 Statt »vom adeligen Stande«, das Adjektiv wurde aus Snobismus weggelassen

Arbeit, Schulden, Steuern niedergedrückt, wie ohnmächtig sie gegen Krankheit sind, wie oft sie Trauerfälle zu beklagen haben.

Seit Richelieu wieder an der Macht ist, steht es mit den persönlichen Rechten deutlich schlechter. Seinem Wesen nach mißtrauisch, unruhig und von der Angst vor Komplotten, Revolten, Aufruhr verfolgt, läßt der Machthaber die Bevölkerung scharf überwachen. Die mürrische, mißtrauische, finstere Natur Ludwigs XIII verstärkt noch diese Tendenz... Der König erträgt keinen Humor, keine Karikaturen oder gar Feste in der Öffentlichkeit, er haßt sie als seien sie Majestätsbeleidigungen. In Grenzen, aber mit einem guten Maß an Toleranz, gewährleisten sie jedoch als Ventile den öffentlichen Frieden... Der melancholische, manisch depressive Monarch mit seiner Todessehnsucht ist nur glücklich auf einem Schlachtfeld voller Leichen.

Die offizielle Religion beherscht alles, ein engstirniger, kleinlicher, trauriger Katholizismus, der repressiv und obskurantistisch praktiziert wird. Er ist bestimmt von der Angst vor einem unbarmherzigen Rächer-Gott, der sich strafend auf den von Dämonen versuchten Menschen stürzt, sowie er auch nur ein wenig nachgibt. Ein kleiner Verstoß gegen die Religion wird vom König als persönliche Beleidigung angesehen. Auch die Orthodoxen teilen seine Auffassung, sie wenden sich gegen die Reformation, vor allem aber gegen die Freidenker, deren großmütige Ansichten und Lebensart faszinierend und allzu verführerisch sind.

Auch vom Vorsitzenden des Staatsrats wird diese Botschaft gut aufgenommen... Seine Eminenz verwirklicht sie bis zur letzten Konsequenz. Sie organisiert und leitet höchstpersönlich das schmutzige Geschäft.

Die »Schafe« von der Polizei spionieren jedem nach. Die Frömmler überwachen die öffentliche Meinung. Die gefährliche, streng geheime Gesellschaft vom Heiligen Sakrament, in allen Schichten der Bevölkerung – unsichtbar – tätig, denunziert die geringste Neigung, das kleinste Streben nach Freiheit, auch die harmloseseste aufmüpfige Bemerkung. Wachsame Theologen an der Sorbonne zensieren alle Schriften. Aber Richelieus Agenten spionieren auch die Polizei, die Frömmler, die Gesellschaft vom Heiligen Sakrament, die Theologen, Priester, Mönche, die Großen, die Adligen, Künstler, Pedanten, die Bürger, Soldaten, Taglöhner, Bauern, Gefängniswärter und Verurteilten aus... Mann und Frau, lebend oder tot, denn auch ihre früheren Reden und die Erinnerung an sie könnten andere verleiten, ihrem Beispiel zu folgen. In allen Schlössern, Häusern, Abteien, Kasernen, Werkstätten, Weinstuben, Bordells und Gefängnissen, auf allen Galeeren ist *stets* ein Ohr des Tyrannen dabei, denn die Büttel kaufen jedem jegliche Information ab, gleichgültig zu welchem Preis – Geld, Befreiung von einer Strafe oder Strafaufschub. Keine Vereinigung ist ausgenommen, nicht einmal der »Große Ganovenbund«, trotz des Risikos, denn die »guten Kinder« erdrosseln die Spürhunde. Es gibt keinen Spielsaal der Schönen Welt, keine gelehrte oder literarische Versammlung, keine Kirche, keinen Kreuzgang, der nicht durch Lakaien überwacht wird. Sie tun es um der Prämien willen, oder weil ihnen die Anklage wegen eines Duells oder einer Spielschuld droht und sie sich von den Pressern des Kardinals haben bearbeiten lassen.

Auch der *rechtschaffene Mann*, der Gebildete, der auf alles ohne Vorurteil neugierig ist, – denunziert jemand, aus Angst, selbst denunziert zu werden, weil er nicht denunziert hat: Jeder überwacht den anderen, ohne zu wissen, wer ihn überwacht. Es findet eine wechselseitige, permanente Zuträgerei statt, aus materiellem Interesse, aus Neid oder Rache. Sie hält das Mißtrauen aufrecht, das jeden zwingt, doppelt vorsichtig zu sein. Diese Haltung verschlimmert noch die Verdächtigungen, die ohnehin bestehen. Ein Wort wird als Anspielung interpretiert, eine ausweichende Geste scheint plötzlich schwer von Hintergedanken…

Es genügt nicht einmal, strikte Anpassung an den Tag zu legen, Guez de Balzac hat diese grausame Erfahrung machen müssen. Ein *Denker* ist schon der Definition nach gefährlich; denn das Denken kann sich ändern. Am besten und einfachsten ist es, überhaupt nicht zu denken.

Wer zuwiderhandelt, wird je nach Rang und Funktion bestraft. Was geschieht mit Wissenschaftlern und Künstlern, Geistlichen oder Laien? Sie werden verbrannt. Louis Gaufridy, der Pfarrer von Accoules, wird vom Parlament in Aix-en-Provence wegen Dämonenanbetung verfolgt: Obwohl ihn die Geistlichkeit und der Erzbischof von Marseille unterstützen, wird er verbrannt. Der Dichter Théophile de Viau, wegen Atheismus angeklagt, von allen verstoßen, von Guez de Balzac, der nicht den Mut hat zu schweigen, verleugnet und endgültig vernichtet, hat noch rechtzeitig fliehen können! Sein Bild und seine Bücher gehen auf dem Grève-Platz in Flammen auf. Was geschieht mit den Großen von kritischem Geist?

Sie werden geköpft! Oder in die Bastille gesperrt! Und die Kleinen? Sie werden einfach niedergemetzelt!

Richelieu stützt sich unterschiedslos auf die ehrgeizigen Aufsteiger wie auf das ewige Komplott der Mittelmäßigen, die alle auf ihr Niveau herunterziehen wollen. Er verlangt nur eine Eigenschaft: ein nach allen Richtungen biegsames Rückgrat. Die niederen Instinkte triumphieren, der Konformismus hat gesiegt.

Die anderen müssen sich verstellen und listig sein. Indirekt agieren. Geheimgesellschaften für die Befreiung der Menschheit gründen, diese sorgfältig abschirmen, alle Spuren verwischen.

Aber René Descartes ist ein Einzelkämpfer. Er ist zu selbstbewußt, um die »Vorzüge seines Geistes zu verbergen«.

Er hat sich aufgelehnt. Er hat dem Allmächtigen getrotzt und ihn auf dem eigenen Terrain geschlagen: mit der Intrige. Das wird ihm nicht verziehen werden.

6. Ein Loch in der Nacht

Der »Neffe Kardinal«, Descartes' einzige Stütze, verläßt Fontainebleau schon im August. »Seine Gesandtschaft war dem König nicht genehm.«

René Descartes kehrt nach Paris zurück. Er ist ratlos und entschlossener denn je, keine Brotarbeit anzunehmen. Nicht als Professor, nicht als Präzeptor und keinesfalls als Magistrat. Was tun? Soll er zum »Neffen Kardinal« nach Rom gehen? Barberini unterhält mehrere Wissenschaftler mit einer Großzügigkeit, die eines Fürsten der Renaissance würdig wäre. Den Kavalier würde er mit besonderem Pomp empfangen. So beeindruckt war er von seiner großen Intelligenz und seinem Weitblick. Aber das Klima in Italien bekommt seiner schwachen Brust nicht. Rom und Umgebung sind von der Pest verseucht. Ein Leben am päpstlichen Hof bedeutet außerdem, auf dortige Intrigen, Rivalitäten und Eifersüchteleien achten zu müssen. Es heißt, sich mit Komplotten abzugeben, die aus der Gunst Gefallene anstiften, weil sie um ihre Pension bangen, und sich mit Lügengeschichten zu befassen, die Ehrgeizige verbreiten, weil sie eine solche ergattern wollen. Es bedeutet, nach dem Ableben des Mäzens mittellos dazustehen, in einer feindlichen Umgebung gefangen zu sein, es bedeutet, sich den Entscheidungen der Inquisition zu unterwerfen, die dem Heiligen Stuhl jederzeit zur Verfügung steht.

All das ist für ihn undenkbar.

Seine Freunde machen Karriere. Der Mathematiker Claude Hardy, ein Rat am Châtelet und Rechtsanwalt, schreibt und spricht dreißig orientalische Sprachen. Er hat die *Fragen* des Euclid mit eigenem Kommentar in Altgriechisch herausgegeben und dazu, auf der gegenüberliegenden Seite, seine eigene, vergleichende Übersetzung ins moderne Latein. Es ist die erste Veröffentlichung des griechischen Originaltextes. Alle Welt hatte sich bisher blind auf die Übersetzungen der lateinischen Versionen von den Scholiasten des Mittelalters verlassen. Doch wie viele Widersprüche kamen jetzt zutage! Natürlich hat Hardy die Publikation selbst bezahlt. Florimond de Beaune, Herr von Gouliou, Rat am Oberlandesgericht von Blois, ist einer der besten Mathematiker seiner Zeit. René Descartes interpretiert und kommentiert seine Geometrie – mit eigenen Verbesserungen – vor den Gelehrten von Paris und verteidigt ihn heftig gegen die Angriffe seiner Neider. Jean-Baptiste Morin, Doktor der Medizin, ist königlicher Professor für Mathematik in Paris...

Aber René Descartes hat nicht vor, sich auf die Mathematik zu beschränken. Er will sich mit allen Wissenschaften befassen, mit dem gesamten menschlichen Wissen, und es auf eine solide Grundlage stellen.

Er verfügt jedoch nur über geringe Arbeitskraft. Er verbringt wenig Zeit mit Denken, tut es dafür gut und schnell, aber nur in der Einsamkeit. Die übrige Zeit lebt er. Er will das Leben ohne Verpflichtungen und Zwänge genießen.

Der Kavalier hat bei einem angeheirateten Verwandten mütterlicherseits Wohnung genommen, bei Le Vasseur, Parlamentsrat von Paris, einem Herrn von Etioles, der seinen Vater gut kennt und sich dafür einsetzen will, daß er eine finanzielle Unterstützung bekommt.

Sie fahren also zusammen nach Rennes.

Dieses Zusammentreffen nach dreijährigem Zwist verläuft noch schlechter als das vorherige. In Le Vasseurs Anwesenheit fühlt Joachim Descartes sich sicher und zeigt sein wahres Wesen: kleinlich, feige und nachtragend. Angewidert verlassen die beiden Freunde die Bretagne.

Sie können ebensogut über die Touraine und das Poitou zurückreisen und dabei ihre wahre Familie, die mütterlichen Verwandten, besuchen.

In Poitiers bitten die Jesuiten Herrn Le Vasseur d'Etioles, eine Doktoratsrede an ihrem Kolleg mit seiner Anwesenheit zu ehren. Er bringt auch Herrn Descartes du Perron mit, welcher nicht umhin kann, *die These zu disputieren*... Der Pater Rektor, der sich »von der Art geehrt fühlt, in welcher er seine *Proligomena* – die lateinische Vorrede – und seine Argumente abgehandelt hat«, sendet am nächsten Morgen zwei Patres von der Kompanie Jesu, um sich bei ihm zu bedanken.

Das Echo dieser Ruhmestat verbreitet sich sogleich in der Umgebung, es heißt, »daß ein von den Lorbeeren des Mars und der Minerva gekrönter Held in Châtellerault Einzug gehalten hat«.

Der Fall ist günstig.

Seine Tante, Madame Sain, eine bewanderte Geschäftemacherin, rät Descartes zur Heirat. Eine Mitgift! Wie könnte er seinen Bedarf an klingender Münze eleganter lösen? Sie stellt ihm ein Fräulein *von Geburt* mit großen Verdiensten vor: später wird sie Madame de Rosay[1] werden.

1 Und als solche eine bekannte Pariser Persönlichkeit

Das junge Mädchen ist nicht unempfänglich für seinen Charme. Sie lädt ihn mit Herrn Le Vasseur zu einer Landpartie mit Freunden ein, heiteren jungen Leuten, die ganz aufgeregt sind über diese Begegnung mit dem stürmischen und gelehrten Abenteurer.

Herr Descartes du Perron macht seinem Ruf Ehre. Sofort läßt er sich zu einer langen Rede über die Verbindlichkeiten hinreißen, die man gegenüber Frauen eingeht: Er sei »verwundert, daß so viele dumm in die Falle der Liebe laufen«. Ihn selbst habe »diese Torheit noch nicht berührt ... bisher jedenfalls nicht«. Seine »eigene Erfahrung ließe ihn *eine schöne Frau, ein gutes Buch und einen vollkommenen Prediger* zu den Dingen zählen, die in dieser Welt am schwersten zu finden seien«.

»Sie finden uns ziemlich häßlich, mein Herr?«

Die grauen Augen werden tiefschwarz:

»Es gibt keine Schönheit, die mit der Wahrheit zu vergleichen wäre!«

Natürlich können die Damen und Fräulein dem nicht zustimmen.

Auch wenn die fleischgewordene Schönheit nicht vollkommen sei, so habe sie doch einen Vorzug: sie sei sichtbar und ... greifbar.

Gewiß, und das schätze er auch, doch außerhalb der Ehe.

»Wer spricht von Ehe? An diesem schönen Tag wollen wir doch nur von Liebe sprechen!«

Nachdem sich diese Streitigkeit glücklich geklärt hatte und das Necken in Schäkern übergegangen war, schlägt der Kavalier ein Spiel vor. Sie sollen »Die zärtliche Landkarte« erforschen. Wie? Die Damen kennen das neue Geländespiel nicht, das das Fräulein von Scudéry, die berühmte Romanschreiberin, ersonnen hat? In Paris sind alle verrückt danach!

Sie erfand diese Landkarte, als sie eines Tages zu Pelisson sagte, er gehöre noch lange nicht zu ihren *zärtlichen Freunden*. Das hat einen Grund: Sie ist *lesbisch.* Männer liebt sie nur platonisch, sie, wie auch ihre Freundinnen. Ein Epigramm faßt die Angelegenheit zusammen:

Diese Damen haben einen sehr reinen Geist
Und Sanftmut über die Maßen
Für sie hat man ein zärtliches Herz
Und nie wird etwas hart.

Hier nun das Spiel in gröberer, kurzer und konkreter Form:

Von *Neue Freundschaft* – der Lichtung, von der das Spiel ausgeht – verfolgen die künftigen Liebenden den Flußlauf namens Neigung – einen Pfad. Doch Vorsicht, wenn einer sich gegenüber seiner Partnerin oder seinem Partner ungeschickt verhält! Die beiden verirren sich und gelangen nur zu *Zärtlich-aus-Achtung* oder *Zärtlich-aus-Dankbarkeit* – großen Eichen, die am Rande gleichnamiger Seen stehen. Dort ertrinkt selbst die brennendste Leidenschaft. Von *Zärtlich-aus-Neigung* – einem großen Busch – hingegen erreichen sie das *Gefährliche Meer* und von dort die *Unbekannten-Länder,* eine zur Liebe einladende Wiese...

Die Unglücklichsten kommen nur bis zum *See-der-Gleichgültigkeit* – einem Dickicht – oder, noch schlimmer, *zum Meer-der-Feindlichkeit,* das sind von Brennesseln umgebene Brombeerhecken.

Die *Personen vom Geschlecht*[1] werden dann gebeten, unter den Galanen einen Partner nach ihrem Geschmack zu wählen. Ein Paar nach dem anderen begeht den Parcours unter den aufmerksamen Blicken der Zuschauer: Wie weit würden sie kommen? Die Wetten sind noch offen: Jeder Überquerung des *Gefährlichen Meers* wird Beifall gespendet.

Das Spiel kommt sehr gut an, es wird noch einmal begonnen. Keine Dame, die sich nicht mit dem einen oder anderen der beiden Kavaliere in die *Unbekannten Länder* verirren möchte!

Das geht so weit, daß sie sich bei der Ankündigung, die zwei Freunde würden abreisen, dazu entschließen, diese nach Paris zu begleiten, um die Vorzüge der Hauptstadt zu genießen, von denen sie hier nur einen kleinen Vorgeschmack bekommen haben.

Eine höchst vergnügliche Reise! An den Haltestellen tollt man in den Wiesen und Feldern umher. Ein Bach? Die Schönen springen hin, um sich daran zu erfrischen. Ein Wäldchen beschützt dann die intimen Gespräche, die sich in der Öffentlichkeit schon angedeutet haben ...

Aber bei einer Pause nicht weit von Orléans setzt ein Kavalier gerade einen Fuß auf den Boden, als die anderen die Post wieder besteigen wollen. Wutentbrannt fährt er, der in die zukünftige Madame de Rosay verliebt ist, Herrn du Perron an ... Sie und ein anderes Fräulein sind gerade dabei, ihre Toiletten in Ordnung zu bringen.

---

1 Vom »schönen Geschlecht«. Auch hier wurde aus Snobismus das Adjektiv weggelassen.

Außer sich zückt der arme Abgewiesene sein Rapier. »En Garde, Herr!«

Der Kavalier nimmt seinen Hut, vertraut den Filz mit der Feder seinem Freund und Zeugen an, legt sein kurzes Reisecape ab, gibt es seiner Schönen und zieht langsam den Degen. Die jungen Mädchen bewundern ihn mit klopfendem Herzen...

Nach zwei gebundenen Pässen und einem Vorhieb, bei dem sein Eisen gepackt wird, sieht der unglücklich Verliebte mit Entsetzen, wie sein Degen drei Schritte wegfliegt.

In edler Geste gibt der Kavalier du Perron ihm darauf seine Waffe zurück und erklärt ihm mit ernster Stimme, er verdanke »sein Leben der Dame, für deren Liebe er das Seine eben aufs Spiel gesetzt habe«.

Komisch, daß er dies sagen kann, ohne zu lachen. Vielleicht denkt der Held an die künftigen zärtlichen Belohnungen, die ihm von den Gefährtinnen in ihrer grenzenlosen Bewunderung abverlangt werden würden...

Als guter Kamerad versäumt es Le Vasseur d'Etioles nicht, ihm lautstark zu diesem Gnadenakt zu gratulieren. René Descartes gibt folgende, in Paris berühmten Verse zur Antwort:

»Dem Rivalen die Nase abhacken
Heißt, das Übel nicht an der Wurzel packen.«

Die beiden Kavaliere beziehen erneut die Wohnung von Le Vasseur d'Etioles im Faubourg Saint Germain. Seit der Pestepidemie ist der Marais nicht mehr in

Mode. Der Wind vom Meer häuft die Ausdünstungen dort an. Es gehört jetzt zum guten Ton, sich im Faubourg anzusiedeln, jenseits der Abtei, oder in den westlichen Vierteln von Paris, die »im Wind« liegen. Außerdem plündern die Freibürger ihr Territorium so sehr aus, daß die Beute lieber flieht. Die Stadthäuser im Neuen Marais leeren sich.

Jede Woche nimmt René Descartes an einer *gelehrten und literarischen Zusammenkunft* teil, die von seinem Gastgeber veranstaltet wird.

Dies beunruhigt zwangsläufig den Kardinal, der stets aufmerksam die Bewegung von Gedanken verfolgt. *Freie* Versammlungen, welche höchst gefährlich, möglicherweise sogar aufrührerisch sind, werden jetzt in ganz Paris abgehalten, ohne kontrolliert zu werden! Er träumt davon, diese Verirrten unter seinem Stab des »guten Hirten« am Busen einer offiziellen *Akademie* zusammenzuführen. Die von Le Vasseur gesammelten Literaten erregen seine besondere Aufmerksamkeit: Es sind Jacques de Serizay, der Hausmeier des Grafen Rochefoucauld, und Jean-François Sarasin, der Sekretär von Armand de Bourbon, Prinz von Conti. Sie gehören zur Partei von Gaston d'Orléans, seinem unversöhnlichen Feind. Pierre de Boissat hat in Italien unter dem Befehl des ehrwürdigen Connétable de Lesdiguières gedient, der für seine stolze, kränkbare Offenheit bekannt ist, und hatte bei der Belagerung von Gavi enge Freundschaft mit René Descartes du Perron geschlossen, jenem Individuum, das sich eines Aktes unglaublicher Rebellion schuldig gemacht hat. Du Perron ist überdies eng mit den Parlamentariern befreundet, die ständig gegen den Kardinal kämpfen, seine Entscheidungsbefugnis einschränken wollen. Zu ihnen gehören der bekannte Übersetzer, Philosoph und Mathematiker Marandé, Gerichtskanzler der Steuerkammern, Hardy und sein Freund Pinon, Maître an der Beschwerdekammer und in Mathematik bewandert, sowie ihre jeweiligen Schwager, Antoine und François Picot. Der eine ist Rat am Unterstützungsgericht, der andere Auditor am Rechnungshof. Der dritte der Brüder Picot, mit Namen Claude, Prior von Rouvre, allgemein bekannt als der »Abbé Picot«, der berühmteste Wüstling von Paris, ist René Descartes' engster Freund! Für ihn ist das Priorat als Einkommensquelle, »kirchliche Benefizien« genannt, sehr viel einträglicher als ein Amt. Das gilt auch für André Jumeau, den Prior von Sainte-Croix, einen Arithmetiker und Algebristen, ehemals Präzeptor des Grafen Verneuil und von jeher einer der größten Feinde seiner Macht. Ihre Einkünfte erlauben es ihnen, ihre Bücher auf eigene Kosten herauszugeben und so den Pressionen zu entgehen, die auf die Buchhändler ausgeübt werden.

Jeder dieser Verdächtigen ist Gegenstand einer Akte, die vom »Schwarzen Kabinett« des Ministers auf dem Laufenden gehalten wird. Dazu gehören auch Protokolle von den Versammlungen bei Le Vasseur d'Etioles, die von verschiedenen Lakaien belauscht werden. Einer weiß nichts vom anderen. All diese Stücke sind »Beweismittel« für den Prozeß, falls sich die Ausschaltung dieser Gegner als nötig erweist... denn es steht außer Zweifel, daß der Herr du Perron unter dem Deckmantel dieser »gelehrten und literarischen Zusammenkünfte« die Rosenkreuzer in Paris einzuführen versucht...

An einem schönen Augustabend im Jahr 1626 hat Le Vasseur den unter seinem Dach Versammelten eine traurige Nachricht mitzuteilen: Ihr illustrer Mitbruder Sir Francis Bacon, Baron von Verulam, Viscount von Saint-Albans und Kanzler von England, ist am 9. April gestorben, sechs Jahre nach der Veröffentlichung des ersten Bandes seines großen Werks, der *Instauratio magna*. Es ist die Aufgabe des Sitzungspräsidenten, einen Nachruf auf den Verstorbenen zu halten.

Zuerst erinnert er an die wichtigen Momente in Bacons Leben, um dann das bedeutendste Werk des großen Philosophen zu behandeln:

»In seinem Buch, es ist eine lange Vorrede, stellt Bacon fest, daß der menschliche Geist in seiner Suche nach der Wahrheit mehr und mehr behindert wird, vor allem seit die Scholastik die Methode der Peripatetiker[1], ihre Logik und Dialektik, überall als totalen, unbeweglichen Diskurs eingeführt hat, als ein auf immer festgelegtes Wissen, eine Art heiligen Text, der blind angewendet wird. Das ganze System der Wissenschaften von der Natur ist so ein einziges konfuses Gebilde wirrer Ideen, aus dem sich eine fast völlige Ahnungslosigkeit über die natürlichen Dinge ableitet.

Folglich hat Bacon all seinen Fleiß darauf verwendet, den menschlichen Geist und die Natur miteinander zu versöhnen, um die Beziehung zwischen ihnen wieder herzustellen.

Dazu ist es notwendig, die Irrtümer der Vergangenheit wiedergutzumachen und Vorkehrungen gegen weitere solcher Irrtümer zu treffen, die sich im Laufe der Zeit einstellen können.

---

1 Jünger Aristoteles'

Man kann dabei aber nicht hoffen, sich einzig auf das menschliche Verständnis stützen und dann den Verstand zu Hilfe nehmen zu können, denn schon der erste Eindruck, den unser Geist von den Dingen hat, ist fehlerhaft und konfus und wurde von den Alten vererbt. Daher gelingt es nicht mehr, diese Auffassungen von den Dingen selbst – den Dingen an sich – zu trennen.

Es geht also um nichts Geringeres, als ein neues System zu errichten, und zwar auf völlig anderen Grundlagen als jenen der Scholastiker, die ihm äußerst schädlich erschienen.«

Le Vasseur schließt:

»Er [Bacon] ließ sich von der Schwierigkeit des Unterfangens nicht abschrecken. Er scheute nicht, sich so zu exponieren, daß man ihn für den Kühnsten aller Menschen halten konnte, er tat es, damit für verwandte, nach ihm kommende Geister wenigstens das Eis gebrochen wäre. Deshalb sollte sein Wahlspruch, oder eher noch seine Prophezeiung *Multi pertransfibunt et augebitur scientia* uns zu der Hoffnung ermutigen, daß andere fortsetzen werden, was er begann. Nun, nach seinem Tod, müssen wir bekennen, daß die Ausführung des so heroischen Vorhabens, der Wiedererrichtung einer wahren Philosophie, einem *noch außergewöhnlicheren Genie* vorbehalten ist!«

Die gelehrte Versammlung spendet seinem Schluß großen Beifall.

Alle wenden sich René Descartes zu. Ihm gilt die freudige, spontane Ovation.

Nur fehlt, daß dieses »noch außergewöhnlichere Genie« etwas zum Leben hat. Einer der Zuhörer hofft, ihm eine Pension zu verschaffen. Er und Descartes hatten sich bei einer der ersten Zusammenkünfte im Faubourg Saint Germain kennengelernt:

»Herr Gérard des Argues hat sich durch seine persönlichen Verdienste ausgezeichnet. Um seine Kenntnisse in der Mathematik und den Künsten nicht brachliegen zu lassen, verwendet er alle Sorgfalt darauf, mit ausgeklügelten Erfindungen den Handwerkern ihre Arbeit zu erleichtern.«

»Herr René Descartes denkt ebenfalls über Mittel nach, um die Mechanik zu perfektionieren und die menschliche Arbeit kürzer und angenehmer zu machen.«

Der Edelmann ist gut bekannt mit der *Frau Nichte* Marie Mancini, die von ihrem Onkel Richelieu angebetet wird und, so ging das Gerücht, inzestuöse Beziehungen zu ihm unterhält. Nur den Reichen leiht man Geld... Des Argues hofft, den »Rotrock« mit ihrer Vermittlung geneigt zu machen.

Als gewandter Advokat plädiert er nicht für die Sache des Kavaliers, sondern für die des Onkels: »Wenn er seine persönlichen, durchaus legitimen Ressentiments dem größeren Ruhm Frankreichs opfert, wenn der Kardinal die Beleidigung verzeiht und eine Pension gewährt, wird sich jeder vor seiner staatsmännischen Größe verneigen. Was wäre das für eine großartige Geste im Angesicht der Geschichte!«

Durch die macchiavellistische Argumentation verführt, überbringt das schlaue Mädchen die Botschaft, angereichert mit zärtlichen und ganz persönlichen Argumenten.

Der Minister läßt sich nicht erweichen. Er vergißt kein Verbrechen der Eminenzbeleidigung. Niemals. Was Herr Descartes auch anstellen mag, und wenn er das erstaunlichste Genie aller Zeiten wäre, wo auch immer auf der Welt er sich aufhielte: einer, der ihn *öffentlich blamiert hat,* wird stets über seinem Kopf das *Kainsauge* sehen, das ihn reglos fixiert.

Allgemeine Ratlosigkeit. Auch die gelehrte Gesellschaft von Paris beklagt sich. Was hat der Kavalier überhaupt *in der Politik* zu suchen? Dies ist doch Domäne, Lieblingsspiel und Jagdgrund der Großen und Favoriten, dafür wird ihnen schließlich der Kopf abgeschlagen. Seine unbedachte Geste, jenes Aufbäumen seines maßlosen Stolzes, hat ihm den ganzen Kredit verspielt, den Ruhm, den er sich mit der Alpenarmee errungen hatte.

Bleibt noch Monsieur. Der frivole Gaston hat einen *eigenen* Mathematiker, das ist jetzt so Mode. Und dieser Gelehrte, Herr von Beaugrand, ist zugleich einer der Sekretäre des Königs. Für Monsieur liegt darin eine bequeme Möglichkeit, mit Seiner Majestät Kontakt zu halten, denn wenn der Bruder ohne Erben stirbt, folgt er ihm nach.

Beaugrand ist nicht nur klein, was sein Wissen betrifft; dies beweist er später in seinem *Traktat über Geostatik,* welches vor Irrtümern strotzt. Er ist es auch an Temperament und Charakter. Eingeschüchtert von dem Prestige des Bewerbers – wie klein werden seine Verdienste erscheinen neben diesem mächtigen, umfassenden Geist! – und von der Zahl und Stellung seiner Fürsprecher, intrigiert er bei Gaston. Er hat wohl auch eine Instruktion durch die Agenten des Kardinals genossen und er rät ihm, den »roten Mann« nicht wegen eines schlecht beleumundeten Gelehrten, der gerade eine Pension benötigt, zu verstimmen.

Gaston von Frankreich ist ein lustiger Gesell. In seiner Jugend verschreckte er mit den kleinen Edelleuten seines Gefolges die Bürger und legte in seinen ausschweifenden Nächten Feuer an zahlreiche Schenkendächer... Ein Trinklied zum Ruhme der Kneipen beginnt daher so:

Gaston, Sie wissen mehr als wir
Über die Geheimnisse der Tavernen...

Aber sein liebstes Lied – er singt es bei allen Gelagen – hat einer seiner Diener für ihn komponiert. Es hat folgenden Refrain:

Wenn er einen elenden Diener verliert,
Verlöre ich dann nicht einen elenden Herrn?

Herr d'Orléans hat sich den »Pagengeist« bewahrt. Eines Morgens überrascht er einen aus seiner Gefolgschaft, der mit offenem Mund schnarcht. Er furzt ihm hinein und entflieht. Der Page grummelt im Halbschlaf, da er glaubt, es sei ein Lakai gewesen:

»Schuft, ich scheiß' dir ins Maul!«

Lachend fragt Gaston seinen Kammerdiener: »Was sagt er?«

Der antwortet, ohne seine ernste Miene zu verziehen:

»Mein Herr, er sagt, er würde in das Maul Eurer Königlichen Hoheit scheißen.«

Am gleichen Abend erzählt der Bruder des Königs von Lachtränen überströmt diese Geschichte hundertmal seinen Orgienkumpanen.

Die Querelen unter Gelehrten langweilen Monsieur,

er ist ganz von seinen Herzensangelegenheiten in Anspruch genommen: Er macht gerade mehreren Damen gleichzeitig den Hof. Er hält sich also an seinen Mathematiker.

Was ist zu tun? Alle Freunde sorgen sich um René Descartes.

Veröffentlichen? Der finanzielle Ertrag wäre nicht zu verachten... Seine steigende Berühmtheit garantiert mehrere Auflagen, dazu käme noch der Vorverkauf der Verbreitungsrechte an die Buchhändler.

Die Zusammenkünfte bei Le Vasseur ziehen »unzählige Literaten« an, denn René Descartes hat nicht nur den von seinen Kollegen verbreiteten Ruf, der größte Gelehrte seiner Zeit zu sein. Er hat überdies Guez de Balzac unterstützt, das mittelmäßige Opfer eines dummen Streits der Großen. Niemand kann daher die Bedeutung und Tragweite seines heroischen, hoffnungslosen Akts verkennen. Er hat nicht etwa das *Talent* eines Autors verteidigt, das herzlich gering ist, er hat explizit die *Freiheit der Meinungsäußerung* gefordert. René Descartes verkörpert einen Traum... die Möglichkeit, öffentlich Kritik zu üben.

Im übrigen befindet Descartes sich im Zentrum einer weiteren Affäre, die die Kirche zur Zielscheibe hat.

Sein guter Freund Pater Mersenne hat sich mit seinem Übereifer ein weiteres Mal in eine höchst peinliche Lage gebracht. Nach seiner scharfen, großen Attacke auf Robert Fludd hat ihm der Verfechter des Rosenkreuzer-Ordens mit *Sophia cum moria certamen* geantwortet *(Der Kampf zwischen der Weisheit* – der

Wissenschaft – *und der Torheit).* Und kein gutes Haar an ihm gelassen.

Zwei seiner Mitbrüder, die hochwürdigen Patres François de La Noué und Jean Durel, suchten ihn zu verteidigen: Doch im Gegensatz zu Marin Marsenne, der wenigstens noch über Metaphysik und Philosophie disputiert hat, beleben die von seiner Niederlage völlig entmutigten Theologen jene ewigen Beschuldigungen wegen dämonischer, magischer Künste wieder, die schon so viele Alchimisten auf den Scheiterhaufen gebracht haben. Ihre Schrift bewegt sich auf dem gleichen Niveau wie die anonymen Denunziationsbriefe! Da sie sich überdies nicht die Finger verbrennen wollen wie ihr unglücklicher Vorgänger, benutzen sie die Pseudonyme »Flaminius« und »Eusébe de Saint-Just«.

Darin hatten sie recht getan. Denn ganz beiläufig macht Fludd sie in seinem *Summum bonum quod est verum magiae, Cabbalae, alchimia & fratrum Rosae Crucis subjectum (Das Höchste Gut, welches die wahre Magie ist. Kabbale, Alchimie und die Studien der Brüder vom Rosenkreuz)* völlig lächerlich. Er handelt in ihm die Forschungen der Rosenkreuzer ab.

Seine Polemik hallt im gelehrten Europa und in der gesamten christlichen Welt nach als eine Herausforderung an die Kirche und ihre Dogmen, eine Herausforderung, die untragbar ist. Doch die Theologen können sie nicht mehr in den Flammen der Scheiterhaufen ersticken, in denen früher die teuflischen Bücher und ihre Autoren brannten, da diese jetzt Unterschlupf in den ketzerischen Ländern des Nordens gefunden haben.

Die Bruderschaft verkörpert die freie Meinungsäußerung. Und René Descartes ist ihr Repräsentant in

Paris ... Besucher rennen ihm das Haus ein. Bedeutende Schriftsteller bieten ihm ehrfürchtig ihre Feder an, »für den Fall, daß er sein Wissen und seine Entdeckungen in der Öffentlichkeit bekanntmachen will«. Sie verlangen nichts als den Vorzug, »der namenlose Sekretär des Herrn Descartes sein zu dürfen« ... Buchhändler bieten ihm Geschenke an, falls er ihnen Kopien seiner künftigen Schriften verspricht, »nur damit sie sie selbst lesen können, gleichgültig, wieviel die Rechte für die Veröffentlichung kosten«! Alle reißen sich um die Ehre, in seinem Namen einen Text verfassen oder die Druckerlaubnis kaufen zu dürfen.

Offenbar sind alle Bücherleute vom unreinen Geist beseelt ...

Und dieser Volksheld, der mit dem Degen ebenso unbesiegbar ist wie im Rednerstreit, der grenzenlosen körperlichen und geistigen Mut besitzt, dieser Meister des Wissens und geniale Mathematiker, dieser moderne Mythos, Achill und Odysseus in einer Person, dieser kleine große Mann mit seiner »schwachen Brust«, zu Lebzeiten Legende geworden, verschwindet.

Wieder suchen ihn seine Freunde vergeblich überall in der Hauptstadt ...

Fünf bis sechs Wochen später trifft Le Vasseur zufällig René Descartes' Kammerdiener auf der Straße. Der Kavalier weilt also doch noch in Paris! Er eilt zu ihm.

Der Diener bestätigt die Vermutung. Wie üblich hat er seinen Herrn im Bett zurückgelassen, als er ausging, um Besorgungen zu erledigen, und wird ihn wohl dort auch noch antreffen, wenn er zurückkehrt.

Es ist bald elf Uhr. Le Vasseur kommt gerade vom Justizpalast. Er beschließt, den Dienstboten zu begleiten.

»Der Kavalier bewohnt aber eine sehr ärmliche Wohnung«, erklärt ihm sein Führer mit Bedauern. »Er hat ein kleines Haus über einer Schenke bezogen, deren Name ihm als Adresse dient, wie das so üblich ist[1]: *Herr Descartes, Rue du Four, Zu den drei Kränzen.* Er führt das Leben eines jüngeren Sohnes aus unvermögender Familie: Einfache Mahlzeiten, einige wenige Kleidungsstücke, alle in Grüntönen, damit jedes sich leicht austauschen läßt. Ein einziger Dienstbote, der alles tun muß – das bin ich ... Aus Vorsicht verzichtet er auf das Glücksspiel.«

Kurz gesagt, er braucht sparsam sein Kapital auf, denkt der Freund.

Der Kammerdiener läßt den Gast in der Diele zurück und geht das Diner bereiten. Der Besucher tritt auf Zehenspitzen näher und schaut durchs Schlüsselloch ...

René Descartes liegt im Bett, bei geöffnetem Fenster und hochgezogenen Vorhängen. Am Kopfende ein Schemel, bedeckt mit Papieren, Tintenfaß und Feder. Von Zeit zu Zeit richtet er sich halb auf, schreibt schnell etwas nieder und legt sich wieder zurück, um nachzudenken. Dieses Spiel dauert über eine halbe Stunde ... Vor der Tür hingekauert, beobachtet der

1 Damals gab es noch keine Hausnummern

Parlamentsrat fasziniert diesen unermeßlichen Geist bei der Arbeit. Endlich steht der Kavalier auf, um sich anzukleiden.

Le Vasseur geht leise hinaus, klopft an, als wäre er gerade die Treppe heraufgestiegen. Der Kammerdiener öffnet, tut überrascht.

Descartes selbst ist wirklich erstaunt und dann ärgerlich, daß sein armseliges Geheimnis gelüftet ist. Er schämt sich, in dieser elenden Zuflucht entdeckt worden zu sein und ist sehr unglücklich. Der Eindringling liest es an seinem betrübten Lächeln... Um die unangenehme Situation aufzulösen, überschüttet er ihn sogleich mit freundschaftlichen Vorwürfen: »Frau Le Vasseur fühle sich mißachtet wegen der Art, in der er ihr Haus ohne ein erklärendes Wort verlassen hat.«

Das rührt den Kavalier an seiner empfindlichsten Stelle, er protestiert. Da bittet ihn der gewandte Plädierer – schließlich ist er es von Berufs wegen – um ein Diner »zur Stärkung. Am Nachmittag würden sie dann zu ihm gehen, um seiner Gattin die Genugtuung zu erweisen, die sie von einem galanten Mann erwarten kann«...

Ein unschlagbares Argument!

Während der Mahlzeit ist Descartes entspannter und erläutert sein Verhalten.

Er schätze die Anstrengungen seiner Freunde, ihm ein festes Einkommen zu verschaffen, hoch ein... Und er sei ihnen sehr dankbar dafür! Aber sein Stolz verbiete es ihm, Almosen anzunehmen, und seien sie von den Großen der Welt.

Seine Handbewegung hindert den Gast am Widerspruch. Er hat einen Plan. Seit den Entdeckungen, die

Galileo Galilei mit Hilfe seiner *Fernrohrs* gemacht hat, ist die Beobachtung des Himmelsgewölbes sehr in Mode gekommen. Descartes hat nun vor, solche Instrumente herstellen und vertreiben zu lassen. Er muß aber alles dazu Notwendige noch entwickeln, das Material, das Werkzeug, die Fertigungsmethoden. Er hat sich zurückgezogen, um daran zu arbeiten, in aller Ruhe, morgens in seinem Bett, wie er es seit seiner Kindheit getan hat.

Zu seinem großen Vergnügen hat er in der Mathematik tatsächlich alles vergessen. Er kann nicht einmal mehr eine Quadratwurzel ziehen oder wenigstens eine Division mit Dezimalzahlen ausführen. Er wird wieder neu lernen müssen... Er ist gezwungen, alles zu erfinden, wie er es braucht.

Le Vasseur kann es nicht glauben: »Der größte Mathem...« Milde unterbricht ihn der Kavalier:

»Das spielt keine Rolle... Der Schliff für die astronomischen Gläser erfordert die Schaffung einer völlig neuen Mathematik. Ich arbeite daran...«

Die gesamte gelehrte und literarische Gesellschaft von Paris engagiert sich für René Descartes und sein Projekt, so auch Jean-Baptiste Morin, der sich ihm jederzeit und ausschließlich zur Verfügung hält, und Pater Mersenne in seinem Minimenkloster; doch Claude Mydorge, sein »kluger und treuer Freund« – so nennt er ihn –, wird seine wichtigste Stütze.

Er stellt ihm einen Fabrikanten mathematischer Instrumente vor:

»Herr Ferrier ist nicht nur einfacher Handwerker,

der gewandt mit den Händen ist. Er beherrscht auch das theoretische Wissen seiner Sparte, kennt die Optik und Mechanik ebenso sicher wie ein Professor am Königlichen Kolleg, und auch über den Rest der Mathematik weiß er gut Bescheid.«

Mit Ferrier, der von den Gelehrten wie einer der Ihren aufgenommen wird, ist eines der wichtigsten Probleme bei der Herstellung der Gläser beseitigt. Auch Le Vasseur hebt dies in seiner Begrüßungsrede hervor:

»Das Bemühen der Mathematiker ist häufig nutzlos geblieben, da das Geschick der Arbeiter nicht an das Können der Autoren heranreichte, in deren Auftrag sie arbeiteten.«

Die Akademie Le Vasseur beschließt einstimmig, »die Experimente von Herrn Descartes auf ihre Kosten durchführen zu lassen«.

Mydorge zeichnet nach seinen Berechnungen ovale, elliptische, parabolische und hyperbolische Gläser und läßt sie schleifen ... Mit diesen Linsen kann René Descartes vielfältige Experimente mit dem Licht, der Sehschärfe, der Brechung anstellen und damit das mathematische Handwerkszeug schaffen, das für eine Meisterschaft in diesem Fach, der Dioptrik, notwendig ist. Auch die Gläser zur Sehkorrektur kann er verbessern: die Augengläser existieren schon seit drei Jahrhunderten, sind aber kaum weiterentwickelt worden. Ein unhaltbarer Zustand! Descartes sagt den Gelehrten eins ums andere Mal: »Der Mensch sollte sich zuerst mit sich selbst befassen. Doch diese Sparte der Wissenschaft wurde bisher am meisten vernachlässigt ... «

All dies spielt sich mitten im Trubel der mondänen

Welt ab ... Descartes hat wieder den Weg in die Spielsäle gefunden, um standesgemäß leben zu können. Seine galanten Abenteuer, ein paar Duelle und die Zechereien mit Pater Picot, seinem engsten Freund und Bewunderer, füllen die Gesellschaftschronik.

Descartes ist ein großer Opernliebhaber. Eines Abends plaudert er nach der Vorstellung noch mit Berthod, einem berühmten Altsänger, dem man den Spitznamen »der Unfähige« gegeben hatte, denn er ist Kastrat. Wie alle jene Sänger ist er vor der Pubertät operiert worden – dem Genuß der Musikliebhaber zu liebe.

Da kommt eine Dame herzu, die sich offensichtlich verirrt hat. Berthod der Unfähige geht zu ihr.

»Suchen Sie eine Straße, Madame?«

»Nein, mein Herr. Ich suche ›Die zwei Kugeln‹.«

Dies ist der Name einer bekannten Weinstube. Der Kastrat lächelt.

»Leider kann ich Ihnen darin nicht behilflich sein ... «, und sich dem Kavalier zuwendend, »aber Monsieur wird Sie zufriedenstellen!«

René Descartes ist ein berühmter Freidenker, ein illustrer Gelehrter, ein überaus bewunderter Mathematiker und ein Mitglied des Rosenkreuzer-Ordens: Er vereinigt allzu viele Eigenschaften in einer Person.

Seine Freunde flehen ihn an, sich in acht zu nehmen. Die Gesellschaft vom Heiligen Sakrament überwacht ihn streng. Er darf auf keinen Fall die Macht der »guten Katholiken« unterschätzen! Es gibt doch tausend Beispiele:

»Ein Spiegelmacher aus Châlons litt es nicht mehr, wie einfältig ein Prediger den Märtyrertod des Heiligen Stephanus abhandelte. Als dieser geschwätzig salbaderte: ›Wo sollen wir diesen *Protomärtyrer* hinsetzen? Gott zur Rechten oder zur Linken?‹, erhob sich der im Grunde sehr fromme Spiegelmacher: ›Setzen Sie ihn auf meinen Platz, ich bin seiner müde.‹ Und ging.

Die Kirchenleute sorgten mit Lügen und Intrigen dafür, daß dieser Mann vier Jahre im Gefängnis blieb. Damit er entlassen werden konnte, mußte man ihn für verrückt erklären.

Selbst der Abbé de Boisrobert, Richelieus Hofnarr, hatte unter ihren Machenschaften zu leiden. Die Frömmler ließen ihn verbannen[1], weil er angeblich in der Fastenzeit Fleisch gegessen hätte, keine Religion besitze und beim Spiel schrecklich fluche. Jetzt mußte der arme Homosexuelle manchmal die Messe lesen!

Die Betschwester Madame Cornuel beschuldigte ihn, er habe sein Meßgewand aus dem Unterrock ihrer guten Freundin Ninon de Lenclos arbeiten lassen – das traf vielleicht sogar zu. Er rächte sich mit einem Sonett … Ein Glück für ihn, daß Verse Furcht einflößen.«

Der Kavalier lacht nur darüber. Aber er weiß wohl, daß er in Paris – das heißt in Frankreich – nicht mehr sicher ist.

Zwei Jahre nach Beginn der Experimente montiert Herr de Villebressieux, ein Ingenieur der Pioniertruppe, mit den von René Descartes entwickelten hyperbolischen Linsen völlig neuartige Gläser. Er hält

1 vom Hof

sie vor die Augen… Ein Wunder! Er erkennt »ganz deutlich die Blätter an Bäumen, die drei Meilen [12 Kilometer] entfernt sind.«

Aber »seine Überraschung erreicht ihren Höhepunkt, als Herr Descartes an einer Wand die Phantome einer ganzen Kompanie vorbeidefilieren läßt…«

Der Trick besteht darin, eine Spiegelung von Zinnsoldaten an die Wand zu werfen. Mit einem elliptischen Spiegel aus »künstlichem Marmor« von 6 Fuß Höhe und 2 1/2 Fuß Breite (2 mal 0,80 m), der von Ferrier zugeschnitten und poliert worden war, werden sie auf Mannshöhe vergrößert. Der Spiegel ist in einer sorgfältig verdunkelten Kammer eingeschlossen und wirft das Bild durch ein winziges Loch.

René Descartes bedient die Figuren… Der Ingenieur sieht, wie auf einem großen weißen Papier eine ganze Kampfeinheit vorüberzieht, völlig realistisch, nur eben körperlos!

Nach seinen Vorgaben stellt Villebressieux »aus eigenem Fleiß« eine Kammer aus Holz her, die das vergrößerte Bild projiziert. Das Bewundernswerte daran ist, daß »die Maschine überall hin mitgenommen werden kann, wo die Aussicht am angenehmsten ist«. Das hält er »des größten Fürsten der Erde würdig, aber er müßte ein Philosoph sein und sich im Denken vervollkommnet haben«.

Da ein solcher Fürst nur in der Hypothese existiert, überzeugt ihn René Descartes, die Erfindung geheimzuhalten.

Um ihn für sein Schweigen zu entschädigen, überläßt er ihm verschiedene Erfindungen, »die in der

Kriegsführung äußerst notwendig sind«, und die der Ingenieur für die Pioniertruppe nutzen kann: Die *Doppelspirale* (eine Rutsche), mit der man ohne Gefahr von einem Turm heruntergelangt, indem man sich hinabgleiten läßt; die *Holzgreifer* (sie rasten von selbst ein), mit denen man an einem Strick emporklettert; die rollende Brücke, mit der man einen breiten und tiefen Graben überquert; das *Schiff zur Überquerung von Flüssen*, das gefaltet und unter dem Arm getragen wird und, vor allem, das *Sesselgefährt*, eine Maschine, die für alle sehr nützlich ist, vor allem für verletzte Soldaten, zumal sie mit zufällig auf dem Schlachtfeld gefundenen Gegenständen hergestellt werden kann. Der Sitz befindet sich auf Rädern, aber es sind Faßreifen dazwischengeschaltet, die die Unebenheiten des Wegs ausgleichen. Auf diese Weise »kann man, ob gesund oder krank, von einem einzigen Mann mit weniger Mühe befördert werden als mit zwei Stuhl- oder Sänftenträgern, und dennoch sitzt man ebenso weich«, im Gegensatz zu den Karossen und Kutschen, die keine Federung haben.

Und schließlich zeigt Herr Descartes Herrn de Villebressieux zahllose Dinge, die »die anderen Mathematiker weit übertreffen«.

Unterdessen erregen die astronomischen Gläser von Descartes erhebliches Aufsehen. Das Gerücht davon dringt bis an die Ohren Richelieus, obwohl der gerade wegen der Belagerung von La Rochelle in sehr großer Bedrängnis ist. Der Kardinal läßt bald wissen, daß er sich diese lukrativen Forschungen selbst vorzubehalten »wünsche«. Er hat vor, ausschließlich Gelehrte und Handwerker damit zu betrauen, die sein völliges Vertrauen genießen.

Gegen die »Wünsche« Richelieus zu verstoßen ist undenkbar... Während René Descartes sich zur Jahresversammlung der Bruderschaft vom Rosenkreuz in die Niederlande aufmacht, beendet die gelehrte und literarische Gesellschaft, genannt *Akademie Le Vasseur* die laufenden Untersuchungen...

Der Kavalier will die Vereinigten Provinzen nicht verlassen, ohne Isaak Beeckman zu besuchen... Dort erreicht ihn eine Botschaft seines lieben Freundes Gérard des Argues. Alle Degenführer Frankreichs sind dem Ruf des Königs gefolgt; er lädt auch ihn ein, zusammen mit seinen Freunden, unter ihnen Racan, an der Eroberung von La Rochelle teilzunehmen. Diese Eroberung wird durch das Eintreffen englischer Verstärkung unter dem Grafen Buckingham[1] gefährdet. Er eilt hin.

Er assistiert des Argues, wie er ein Spezialist der Pioniertruppe, bei der Ausarbeitung neuer Verteidigungsbauten zur See und nimmt am letzten ordentlichen Gefecht der Belagerung teil.

Ludwig XIII ist nicht nur geizig, kleinlich und eifersüchtig auf seine Macht bedacht, er ist darüber hinaus auch noch undankbar. Nachdem La Rochelle eingenommen und die Gefahr gebannt ist, vergißt er die spontane patriotische Tat wieder, die ihm ermöglicht hat, die Entscheidung herbeizuführen. Trotz inständiger Bitten der Freunde bei Seiner siegreichen Majestät

1 Er tat es aus Liebe zu Anna von Österreich, wie Dumas es in den »Drei Musketieren« beschreibt.

machen René Descartes' Angelegenheiten keine Fortschritte.

Seine Situation löst sich ein paar Monate später mit einer völlig unerwarteten Wendung.

Descartes wird gebeten, an einer höchst bedeutenden Konferenz in Anwesenheit des päpstlichen Nuntius und des Kardinals de Bérulle teilzunehmen. Wie gewöhnlich zeigt er seine Brillanz. Nach Ende der Versammlung bestellt ihn der Kardinal für den nächsten Morgen zu sich.

Der Grund für die Einladung ist, daß Kardinal de Bérulle ihm eine Botschaft von äußerster Wichtigkeit übergeben will, die ihm der »Neffe Kardinal« Barberini hat zukommen lassen. Dieser ist »immer noch seinem lieben Wissenschaftler ergeben«. Zugesteckt hat sie ihm der Nuntius, Botschafter des Papstes.

Bérulle erläutert:

»Richelieu verfolgt den Kavalier mit unversöhnlichem Haß, doch ist er um so vorsichtiger, als er jetzt politische Motive sieht: René Descartes hat den Rosenkreuzer-Orden in Paris eingeführt, verbreitet dessen verderbliche republikanische Ideen und streitet für alle Freiheiten. Er kann sich dabei auf die Hilfe ausländischer Mitbrüder stützen, die immer einflußreicher werden, da sie an den Höfen der protestantischen Länder höchste Stellungen einnehmen. Es kommt selbstverständlich überhaupt nicht in Frage, den Rosenkreuzer-Orden sich in Frankreich entwickeln zu lassen. Dieser Mann muß also ausgeschaltet werden. Es könnte unschwer in aller Heimlichkeit geschehen, aber in seinem Fall ist Mord nicht zuträglich. Er und seine Ideen müssen in einem Schauprozeß feierlich verurteilt werden.

Ein berühmter, von den Gelehrten verehrter Mathematiker erscheint zunächst unantastbar, doch ist er es nicht wirklich. Durch den Geheimdienst des Vatikans, der die Gesellschaft vom Heiligen Sakrament wie auch das »Schwarze Kabinett« infiltriert hat, weiß Barberini, daß der Zivilstatthalter [Generalstaatsanwalt] Laffemas ein Verfahren gegen Descartes einleiten will.«

»Aber Laffemas hat den Beinamen ›der Große Henker von Richelieu‹«, fährt Bérulle fort, »er ist ein sadistischer Irrer, den die Sucht beherrscht, Leute hängen zu sehen. Wenn schönes Wetter ist, ruft er aus: ›Ach, heute läßt sich's gut hängen!‹ Der Kardinal läßt ihn sein Amt in *Kommission* ausüben [ohne daß er es gekauft hat]. So bindet er seine Kreaturen an sich: der Große Henker ist ihm völlig ergeben, da er ihm alles verdankt. Und er ist fähig, das harmloseseste Delikt in einen *Fall für den Galgen* zu verwandeln.

So sprach im letzten Jahr ein Mann in einer Magierrobe Richelieu auf einem Spaziergang an. Er behauptete, den Stein der Weisen zu besitzen... Er wußte seine Eminenz mit Reden und Vorspiegelungen so zu überzeugen, daß der Kardinal ihn in höchster Heimlichkeit in sein Kabinett bringen ließ. Dort verwandelte der »Magier« mit einigen Tricks und Taschenspielereien Blei zu Gold. Seine Eminenz war außer sich vor Freude! Aber einer der Sekretäre wollte lieber noch einmal den Stab untersuchen, mit dem der ›alchimistische Niederschlag‹ zerstoßen worden war, wobei sich das ›Wunder‹ vollzogen hatte. In der Höhlung des Instruments befand sich eine kleine Pipette, die der Magier im geeigneten Augenblick entleert hatte... Keiner weiß, welchen Vorteil der Magier aus der Leichtgläubigkeit des Kardinals hatte schlagen wollen, denn, um ihn zum Schweigen zu bringen, gab dieser ihn in die Hände von Laffemas. Er bat ihn, ein Motiv zu finden, um den Betrüger zu hängen. Der Große Henker grinste: ›Im schlimmsten Fall klagen wir ihn der Magie an.‹

Der ›Magier‹ wurde tatsächlich gehängt. Die Vorgehensweise ließe sich leicht auch auf den Kavalier und seine ›teuflischen‹ Experimente anwenden.«

Es bleibt keine Zeit für Ausflüchte.

René Descartes läßt seine »optischen Maschinen« und anderen Erfindungen zerstören. »Aus Furcht«, sagt er zu Ferrier, »daß ein Scharlatan hingeht und die Öffentlichkeit damit irreführt.« (Ausgehend von seinen Spiegeln würde er das Teleskop erfinden, sein Prinzip ist in den mathematischen Grundlagen bereits enthalten. Newton würde es ein halbes Jahrhundert später dann vervollkommnen.)

Dann bringt der Kavalier seine Angelegenheiten in Ordnung, sammelt sein mageres Hab und Gut und unterrichtet die vertrauenswürdigen Freunde von seinem Entschluß. Im Herbst 1628 verschwindet er in »einem Loch in der Nacht«.

Ein Loch in der Nacht zu machen heißt,
Umziehen ohne ein Geräusch.

Zweiter Teil

Von so blinder Neugier sind die Sterblichen besessen, daß sie ihre Erkenntniskraft oft auf unbekannte Wege locken ohne alle begründete Hoffnung, sondern bloß, um einmal den Versuch zu machen, ob dort vielleicht liegt, was sie suchen, gerade so wie wenn jemand aus derart törichter Habgier darauf brennen würde, einen Schatz zu finden, daß er ständig in den Straßen umherliefe auf der Suche, ob er nicht vielleicht einen fände, den ein Reisender verloren hat... Ich leugne nicht, daß sie gelegentlich so glücklich irren, daß sie etwas Wahres finden; deswegen räume ich doch nicht ein, daß sie tüchtiger sind, sondern nur, daß sie mehr Glück haben. Vielmehr ist es weit besser, niemals an Forschung zu denken, als sie ohne Methode zu betreiben. Es ist nämlich ganz sicher, daß derartige ungeregelte Studien und düstere Meditationen das natürliche Licht trüben und die Erkenntniskraft blind machen. Wer sich daran gewöhnt hat, im Dunkel zu gehen, lähmt seine Sehkraft so sehr, daß er später das offene Tageslicht nicht ertragen kann. [...]

Es besitzt nämlich der menschliche Geist etwas irgendwie Gotterfülltes, worein die ersten Samen nützlicher Gedanken so gestreut sind, daß sie oft, so sehr sie vernachlässigt und durch in die Quere geschossene Studien erstickt sein mögen, eine wildwachsende Frucht hervorbringen. *RENE DESCARTES*[1]

---

1 In »Regeln zur Ausrichtung der Erkenntniskraft«; kritisch revidiert, übersetzt und herausgegeben von Springmeyer, Gäbe, Zekl, Hamburg (Meiner) 1973, S. 23 und 25

7. Die Methode

In Paris weiß niemand, wohin René Descartes sich zurückgezogen hat.

Irgendwo in Holland, in der wiedergefundenen Einsamkeit, denkt er lange über die Ereignisse nach, die einander seit seiner letzten Rückkehr nach Frankreich gejagt haben. Er denkt auch über die Beziehung der Wissenschaften zu Politik und Geschichte nach ... Im Alter von dreiunddreißig Jahren beschließt der »Größte aller Mathematiker«, zur Tat zu schreiten.

Seit er sich in Deutschland in das Register des Rosenkreuzer-Ordens eingetragen hat, war ihm kaum Zeit geblieben, sein Noviziat abzuschließen, er war ständig umhergezogen. Und da er, wie er es selbst ausdrückt, »bis zum Alter von 29 Jahren nichts getan hatte, außer den Degen zu führen«, kann er nicht ernsthaft so tun, als vereinbare er diese »Tätigkeit« mit seiner Mitgliedschaft im Orden der Rosenkreuzer.

Jetzt ist er entschlossen: *er will seinen Beruf ausüben.* Im Beisein seiner Freunde »erneuert er auf dem Altar seinen Schwur, zum Ruhm des Höchsten Gutes im Dienste des Menschengeschlechts zu arbeiten«. Danach verpflichtet er sich, die in der Verfassung der Rosenkreuzer festgelegten Tätigkeiten zu betreiben, namentlich »die Wissenschaften, vornehmlich die Medizin, zu pflegen«.

Das Höchste Gut, sagt Descartes, »ist kein anderer als Gott, doch ein philosophisches göttliches Prinzip, ganz verschieden von dem nach Zeus und Jupiter geprägten, groben Bild, mit dem sich die Mehrheit der

Menschen und viele Theologen abfinden.« Er hat viel darüber zu sagen. Auch was Robert Fludd geschrieben hat, gefällt ihm nicht. Er verfaßt einen »rein esoterischen« Text, einen Text also, der nur Eingeweihten vorbehalten ist.

Doch formuliert er keine Doktrin, auch in seinem wissenschaftlichen Werk bekämpft er sie alle. Im Gegenteil, er reiht Definitionen, Erläuterungen und intellektuelle »Werkzeuge« aneinander, die in der Verfolgung seines eigenen geistigen Weges *nützlich und angenehm* gewesen waren. Von nun an ist die Bruderschaft der Rosenkreuzer nicht mehr nur den Gelehrten vorbehalten. Sie breitet sich überall aus.

In das Heft, wo er auf Latein seine persönlichen Notizen einträgt, schreibt er: *Bevor sie die Bühne betreten, setzen die Komödianten eine Maske auf* [sie schminken sich]. *Wie sie betrete ich die Bühne der Welt, auf der ich bisher nur Zuschauer war, maskiert.*

Der stolze Kavalier verwandelt sich in einen biederen Calvinisten. Ein strenger schwarzer Anzug mit einem weißen Spitzenkragen als einziger Zierde ersetzt das grüne Gewand. Er trägt keine Stiefel mehr, sondern Halbschuhe mit passenden Seidenstrümpfen. Über diese werden im Winter mehrere Paar Wollsocken gezogen. Ihre Zahl variiert je nach der Strenge der Witterung.

Und schließlich – das bereitet ihm den größten Trennungsschmerz – verzichtet er auf das Degentragen. Im Fechtsaal zieht er aber noch immer vom Leder. Nur in der Stadt »entledigt er sich des Waffengehänges«. Von nun an, so schreibt er seinen Freunden, »übt er sich nur noch in Hasenherzigkeit«.

Der Chevalier du Perron ist tot...

René Descartes »kleidet sich nach Landessitte«... Auf Anraten seiner Mitbrüder vom Rosenkreuz legt er sein dürftiges Kapital dann in einer niederländischen Bank an, die an der Ost- und Westindischen Kompanie beteiligt ist. Das wird ihm Zinsen einbringen.

Damit ist er aber noch lange kein geschickter, cleverer Spekulant.

Am 18. Juni 1629 meldet er sich wieder zu Wort. Und zwar mit einem Brief an Ferrier, in welchem er diesen bittet, zu ihm nach Franeker zu kommen. Er hat sich dort am 16. April in das Studentenbuch der Universität eingetragen, um Bücher aus der Bibliothek ausleihen zu können. Aber seinen Wohnort hält er streng geheim:

* *Seitdem ich Sie verlassen habe, habe ich, was unsere Gläser anbelangt, viel gelernt. So etwa, daß es Mittel gibt, etwas zu schaffen, das alles bisher Gesehene übertrifft; und das Gute scheint so leicht auszuführen und ist so sicher, daß ich, wie ich es früher noch tat, fast nicht mehr an dem zweifle, was von der Hand abhängt... Und wenn Sie tapfer genug wären, die Reise zu unternehmen und einige Zeit mit mir in der Wüste zu verbringen, würden Sie jegliche Muße zur Übung haben, niemand würde Sie ablenken, Sie würden fern von den Dingen sein, die Ihnen Unruhe bereiten könnten* [die Büttel Richelieus] *und wir würden wie Brüder leben; denn ich verpflichte mich, Sie gänzlich freizuhalten, solange es Ihnen gefällt, bei mir zu bleiben. Man müßte die Werkzeuge herbeischaffen, deren Sie vielleicht bedürfen, ihr Transport würde nur bis Calais Kosten verursachen; denn diesen Weg müßten Sie nehmen. Von Calais könnten Sie in ein oder zwei Tagen über das Meer bis*

nach Dordrecht oder Rotterdam, d.h. bis hierher kommen; denn von dort kann man sicherer nach hier gelangen, als in Paris von der Wohnung bis zur Kirche.

Und in Dordrecht könnten Sie sogar Herrn Beeckman besuchen, der Rektor des Kollegs ist, und ihm meinen Brief zeigen, er wird Ihnen den Weg nach hier angeben; und wenn Sie Geld brauchen oder was es auch sei, er würde Sie damit versehen. Wenn es nicht so stände, daß ich Ihnen in Paris kein Geld aushändigen lassen kann, ohne zu berichten, wo ich mich befinde (was ich nicht wünsche), würde ich Sie auch bitten, mir ein kleines Feldbett mitzubringen; denn die Betten hier sind sehr unbequem, und es gibt keine Matratzen. Im Übrigen bitte ich Sie, daß niemand erfahre, daß ich Ihnen geschrieben habe, selbst Herr Mydorge nicht, obwohl ich immer sein ergebenster Diener bin; und sogar wenn Sie kommen, müssen Sie wünschen, daß niemand etwas davon erfahre. Ich bitte Sie, mich zu lieben, wie Sie es glaube ich tun. René Descartes.

Er hat fest vor, weiter an der Entwicklung und Herstellung der Gläser zu arbeiten. Zu diesem Zweck hat er nahe Franeker, einer hübschen kleinen Stadt, einen »Landsitz« gemietet, der einer mittelalterlichen Burg mit Graben, Zugbrücke und Gitter nachgebildet ist. *Dies gewährleistet mir,* schreibt er an Mersenne, *daß ich die Messe in Sicherheit hören kann.* Der Satz ist verschlüsselt, denn in den Niederlanden ist die freie Ausübung der Religion garantiert. Er schützt sich auf diese Weise gegen einen nächtlichen Überraschungsbesuch durch die Häscher Richelieus ...

Ferrier ist unfähig, ein Geheimnis zu wahren. Nach kurzer Zeit hat er den Inhalt des Briefs weitergegeben. Ganz Paris weiß jetzt, daß man Descartes über die

Vermittlung des Rektors von Dordrecht erreichen kann. Die Nachricht verbreitet sich, und er wird von Post überschüttet. Der gelehrte Pater Gibieuf vom *Oratoire*[1] bittet ihn sogar, an seinen Vater zu schreiben, damit dieser für seinen Mitbruder Pater de Sancy eintritt, der sich vor dem Parlament der Bretagne verantworten muß. Ausgerechnet an den Vater! Er würde ihn niemals wiedersehen...

Er antwortet in einem für »ernsthafte« Leute unmerklich ironischen Ton, mit typisch cartesianischem Humor, der das Gegenüber lächerlich macht:

Die Ehre, die Sie mir schenken, indem Sie sich meiner erinnern, verpflichtet mich viel mehr als alle Dienste es wert wären, die ich dem Ehrwürdigen Pater Sancy hätte erweisen können, wenn ich zu meinem Glück früher erfahren hätte, daß er eine Angelegenheit beim Parlament von Rennes hat. Aber zweifelsohne wird diese abgeschlossen sein, bevor Sie meinen Brief erhalten, denn schon naht das Ende des [Gerichts-] *Semesters. Dennoch übersende ich Ihnen einen Brief an meinen Vater, falls Sie auf das nächste Semester verschoben werden sollte. Ich wollte noch weitere Briefe an einige andere Personen schreiben, aber ich fürchte, den Boten zu verpassen.*[2]
So verbleibe ich,
Mein Herr und Ehrwürdiger Vater,
Ihr sehr ergebener und sehr gehorsamer Diener
R. Descartes

---

1 Oratoire de Jésus et de Marie Immaculée: eine 1611 gegründete, religiöse Gemeinschaft von Priestern. Sie gründet ihrer Philosophie nach auf den Kardinal Pierre de Bérulle und ist der Gegenreformation verpflichtet, im Zusammenleben herrscht aber eine liberale Gesinnung und eine dem Wissen zugewandte Offenheit.
2 Die nächste Parlamentssitzung findet erst in einem halben Jahr statt.

Von Holland [?] heute an diesem 18. Juli 1629
An den Herrn Ehrwürdigen Herrn Vater
Gibieuf, Superior in der Kongregation vom
Oratorium Jesu nahe dem Louvre Paris.

Der Brief, auf dreimal gefaltetem, großformatigem Papier, ist mit einem Siegel aus rotem Wachs und dem Aufdruck der Initialen R. C. versiegelt.

R. C.? Die Initialen für *Renatus* oder *Renati Cartesius*, das heißt für seinen nach Art der lachhaften Pedanten latinisierten Namen? Nein. Er hatte es immer abgelehnt, mit den eingebildeten *Doctores artis* verglichen zu werden. Er achtet sorgfältigst darauf, daß keiner ihn so nennt. Er tadelt und korrigiert die Idioten, die ihm zu schmeicheln glauben, wenn sie ihn mit einem gelahrten *Cartesius* grüßen. Seine lateinischen Texte und Briefe hat er immer mit *Descartes* unterzeichnet. Auf keinen Fall will er mit den Scholastikern verwechselt werden.

Tatsächlich verschafft er sich unter dem Vorwand, daß die Initialen gleich sind, das – etwas kindische – Vergnügen, seine Post mit dem esoterischen Siegel der Rosenkreuzer zu kennzeichnen, den ineinandergeschlungenen Buchstaben R und C, und kann dennoch seine Mitgliedschaft »verborgen und geheim« halten.

Ferrier hat es offenbar nicht eilig, ihn aufzusuchen. In einer Reihe von langen Briefen gibt Descartes ihm detaillierte Instruktionen, wie die für den Schliff der Gläser notwendigen Maschinen zu konstruieren seien. Aber er hütet sich davor, ihm alle Angaben vollständig zu übermitteln. Zum einen, weil die Polizei des Kardinals mit Sicherheit die Post abfängt, und es nicht zuträglich wäre, alles an dessen Gelehrte weiterzugeben, zum anderen, weil ihm Ferriers Haltung nicht klar ist.

Diese Vorsicht sollte sich als begründet herausstellen. Der »Glasdreher« steht jetzt in Diensten von Gaston d'Orléans.

Der Bruder des Königs hat sich in den Kopf gesetzt, ein Fernrohr konstruieren zu lassen ... um seine Eminenz zu ärgern. René Descartes erfährt dies auf Umwegen, allerdings von Ferrier selbst, anläßlich eines Unglücksfalls, der auch ihn in seiner Einsiedelei betrifft.

Am 2. Oktober 1629 feiert der Kardinal Pierre de Bérulle, der »erste Institutor« [Gründer] und Generalsuperior des Ordens vom *Oratoire*, auch »der Heilige Kardinal« genannt, seine Messe im Hôtel du Bouchage. Er führt den Kelch zum Mund, um in der Ersten Gestalt[1] zu kommunizieren ... und sinkt vor dem Altar zu Boden. Kurze Zeit darauf stirbt er, ohne das Bewußtsein wiedererlangt zu haben, im Alter von 55 Jahren.

René Descartes erfährt die Neuigkeit aus einem Brief des Herrn Ferrier, der sich noch rühmt, durch die Freunde von Monsieur so gut unterrichtet zu sein.

Dank der Unterstützung der Königinmutter ist Richelieu Chef des Staatsrats geworden, doch seitdem sucht er sich der lästigen Matrone zu entledigen. Sie schreit, sie weint, sie rast, sie verfolgt ihn mit einer üblen Erpressung: sie sei es gewesen, die »ihn zum Minister hatte ernennen lassen, damit er wieder an die Macht kommen konnte! Und jetzt hielt er seine Ver-

1 Des Weins, das bedeutet das Blut Christi

sprechungen nicht ein, im Gegenteil, er hielt sie vom Staatsrat fern!« Aber er solle sich vorsehen, was sie getan hätte, könnte sie auch wieder rückgängig machen! Wenn Richelieu sie kaltstellen will, gibt es nur eines: Er muß möglichst schnell ein neues Zerwürfnis zwischen dem König und seiner Mutter zustandebringen.

Der Heilige Kardinal hingegen arbeitet mit großem Eifer an einer Versöhnung zwischen Marie de Medici und ihrem Sohn Ludwig XIII. Noch zwei oder drei Tage vor seinem Tode war Bérulle am Hof in Fontainebleau, um den Frieden innerhalb der königlichen Familie zu festigen. Sein Nachdruck *kommt dem Roten Mann ungelegen,* was er ihm durch Ungehaltensein verdeutlicht. Bérulle sah, daß all seine Bemühungen nicht fruchteten und daß der König, von Richelieu umgarnt, *ihn nicht mit einem wohlwollenden Auge betrachtete.* Diesen Eindruck nahm er mit nach Paris.

In hochgestellten Kreisen [Ferrier spricht hier durch die Blume] raunt man, daß Seine Eminenz ihn hatte vergiften lassen, da er es leid war, sich von dem unbestechlichen Prälaten in seinen Angelegenheiten stören zu lassen. Um Verdächtigungen fernzuhalten, war das Zyankali nicht in den Meßwein gegeben worden – sonst wären ihm noch andere Priester erlegen – sondern in den Kelch. Kardinal de Bérulle hatte ihn bis zur Neige geleert, dann war er zusammengebrochen... Ein Priester hatte das geweihte Behältnis aufgehoben und, wie üblich, sorgfältig abgewischt, bevor er es in die Sakristei räumte. Vom Gift blieb so keine Spur.

Die stets frivolen Höflinge müssen alles ironisieren: »Der Heilige Kardinal kann nicht heiliggesprochen werden, denn er starb nicht im Zustand der Gnade.« (Gemeint ist hier freilich die königliche).

Der Mann, der René Descartes vor den Fährnissen gewarnt hat, die sich über seinem Haupte türmen, ist also tot, wahrscheinlich sogar ermordet worden, sein Tod klingt für Descartes wie eine letzte Mahnung...

Aber ihn beschäftigt noch etwas anderes: Wie kann Ferrier so enge Beziehungen zur Umgebung von Gaston d'Orléans unterhalten, daß er sogar über die Geheimnisse des Hofs Bescheid weiß? Descartes bittet seine Freunde in Paris, Nachforschungen anzustellen. Diese brauchen eine Weile, decken dafür aber die ganze Tragweite des Verrats auf: Der »Glasdreher« ist nicht nur in den Diensten von Monsieur und arbeitet für ihn, er bemüht sich überdies, dem »größten aller Mathematiker« Informationen zu entlocken und verkauft sie an den Meistbietenden...

Descartes gibt die astronomischen Gläser auf. Er verläßt Franeker, den Landsitz, wo er eine Werkstatt hatte ausbauen lassen, denn er hatte sich darauf eingerichtet, dort brüderlich mit dem Handwerker zu leben...

Beide hätten sie damit reich werden können. Aber er hatte sich im Mann geirrt... Er kehrt nach Amsterdam zurück. In die Anonymität der Stadt, in die Sicherheit.

Es ist offensichtlich für ihn die Zeit der enttäuschten Freundschaften... Isaak Beeckman behauptet nun, der Inspirator und daher der eigentliche Autor seines *Traktats über Musik* und vor allem seiner *Algebra* zu sein.

Tief getroffen und in seinen Gefühlen verletzt, schreibt er ihm zwei hart formulierte Briefe. Glücklicherweise ist er nicht mehr in dem Alter, in dem man einen Vater braucht:

Sie haben sich offenbar durch meine französische Art täuschen lassen. Da ich Ihnen mündlich und schriftlich häufig bezeugte, mehrere Dinge von Ihnen gelernt zu haben, und da ich aus Ihren Beobachtungen noch weiteren Nutzen zu ziehen hoffte, [haben Sie an diese reinen Höflichkeitsbezeugungen geglaubt].

Doch habe ich nie etwas aus Ihrer imaginären Physik gelernt, die Sie mit dem Namen Mathematikophysik bezeichneten. Auch können Sie gewiß sein, daß Ihre Autorität mir niemals dazu gedient hat, etwas zu glauben, und daß Ihre Gründe mich nie von irgend etwas überzeugt haben. [...] Die Ergebenheit, die ich noch gegenüber unserer Freundschaft empfinde, veranlaßt mich jetzt, Ihnen eine Warnung auszusprechen: Falls Sie sich ähnlicher Dinge vor den Leuten rühmen, die mich kennen, wird dies Ihrem eigenen Ruf sehr schaden. Denken Sie nicht, daß jene etwas von dem glauben werden, was Sie sagen. Sie werden sich eher über Ihre Eitelkeit lustig machen. Auch wird es Ihnen nichts nützen, zum Zeugnis Stellen aus meinen Briefen vorzulegen. Jeder von meinen Bekannten weiß nämlich, daß es meine Gewohnheit ist, sogar von Ameisen und kleinen Würmern zu lernen; jene würden deshalb niemals glauben, daß ich etwas von Ihnen gelernt hätte, außer in der gleichen Art, wie ich von den winzigsten Dingen der

Natur zu lernen pflege. Wenn Sie diese Warnung gut aufnehmen, wie Sie es müßten, werde ich die Vergangenheit nur einen Irrtum nennen und nicht einen Fehler, und dies würde mich nicht daran hindern, wie früher Ihr ergebener Diener zu sein. Adieu.

Danach beruhigt er sich, hat Mitleid mit dem alten Freund. Der Rektor von Dordrecht ist ein krankhafter Lügner, er hält sich wahrhaftig für René Descartes' Lehrmeister! Descartes behandelt ihn wie einen Kranken und erläutert ihm lange den Unterschied zwischen *Lehre* und *Schaffen*.

Die Umbauten in Franeker, die Löhne der Dienstboten, die er angestellt hatte, um Ferrier den Aufenthalt »angenehm und bequem« zu machen, haben seine Barschaft unverhältnismäßig geschmälert.

Wieder heißt es: was tun? Er hat nicht die Mittel, um sich auf physikalische Experimente zu verlegen. In Paris war die Akademie Le Vasseur für seine Forschungen aufgekommen. Claude Mydorge hatte einen großen Teil seines Vermögens dafür geopfert... Er muß sich also theoretischer Arbeit widmen, dazu benötigt er nur eine Feder, Tinte und Papier. Und Zeit. Das heißt Geld...

Constantijn Huygens, der Sekretär des Prinzen von Oranien, stellt den Brüdern vom Rosenkreuz bei ihrer Jahresversammlung Descartes' Situation dar. Ihre Reaktion ist einstimmig: Der große Mathematiker, der Nachfolger von Francis Bacon, muß aufhören, sich zu verzetteln, sich mit kommerziellen Forschungen aufzureiben, die seines Genies unwürdig sind. Wie können sie ihm helfen, »ohne seinen Stolz zu verletzen«? Indem sie ihn bei sich aufnehmen.

René Descartes hat keine Wohnung mehr. Überall

in den Niederlanden reißen sich seine Mitbrüder um die Ehre, sein Gastgeber sein zu dürfen. Doch aus Furcht, zu stören oder zur Last zu fallen, wechselt er ständig seine Bleibe. Jedesmal schreibt er sich ins Studentenbuch der nächstgelegenen Universität ein, um kostenlosen Zugang zu den unermeßlichen Bibliotheken zu haben...

Endlich sind seine materiellen Bedürfnisse abgesichert und er muß sich nicht mehr darum sorgen, seinem Stand eines Kavaliers gemäß zu leben, er kann das Spiel aufgeben und arbeiten, wie er es immer getan hat, allein, im Bett, die ganze Nacht. Er beginnt sein großes Vorhaben, das Traktat *Über die Welt.*

Seine Mitbrüder und seine Pariser Freunde fragen durch Marin Mersenne nach dem Werk. Dieser schreibt alle zwei Wochen und hört nicht auf, ihn mit wissenschaftlichen Fragen zu plagen. Auch Guez de Balzac hat ihn dananch gefragt, schon vor eineinhalb Jahren, gleich nach seiner Abreise in die Niederlande:

Im übrigen, mein Herr, mögen Sie bitte an ihre Geschichte des Geistes[1] *denken; alle unsere Freunde warten darauf, und Sie haben sie mir im Beisein von Pater Clitophon versprochen.*

Der jansenistische Pater Clitophon interessiert sich sehr für René Descartes' Schriften. Pierre Nicolo und Antoine Arnauld werden sie später für ihre *Logik von Port-Royal* verwenden.

Im Frühjahr 1631 fragt ihn Guez de Balzac, der sich nach einem Austausch von Platitüden *wieder* mit den Großen *versöhnt* hat, brieflich nach Neuigkeiten von

1 So der Arbeitstitel

seinem Traktat und beklagt sich über sein Schweigen, »das ihn umbringe«.

Descartes antwortet mit seiner gewohnten Schärfe, indem er den »erlesenen« Stil des großen Briefeschreibers nachahmt:

* *Obgleich ich wohl wußte, daß Ihnen, während Sie in Balzac gewesen sind, jede andere Unterhaltung als die mit sich selbst ungelegen sein mußte, hätte ich mich doch nicht davon abhalten lassen, Ihnen zuweilen ein schlechtes Kompliment zu schicken... Da ich aber die Ehre gehabt habe, einen Brief von Ihnen zu erhalten, in dem Sie hoffen ließen, daß Sie bald bei Hofe sein würden, trug ich ein wenig Bedenken, Ihre Ruhe bis in die Wüste hinein zu stören, und ich hielt es für besser, mit dem Schreiben an Sie zu warten, bis Sie aus ihr hervorgekommen wären; das hat mich von einer Post zur anderen während achtzehn Monaten verschieben lassen, was ich niemals für acht Tage aufzuschieben beabsichtigt hatte... Diese Nachricht aber hat mich erkennen lassen, daß ich an anderem Ort jetzt glücklicher, als ich es hier bin, sein könnte; und wenn die mich zurückhaltende Beschäftigung nach meinem geringen Urteil die wichtigste wäre, in der ich je verwandt werden könnte, würde allein die Hoffnung, die Ehre Ihrer Unterhaltung zu haben und vor mir ganz natürlich die machtvollen Gedanken entstehen zu sehen, die wir in Ihren Werken bewundern, genügen, um mich hier herauszubrigen...*

Balzac wird dies, da er zu töricht ist, die Persiflage zu erkennen, für eine ungeschickte, doch aufrichtige Huldigung halten. Descartes fährt fort:

* *Fragen Sie mich bitte nicht, welches diese Beschäftigung sein kann, die ich für so wichtig halte, denn ich*

würde mich schämen, sie Ihnen zu sagen; ich bin so sehr Philosoph geworden, daß ich die Mehrzahl der Dinge, die gewöhnlich geschätzt werden, verachte und dafür andere schätze, von denen man nicht viel zu halten pflegt. Für den Augenblick werde ich mich damit begnügen, Ihnen zu sagen, daß ich nicht mehr in Stimmung bin, etwas schriftlich niederzulegen, wozu Sie mich früher geneigt gesehen haben... Ich schlafe hier jede Nacht zehn Stunden, ohne daß mich jemals irgendeine Sorge weckt; nachdem der Schlummer meinen Geist lange durch Buchsbaumgehölz, Gärten und verzauberte Paläste spazieren geführt hat, wobei ich alle in den Fabeln erdachte Vergnügen empfinde, vermenge ich unvermerkt meine Träumereien vom Tage mit denen der Nacht; und wenn ich gewahr werde, wach zu sein, wird meine Zufriedenheit damit nur vollkommener, und meine Sinne nehmen daran teil; denn ich bin nicht so streng, diesen irgend etwas zu verweigern, was ein Philosoph ihnen gestatten kann, ohne sein Gewissen zu beleidigen.

Eine gute Karikatur. Am Schluß wird er großsprecherisch wie sein Adressat:

* *Kurzum, es fehlt hier nichts als die Annehmlichkeit Ihrer Unterhaltung, die mir jedoch so nötig ist, um glücklich zu sein, daß wenig daran fehlt, alle meine Pläne aufzugeben, um Ihnen mündlich zu sagen, daß ich von ganzem Herzen bin, mein Herr, Ihr sehr ergebener und gehorsamer Diener, DESCARTES*

Unglaublich. René Descartes schlägt nicht mehr über die Stränge! Fern vom Trubel der Schönen Welt führt er das ruhige Leben eines Denkers. Der brillanteste Pariser hat sich in die Wüste zurückgezogen...

Die von Balzac verbreitete Neuigkeit hallt durch ganz Paris. Der Kavalier ist offenbar in der Mode immer ganz vorn! Denn gerade jetzt ist das kontemplative Leben sehr gefragt, seitdem der Abbé von Saint-Cyran im Rufe steht, ein Heiliger zu sein: Der Theologe von Port-Royal wird, wie alle unbeugsamen Denker, von Richelieu verfolgt, der damit dem König, den Frömmlern und der Gesellschaft vom Heiligen Sakrament gefallen will. Nun ist der Abbé zum Symbol für den Widerstand gegen den roten Tyrannen geworden. Ihm nachzueifern, »Einkehr zu halten«, bedeutet, sich zur Opposition zu bekennen. Der letzte Schrei!

Auch Guez de Balzac will dazugehören. Er schreibt seinem Freund René Descartes. Und fügt an:

Ich lebe nur noch in der Hoffnung, Sie in Amsterdam zu besuchen und diesen lieben Kopf küssen zu können, der so voller Verstand und Intelligenz ist. Das hält mich davon ab, Sie hierher [nach Paris] *einzuladen, wo*... [Richelieu; Balzac läßt eine Lücke!] *immer noch der Sklave der Zeremonien und Komplimente ist und mit einer unvorstellbaren Widerwärtigkeit den Einfaltspinsel spielt. Er hat die Seele eines Aufrührers, erweist aber die Unterwürfigkeiten eines Sklaven. Nach seinen Worten hat er »keinen eigenen Ehrgeiz mehr«, sondern »macht sich den eines anderen* [des Königs] *zueigen und stirbt an einer Krankheit, die nicht die seine ist.« So ist es also, wenn einer servil ist und im Gehorsam sündigt.*

Ich bin nicht so eitel, daß ich vorgäbe, ein Gefährte Ihrer Arbeiten sein zu wollen, aber zumindest wäre ich ein Zuschauer, würde mich an den Resten und Abfällen Ihres Überflusses noch genügend bereichern können. Glauben Sie jedoch nicht, daß ich diesen Vorschlag nur aufs Geratewohl anbringe, ich spreche in allem Ernst.

Da Sie nun einmal an dem Ort wohnen, an dem Sie sind, werde ich ebensosehr ein Holländer sein wie Sie, und die Herren der Staaten werden keinen besseren Bürger kennen als mich, oder einen, der der Freiheit leidenschaftlicher zugetan wäre. Seit drei Jahren schon sucht meine Vorstellungskraft nach Ihnen und sterbe ich vor Verlangen, mich mit Ihnen zu vereinen und mich niemals von Ihnen zu trennen.

Balzac hat völlig vergessen, daß er einst die Protestanten dazu verdammen wollte, wie die Juden einen gelben Hut zu tragen...

Descartes bleibt ihm gegenüber ungemein geduldig und nachsichtig. Seine Antwort:

* *Ich finde es keineswegs seltsam, daß ein großer und edler Geist wie der Ihre sich nicht an diesen sklavischen Zwang gewöhnen kann, zu dem man bei Hofe verpflichtet ist; und da Sie mir ernsthaft versichern, daß Gott Ihnen eingegeben hat, die Welt zu verlassen, würde ich gegen den Heiligen Geist zu sündigen glauben, wenn ich Sie von einem so heiligen Entschluß abzubringen versuchte.*

Nach dieser sich in Satire ausdrückenden Laune gegen Balzacs preziösen Stil rät er ihm, ins Land der Freiheitsbegeisterten zu kommen:

* *Sie müssen es sogar meinem Eifer verzeihen, wenn ich Sie dazu auffordere, Amsterdam zu Ihrem Zufluchtsort zu wählen. In dieser großen Stadt, in der ich mich befinde, ist, da es in ihr außer mir keinen Menschen gibt, der nicht Handel triebe, jeder derart auf seinen Nutzen bedacht, daß ich mein ganzes Leben hier bleiben könnte, ohne je aufgesucht zu werden. Ich gehe jeden Tag im Wirrwarr einer großen Bevölkerung mit ebenso viel*

Freiheit und Ruhe spazieren, wie Sie es in Ihren Alleen tun würden, und betrachte die Menschen, die ich dabei sehe, nicht anders als die Bäume, auf die man in Ihren Wäldern trifft, oder die Tiere, die dort grasen. Selbst das Geräusch ihres Gewerbes unterbricht meine Träumereien nicht mehr, als es das irgendeines Baches tun würde. Wenn ich zuweilen Überlegungen über ihre Tätigkeit anstelle, ziehe ich daraus dasselbe Vergnügen wie Sie bei dem Anblick von Bauern, die Ihre Felder bebauen; denn ich sehe, daß ihre Arbeit dazu dient, die Stätte meines Wohnsitzes zu verschönern und zu bewirken, daß mir dort nichts fehlt... Welchen anderen Ort in der übrigen Welt könnte man wählen, wo alle Bequemlichkeiten des Lebens und alle Merkwürdigkeiten, die man sich zu wünschen vermöchte, so leicht zu finden sind wie an diesem hier?...

Im übrigen sage ich Ihnen, daß ich Sie mit einer kleinen Sammlung Träumereien erwarte, die Ihnen vielleicht nicht unangenehm sein werden.

Ja, René Descartes huldigt der dichterischen Muse, »obwohl er nicht hoffen kann, in ihrer Gunst zu stehen«. Er ist der Schönen Literatur leidenschaftlich zugetan.

Und dann würde Balzac ein wenig von der Pariser Luft mitbringen, die leicht und flüchtig ist, einem zu Kopf steigt wie Parfüm... Die Eleganz, der Esprit und die freigeistigen Damen fehlen ihm sehr! Wie würde es ihm gefallen, wenn Balzac ihm wenigstens einen Abglanz davon mitbringen könnte...

Aber ach! Die Hauptstadt wird von einer neuen Mode erfaßt! Wie eine Feder im Wind trägt sie den leeren Kopf des »ersten Briefeschreibers von Frankreich« mit sich fort. Er vergißt »die Wüste«, den Ruf

Gottes, die Stille. Er verzichtet nun doch nicht auf die Schöne Welt. Er geht nicht mehr ins Exil.

René Descartes ist also Eremit geworden...

Dies ist aber nicht von Dauer. Sein Busenfreund Claude Picot, der Abbé Picot, flankiert von seinen beiden unzertrennlichen Spießgesellen, kommt ihn besuchen. Alle haben sie sich bei Marie des Loges kennengelernt.

Jacques Vallée, ein Herr von Barreaux und Parlamentsrat, hat viel mit Théophile de Viau und anderen Wüstlingen verkehrt. Der verwunschene Dichter, der bisexuell war und außerdem sehr in den schönen Jüngling verliebt, hatte seine *Lateinischen Briefe* ihm gewidmet und an ihn adressiert. Nach dessen Tod heißt Des Barreaux gleich »die Witwe von Théophile«, und seitdem er Verse schreibt, »der berühmte Wüstling«... Er hat sein Amt als Gerichtsrat nur einmal ausgeübt. Bei seinem ersten Prozeß übergab ihm der Gerichtsdiener mehrere Dokumententaschen. Darin waren so viele Akten, die er hätte lesen müssen, daß er entmutigt alle im Kamin verbrannte. Die Kläger, die von ihrem Schuldner fast 100 Ecus einforderten, schrien, sie seien ruiniert. Des Barreaux gab ihnen 100. »So habe ich mich billig freigekauft«, sagte er. Kurze Zeit später gab er sein Amt wieder ab.

Sein Onkel François Vallée, ein Herr von Chenailles und Präsident der »Schatzmeister Frankreichs« von Paris, hat, obwohl er älter ist, ebenfalls bei Madame des Loges den Galan und Schöngeist gespielt. Er ist eigentlich Hugenotte. Aber eines Tages legt er während des Gottesdienstes, man singt gerade den 16. Psalm, seine Hand auf die Brust des Mädchens in seiner Begleitung und grölt statt der Worte: »Und in deiner Hand, ... [Herr]«

»Und in deinem Busen ist und wird immerdar
Die Erfüllung wahrer Freude und allen Jubels sein ...«

Der Minister der Glaubensvereinigung droht, ihn aus der Gemeinschaft der Protestanten auszuschließen... Doch das hindert den Sechzigjährigen nicht daran, seine Eroberungen jeden Sonntag in seiner Karosse mit in die Kirche zu bringen. Entmutigt sagt der Prediger nur noch: »Irgendwann muß auch die Jugend vergehen...«

Sie feiern den Karneval gewöhnlich mit Pater Picot zusammen »bei der du Ryer«, einem bekannten Etablissement für Spiel und Ausschweifung. Sie treffen dort gewöhnlich mit Mitou zusammen, einem Berufsspieler, der häufig René Descartes' Partner war, und mit Potel, einem Rat am Châtelet, sowie anderen guten Kumpanen, um, wie sie sagen, *ihren Karneval zu begehen.*

Wie soll man diesen alten Freunden und fröhlichen Zeitgenossen widerstehen? Schon ziehen sie zu viert auf Sauftour los.

René Descartes, ein starker Esser und Trinker, begleitet sie gerne zu den Gelagen, aber nicht ins Bett der Huren. Nie hat er sich der »Ausschweifung«, den Prostituierten, hingegeben, jenem Verkehr, der den Mann wie die Frau herabsetzt. Mit Freuden hat er die schönen Holländerinnen wiederentdeckt. Im Verlauf seiner Wanderungen geht er von der einen zur nächsten. Er wechselt so häufig seinen Wohnsitz! Nicht eine, sondern mehrere Frauen warten in jeder Stadt auf ihn...

Und sein Traktat? »Es geht ihm gut«, sagt er seinen Freunden. Das hat er auch an Marin Mersenne geschrieben, der ihn noch immer mit den verschiedensten Fragen zur Mathematik, Physik, Philosophie, Metaphysik überhäuft... Er schreibt ihm mit unermüdlicher Geduld lange Antworten. Außer, wenn es sich um Theologie handelt. Da ist er kurz angebunden: »Darauf antworte ich nicht, wenn es Ihnen beliebt.« Die übrige Zeit schreibt er Latein. Er liebt es, im Trubel zu schreiben, auf einem Fest, bei seinen galanten Abenteuern... (Nach seinem Tod werden Auszüge aus diesem Traktat unter dem Titel *Regeln zur Leitung der Erkenntniskraft* veröffentlicht, ein wahres Meisterwerk.)

Monate, Jahre vergehen. Der Minime drängt immer mehr. René Descartes beschwichtigt ihn:

Er habe »sein Traktat einige Monate ruhen lassen und überarbeite es, bevor er es in die Hände der Pariser Drucker gebe«. Da erfährt er jedoch, daß Galilei »in das Gefängnis der Inquisition gekommen ist und seine Auffassung über die Erdbewegung als Ketzerei verurteilt wurde«. Sofort schreibt er an seinen Freund und Vertrauten:

Hätte ich Ihnen nicht vor über drei Monaten versprochen, Ihnen mein Traktat Ende dieses Jahres zu schicken, so glaube ich nicht, daß ich es vor einer längeren Frist abgeschlossen hätte, denn ich fürchte die Arbeit allzusehr... Doch kann ich es wenigstens halten wie ein schlechter Schuldner, der seine Gläubiger bittet, ihm ein wenig Aufschub zu gewähren, wenn er das Ende der Schuldenfrist nahen spürt.

* *Tatsächlich hatte ich mir vorgenommen, Ihnen meine »Welt« als Neujahrsgeschenk zu schicken... Aber*

ich will Ihnen erzählen, daß ich mich dieser Tage in Leyden und Amsterdam habe danach erkundigen lassen, ob das System der Welt von Galilei dort vorhanden ist, weil es mir so schien, als ob ich gehört hätte, es sei im vergangenen Jahr in Italien gedruckt worden, und daß man mir berichtete, es sei wahr, daß es gedruckt worden ist, daß aber zur gleichen Zeit in Rom sämtliche Exemplare verbrannt worden sind, und er selbst zu irgendeiner Strafe verurteilt wurde: Das hat mich so sehr in Erstaunen versetzt, daß ich mich fast dazu entschlossen habe, alle meine Papiere zu verbrennen oder sie zumindest von niemand sehen zu lassen.

Auf sein Bitten berichtet der Minime ihm die ganze Geschichte.

Laut Gabriel Naudé, der während der Affäre gerade in Rom war, »sei Galilei schon 1613 beim Heiligen Offizium denunziert worden, also dreizehn Jahre nachdem der Dominikaner Giordano Bruno, ein Verfechter der Kopernikanischen Theorie und anderer, *der Heiligen Schrift widersprechender Ideen*, der Ketzerei überführt und öffentlich verbrannt worden war: Doch ›*gestärkt durch den Schutz des Großherzogs der Toskana*‹, so schreiben die indignierten anonymen Justitiare, ›*hat dieser Wissenschaftler das Joch der Furcht vor der Inquisition abgeschüttelt und lacht über die Vorsicht, die seine Mitbrüder und die ihrer Gesetzgebung unterworfenen Völker walten lassen müssen. Er wagt es, seine Meinung mit der gleichen Freiheit zu veröffentlichen, die er oft in seinen Gesprächen bezeugt. Er lehrt, die Sonne sei im Zentrum der Welt und unbeweglich, während die Erde sich um sie und sich selbst drehe.*‹ Die von der Kongregation der Inquisition entsandten Kardinäle hatten Theologen und *Doctores artis* damit beauftragt, die Behauptungen zu untersuchen, die er in seinem Buch *Sonnenflecken* und in anderen Schriften aufgestellt hat. Die Zensoren befanden sie als absurd und philosophisch falsch, vor allem aber *irrig im Glauben*. Doch begnügten sie sich damit, seine Werke zu verbieten, ohne dem Autor weiteren Kummer zu bereiten, da er bei mehreren Kardinälen und herausragenden Persönlichkeiten in hoher Achtung stand und besonders vom Papst sehr geschätzt wurde.

»Aber Galilei hörte nicht auf, Dogmen über die Bewegung der Erde aufzustellen. Es konnte gefährlich werden, einen so allseits bekannten Wissenschaftler zu verurteilen. Die Heilige Kongregation, die am 29. Februar 1616 vor seiner Heiligkeit tagte, entschied, daß Kardinal Bellarmin – einer seiner Bewunderer – den Philosophen zu sich kommen lassen, ihm unter vier Augen die Vorwürfe unterbreiten und ihn dazu bringen sollte, freiwillig seiner Meinung abzuschwören. Der Kardinal ermahnte ihn und erhielt sein Wort zu allem, was die Heilige Kongregation verlangt hatte.

Ungeachtet dessen stellte ihm der Kommissar des Heiligen Offiziums, assistiert von einem Notar und ehrwürdigen Zeugen, eine formelle Aufforderung zu, *abzuschwören, mit der Auflage, seine Lehren nie wieder öffentlich oder privat zu verbreiten.*

Einige Tage später erließ die Kongregation ein Dekret gegen die Pythagoras zugesprochene Theorie [dies richtete sich gegen die rosenkreuzerischen Gelehrten, die sich dessen Erben nannten und diese Theorie verfochten], in welchem sie für *falsch und der Heiligen Schrift widersprechend* erklärt wurde. Niemand wurde verschont, weder Kopernikus noch der Kardinal von Kues, sein Vorläufer, weder Diego de

Zuniga, der sie gelehrt hatte, noch der Pater Foscarini, ein italienischer Karmeliter. Letzterer hatte gerade in einem gelehrten Brief an seinen Generalsuperior bewiesen, daß die Theorie der Heiligen Schrift gar nicht widersprach. Doch Galilei wurde in dem Dekret aus Rücksicht nicht beim Namen genannt.

Die rosenkreuzerischen Mathematiker amüsierten sich über die Entscheidung. ›Die Richter der Inquisition halten sich für unfehlbar‹, schrieben sie ironisch... ›Sie sind vielleicht große Astrologen, aber sicher ziemlich schlechte Astronomen!‹ Dieser Spott beschämte den berühmten Gelehrten und er bereute bitterlich, daß er der Furcht nachgegeben hatte. Dann modifizierte die Heilige Kongregation in einem Dekret des Jahres 1620 die Zensur der Werke von Kopernikus (sein letztes Traktat, *De revolutionibus orbium caelestium libri VI,* datiert 1543, wenige Monate vor seinem Tod). Sie erlaubte, anzunehmen, daß die Erde sich bewegt, und dies *in einer Hypothese* zu verteidigen, vorausgesetzt, es wurde nicht als unanzweifelbare Wahrheit hingestellt. Hier habe ich ein Mittel, sagte sich Galilei, um mein gegebenes Wort zu beugen. Er nahm seine Lehrtätigkeit wieder auf und gab 1632, unter dem Vorwand, die Lehren der Kirche und die neuen Ideen miteinander vereinbaren zu wollen, die Schrift *System der Welt* in Druck, einen Dialog zwischen Ptolemäus und Kopernikus.

Die Herren von der Inquisition ließen sich von seinem Vorgehen zunächst täuschen, wurden aber bald von einem hellsichtigen Geist eines Besseren belehrt. Sie zitierten ihn vor ihr Tribunal, sperrten ihn in ihr Gefängnis und ließen ihn von Carolo Sincero [!], dem Staatsanwalt für Steuerfragen am Heiligen Offizium, anklagen. Bei Prozeßende erklärten sie den Greis für *verdächtig und von der Ketzerei befallen*, da er behauptet habe, man könne eine der Heilige Schrift widersprechene Meinung als möglich hinstellen. Folglich unterliege er allen Zensuren und Strafen des Kanonischen Rechts. Dennoch versprach man ihm die Absolution, wenn er mit aufrichtigem Herzen und im unverfälschten Glauben vor seinen Richtern den obengenannten Irrtümern und Ketzereien abschwor und widersagte.

Am gleichen Tag – dem 22. Juni 1633 – ›schwor der 69 jährige Galileo Galilei, genannt der Galileus, im Kloster der Minerva [der Göttin der Vernunft!] auf den Knien und mit der Hand auf dem Evangelium ab und widersagte mündlich und schriftlich,‹, versprach, niemals etwas dieser Verordnung Widersprechendes zu sagen oder zu tun. Daraufhin kam er wieder in das Gefängnis der Inquisition. Seine Bücher wurden öffentlich verbrannt.

Sein fortgeschrittenes Alter und die Fürsprache des Großherzogs, seines Protektors, und seiner anderen Patrone bewirkten, daß er schon im Juli freigelassen wurde.

Da sein Vergehen nicht scheinbar ungestraft hingehen konnte, und zur Abschreckung für jene, die sich in Zukunft ähnliche Freiheiten herausnehmen würden, verordnete ein Jahr später ein Dekret das Verbot seiner *Dialoge*, die Festnahme des Autors und seine Einkerkerung im Gefängnis des Heiligen Offiziums. Als Buße für sein Seelenheil mußte er darüber hinaus drei Jahre lang einmal in der Woche die sieben Bußpsalmen sagen. Die Inquisitoren veranlaßten, daß er sich in ein Haus auf dem Land an einem geheimgehaltenen Ort bei Florenz zurückzog, und es war ihm verboten, es zu verlassen.

Das war alles, was der ›Neffe Kardinal‹ Barberini, ›der so sehr in die Gelehrten verliebt war, daß er einen ganzen Haufen von ihnen aushielt‹, bei seinem Onkel Urban VIII hatte erreichen können. Wie schon sein Vorgänger liebt der Papst den Philosophen sehr, aber er muß mit dem Heiligen Offizium auskommen.«

Nach Erhalt dieses Berichts schreibt René Descartes an Pater Mersenne:

Ich konnte mir nicht vorstellen, daß er, der doch Italiener und vom Papst, wie ich höre, gern gesehen ist, für etwas anderes vor Gericht hat gebracht werden können als dafür, daß er ohne Zweifel die Bewegung der Erde wird haben feststellen wollen, was, wie ich wohl weiß, schon früher von einigen Kardinälen gerügt worden ist; aber ich glaube gehört zu haben, daß man seitdem nicht davon abließ, sie sogar in Rom öffentlich zu lehren; und ich gestehe, daß, wenn sie falsch ist, alle Grundlagen meiner Philosophie es ebenfalls sind, denn jene wird durch diese klar bewiesen. Und sie ist derart mit allen Teilen meiner Abhandlung verbunden, daß ich sie nicht herauslösen könnte, ohne das Übrige gänzlich mangelhaft zu machen. Da ich aber für nichts in der Welt möchte, daß eine Abhandlung von mir herauskäme, in der sich das geringste Wort befindet, das von der Kirche mißbilligt werden würde, ziehe ich es vor, sie eher zu unterdrücken als verstümmelt erscheinen zu lassen.

Er verzichtet darauf, das Traktat in Druck zu geben und bestätigt dies auch noch einige Monate später in einer Antwort an den Minimen, der auf Veröffentlichung insistiert.

* *Bei meinem Wunsch, in Ruhe zu leben und das von*

mir begonnene Leben in Verborgenheit fortzusetzen, ist es mir lieber, von Furcht befreit zu sein, als mit Hilfe meiner Schrift mehr Bekanntschaft zu erwerben, als ich wünsche, sodaß es mir nicht leid tut, die auf ihre Abfassung verwandte Zeit und Mühe verloren zu haben.

Meine Laune hat mich noch nie dazu gedrängt, Bücher zu schreiben, und wenn ich mich nicht Ihnen und anderen Freunden gegenüber verpflichtet hätte aus dem Gedanken, der Wunsch, Wort zu halten, würde mich zum Studium zwingen, hätte ich sie nie vollendet.

Ich enthalte mich also nicht, Ihnen zu sagen, was ich geschrieben habe, so bald ich es kann: Aber ich erbitte noch einmal ein Jahr von Ihnen, wenn es Ihnen beliebt, um zu überarbeiten und zu glätten. Sie haben mich mit dem Wort von Horaz ermahnt, Nonumque prematurin annum, *doch ich habe erst vor drei Jahren mit dem Traktat begonnen.*

So ist es also: Alle Befürchtungen sind nur falsche Vorwände, »Argumente«, um zu rechtfertigen, warum er sein Manuskript nicht an Pater Mersenne und seine Rosenkreuzer-Freunde übergibt! In Wahrheit befürchtet er nur eines: daß Galileus ihm voraus ist! Er will nicht veröffentlichen, bevor er das *System der Welt* gelesen hat. Aus Angst, des Plagiats bezichtigt zu werden...

Außerdem kann er, dieser große Geist, sich nicht spezialisieren. Die *Kette der Wissenschaften* liegt in ihrem ganzen Glanz vor ihm. Er ist von der Medizin, dieser »so notwendigen Kunst«, besessen... Er schließt einen Handel mit einigen Metzgern, läßt sich Köpfe und Eingeweide liefern und, der größte Glücksfall, ganze, zum Verzehr nicht geeignete Tiere. Dann schließt er sich ein, bereitet seine Barbier-und

Chirurgen-Instrumente vor und zerlegt die Tiere auf einer improvisierten Fleischbank. Einsam und verbissen beginnt er ein geduldiges Forschungsprogramm in Anatomie und Physiologie.

Die Zeit vergeht. Ein Jahr später, der neue Aufschub ist verstrichen, schreibt er an seinen ergebenen Freund mit unbeirrbarer Selbstsicherheit:

Die Autorität jener Herren von der Heiligen Kongregation übt kaum weniger Macht über meine Handlungen aus als meine Vernunft über mein Denken...

Die Kenntnis, die ich von Ihrer Tugend besitze, läßt mich aber übrigens hoffen, daß Sie eine umso bessere Meinung von mir haben, als Sie sehen, daß ich die von mir verfaßte Abhandlung gänzlich unterdrücken und fast meine gesamte Arbeit von vier Jahren[1] *verlieren wollte, um der Kirche in ihrem Verbot der Meinung über die Bewegung der Erde vollständigen Gehorsam zu erweisen.*

Er trägt zu dick auf. Jeder, der weniger naiv gewesen wäre als Mersenne (dazu gehörte wahrlich nicht viel) und weniger von Bewunderung geblendet, hätte das begriffen. Wie ein wahrer Dilettant hatte Descartes große Teile seines Werks vollständig geschrieben, Notizen in ein Buch eingetragen, brillante, lyrische Seiten verfaßt – welche er zum Teil aus *Olympica* übernommen hatte. Aber er hatte sein Traktat weder beendet noch irgendwie strukturiert! Glücklicherweise liefert ihm das Heilige Offizium einen guten, von seinem Willen unabhängigen Grund, sein Kavalierswort nicht halten zu müssen...

1 Unterstreichung von Descartes

Der Müßiggang ist süß, die Frauen sind so schön und das Schreiben ist so mühevoll!

Verärgert über das Los von Galileus und gepeinigt von dem Gedanken, daß die Inquisition der Menschheit das so bedeutendende Werk seines Freundes vorenthält, schickt ihm der Minime eine Zusammenfassung vom *System der Welt* und teilt ihm mit, daß in Paris »ein ihm bekannter Kirchenangehöriger« (er selbst, aber die Briefzensur erlaubt ihm nicht, sich deutlicher auszudrücken) trotz des Dekrets der Kongregation ein »eigenes Traktat« drucken lassen wolle, um die Bewegung der Erde zu beweisen.

Armer Pater Mersenne. Seine Liebe zur Wissenschaft läßt ihn immer wieder Aufgaben übernehmen, die seine Kräfte übersteigen. In welchen üblen Streit würde er da wieder hineingeraten?

Es ist besser, ihn vorsichtig davon abzubringen.

René Descartes antwortet in zwei Anläufen. Zunächst zeigt er sich *von einer solchen Freiheit bei einem Priester überrascht, auch wenn er weiß, daß der Klerus von Frankreich der Rechtsprechung der Inquisition ebensowenig unterliegt wie die Laien des Königreichs, wo dieses Tribunal nicht anerkannt ist,* so schreibt er, und bietet an, *ihm in seiner Arbeit zu dienen und ihm einige Ratschläge zu geben.* Der Kirchenangehörige nimmt dies mit Freude und Dankbarkeit auf. Danach behauptet Descartes, *im tiefsten Herzen mit Galileus zu leiden und sich für sein Anliegen ebenso zu interessieren wie jeder andere katholische Mathematiker*[1], aber er teilt auch seine Ängste mit: Der kleine Priester ist in Paris nicht sicher. Aus

1 Die Jesuiten: sie hatten bekannte Mathematikprofessoren

Furcht, ihm zu schaden, wagt Decartes nicht, *ihm auch nur einen Rat oder einen Gedanken zu dem Gegenstand zu schicken.*

Da Mersenne unfähig ist, die Sache allein zu bestreiten, muß er aufgeben...

Kurz darauf bringt Herr Bornius Herrn Descartes seine eigene Ausgabe vom *System der Welt.* Er leiht sie ihm bis zu seiner Abreise am Montagmorgen und berichtet ihm, daß nach der Untersuchung, die die Mathematiker der Kompanie [Jesu] unternommen haben, da sie selbst der Schandtat verdächtigt wurden, nur Pater Schneider Galilei den üblen Streich gespielt haben konnte. Aus Eifersucht, da er sich wegen einer obskuren Geschichte mit Galilei überworfen hatte, »zu ihrem größten Kummer und Wirrsal«. Diese Neuigkeit haben sie dem gelehrten Priester Gassend, genannt Gassendi, anvertraut, damit er sie in der internationalen Wissenschaftlergemeinde verbreite.

Ein Tag – der Sonntag – genügt René Descartes, um das umfängliche Werk des italienischen Mathematikers zu erfassen. Er hatte geglaubt, Galilei sei ihm eindeutig zuvorgekommmen: dabei sind dessen Herleitungen teilweise falsch und beziehen nicht alle Arbeiten Tycho Brahes mit ein. Tatsächlich, schreibt er an Mersenne, gibt es ein ganz einfaches Mittel, um das Verbot des Heiligen Offiziums zu umgehen: Es genügt, zu behaupten, *daß sich die Erde nicht bewegt...*, nach dem System von Galileus – er war nicht umsonst bei den Jesuiten erzogen worden! Wenn man die tägliche Bewegung betrachte, könne man sagen, *die Erde stehe still...* in Bezug auf das Meer und die Luft: nur die *Erdkugel* drehe sich. Für die jährliche Bewegung gelte die gleiche Überlegung: *die Erde sei* unbewegt... *im Zentrum eines Wirbels* (der den Mond miteinschließt), und das Ganze drehe sich um die Sonne.

(Später wird er die Theorie der Wirbel näher erläutern: Der so benannte Raum, eine höchst komplexe »Einflußzone«, könne nur mit der Mathematik definiert werden. In 150 Jahren würden wissenschaftliche Fortschritte es den Mathematikern erlauben, diese Erkenntnis zu beweisen.

Ein halbes Jahrhundert später sollte die *Erdanziehung* von Newton das Rennen machen und die Wirbel der Lächerlichkeit anheimfallen. Man mußte auf den Anfang des 20. Jahrhunderts warten, auf Einstein und die »mathematischen Modelle« über die Ablenkung von Raum und Zeit durch die Materie, um Descartes' Theorie zu rechtfertigen. Über die ungeheure Deduktionsfähigkeit dieses erschreckend genialen Vorläufers kann man nur staunen.)

Abgesehen von der intellektuellen Zerstreuung, die es für ihn bedeutet, die Kirche mit ihren eigenen dialektischen Methoden zu schlagen, hat René Descartes wirklich einige Gegner zu fürchten.

Auf protestantischer Seite muß er sich vor den calvinistischen Theologiedoktoren hüten, die die Bibel aufmerksam bewachen. Darunter verstehen sie, daß das Buch der Bücher bis auf den Buchstaben respektiert werden muß. Sie sind stets bereit, gegen die »papistischen Ketzereien des Mönchs Kopernikus« zu wettern. Das kann im Gefängnis enden.

Auf katholischer Seite steht er, wie alle Gelehrten, mehr denn je unter der Überwachung der unsichtbaren, allgegenwärtigen Gesellschaft vom Heiligen Sakrament... Was tat Gabriel Naudé in Rom während des Prozesses gegen Galileus? War es Zufall, daß dieser »Gelehrte«, der verdächtigt wird, ein Agent Richelieus zu sein und wahrscheinlich zu den »guten Katholiken« gehört, sich gerade zu jener Zeit dort aufhielt? Vielleicht... Descartes weiß es nicht. Er kann Wahrheit und Gerede nicht mehr auseinanderhalten. Wieviel Glauben soll er den Gerüchten von politischen Morden schenken –, von Ludwig XIII angeordnet, vom Kardinal ausgeführt – die von den Kreaturen seiner Eminenz selbst lanciert und verbreitet werden, aber zu welchem Zweck? Einschüchterung? Sind sie falsch, ist es lächerlich, darauf hereinzufallen. Und wenn sie wahr sind?

Zumindest sind die Gerüchte übertrieben. Keiner kann sie bestätigen.

Eines ist gewiß: Richelieu benützt noch immer die Hexenprozesse, um Oppositionelle auszuschalten. Urbain Grandier, der Pfarrer von Loudon, »stärkte den Mut der Gewählten und der Bürger Loudons, als sie sich weigerten, ihre Stadt der Entscheidungsgewalt der Königsmacht zu unterstellen«, indem sie ihre Stadtmauern einreißen ließen. Der »Rotrock« grub eine alte, groteske Geschichte von der »Besessenheit« hysterischer Nonnen im Kloster aus. Auf seinen ausdrücklichen Befehl wurde der aufmüpfige Pfarrer unter der banalen Anklage der Dämonenanbetung bei lebendigem Leibe gebraten, nachdem er gräßliche Foltern ertragen hatte. Dies war geschehen, nachdem sein Prozeß ein Farce gewesen war, und gegen den »Widerstand« medizinischer Experten, des Parlaments von Bordeaux und des Erzbischofs, der Königlicher Admiral und ein von Grandier sehr geschätzter Freund war...

In Paris geraten die Freunde des Kavaliers unmittelbar unter die Fuchtel Richelieus. Er »schlägt ihnen vor«, eine offizielle Gemeinschaft zu gründen, die, »seines Schutzes gewiß«, sich »nach öffentlicher Maßgabe« regelmäßig treffen soll: die *Académie Française.* Der »Rotrock«, niederträchtig wie immer, läßt den entschiedensten Gegner seines »Vorschlags« zum Direktor der erlesenen Versammlung wählen, Jacques de Serizay, den Hausmeier von La Rochefoucauld. Seiner Bindung und Ergebenheit gegenüber den Interessen eines Großen, eines Feinds des Kardinals, zum Trotz, wird der erste Direktor gezwungen, einen Brief zu schreiben, in welchem er Seine Eminenz »inständig bittet, die Akademie mit seinem Schutz zu ehren«. Der maßlose Despot verachtet auch die kleinen erniedrigenden Vergeltungen nicht...

Dann findet der Chef des Staatsrats Gefallen an der Literatur, er »verfaßt« ein dickes Traktat über Theologie, das sich an gelehrten Doktoren der Sorbonne »nährt«, und schmeckt in die Kunst des Dramas hinein. Fünf Hofpoeten, unter ihnen der galante Boisrobert und Pierre Corneille, diktiert er Entwürfe mit der Auflage, die kardinalische »Schöpfung« anonym auszuführen.

Aber bald wird seine Mannschaft kleiner: Corneille, der Autor zweier bezaubernder Komödien, ist es leid, von Seiner Eminenz Lektionen in Verslehre erteilt zu bekommen und bricht mit ihm. Sein Mut wird gelobt, seine Kühnheit getadelt: Welchen Verfolgungen setzt er sich aus! Seine ganze Laufbahn ist in Gefahr.[1]

Die kulturelle und politische Repression wird immer schlimmer. Eine undichte Stelle im Geheimdienst erlaubt es Descartes, sich dessen zu vergewissern. Er warnt Marin Mersenne:

Mein Ehrwürdiger Vater!

Der Verlust der Briefe, die ich Ihnen gegen Ende November schrieb, macht mich glauben, daß sie absichtlich von irgendeinem Neugierigen zurückgehalten wurden, der ein Mittel fand, sie dem Boten wegzunehmen, und der vielleicht auch wußte, daß ich Ihnen etwa um diese Zeit mein Traktat schicken wollte, sodaß, hätte ich es geschickt, es mit großer Sicherheit verloren gegangen wäre.

Mie fiel ein, daß ich schon früher vier oder fünf Ihrer Briefe vermißt hatte. Der Vorfall sollte uns warnen, nichts zu schreiben, was nicht alle Welt wissen darf, und im Falle, daß unsere Briefe etwas Wichtiges enthalten, sie im Paket eines Kaufmanns mitzuschicken, da jene, die sie abfangen, offenbar unsere Schrift kennen.

Ich wohne jetzt in Amsterdam[2]*, wo ich häufiger und vielleicht sicherer Nachrichten von Ihnen empfangen kann, als [während ich] in Deventer [war] und ich bitte Sie, sobald Sie diesen Brief erhalten haben, die Mühe zu tragen, mir zu antworten, damit ich weiß, daß er nicht verlorengegangen ist.*

Dieses »Mittel« ist ganz einfach die offizielle Post

---

1 Bekannt ist der »Streit um den Cid«, er wurde von Richelieu angezettelt, der trunken war vor Neid. Corneille hat er auf Dauer tief getroffen.

2 Nichts davon. Diese Fehlinformation ist dazu bestimmt, den »Feind zu täuschen«.

des Prinzen von Oranien. Dank seines Freundes Constantijn Huygens, des prinzlichen Sekretärs, reisen die Briefe fortan im »Diplomatengepäck«.

Am Ende verwirrt Descartes die Häscher des Kardinals dann vollends: Sein Traktat »sei so gut versteckt«, schreibt er an Pater Mersenne, wissend, daß der Brief vom »Schwarzen Kabinett« gelesen werden würde, »daß ein Attentat auf sein Leben die sicherste Art wäre, es niemals zu finden.« Der Meisterspion kennt das Metier!

Alle Eskapaden, Festivitäten, amourösen Abenteuer, all seine wissenschaftlichen Forschungen, seine Schreibarbeit, seine politisch-kulturellen Intrigen und andere Zufälligkeiten hindern ihn nicht daran, regelmäßig nach Den Haag zu reisen und den Botschafter Frankreichs, Baron Hercule de Charnacé, zu besuchen, der ihn »besonders mit seiner Freundschaft ehrt«. Er sucht den Diplomaten auch auf, um ihn zum eben abgeschlossenen Vertrag zwischen Frankreich und den Niederlanden, den jener zuwege gebracht hat, zu beglückwünschen. Über seine privilegierten Beziehungen zum Sekretär des Prinzen von Oranien und zu anderen wichtigen Persönlichkeiten ist Herr Descartes an diesem Erfolg nicht ganz unbeteiligt...

Er verbringt das Jahr 1634 in engem Briefverkehr mit Herrn de Villebressieux. Der bemerkenswerte Ingenieur »besitzt das besondere Genie, Herrn Descartes' Überlegungen aufs Trefflichste umzusetzen«.

Auf der Basis seiner Arbeiten über die Anatomie des Auges erläutert ihm René Descartes, daß »das Auge nicht hingeht und das Bild von den Gegenständen nimmt«, oder »die Gegenstände sich dem Auge nähern«, – das waren die wirren, in der Medizin gebräuchlichen Erklärungen – sondern daß das Licht, nachdem es sich an dem Gegenstand gebrochen hat, reflektiert wird und sein Bild durch die Pupille hindurch am Grunde des Auges jenseits des Glaskörpers einprägt. Er weist auch auf die Möglichkeit hin, »das Bild von Gegenständen, die gemalt und gezeichnet sind, in einer dunklen Kammer wiederherzustellen, wenn das Licht sie durch ein Loch hineindrängt, allerdings auf dem Kopf stehend«... und viele andere Dinge mehr.

So einfach und natürlich diese Wunder sind, so hören sie doch nicht auf, im Geist des Ingenieurs »großes Erstaunen« hervorzurufen: *»Ich kann Ihnen für die Schuld, in der ich bei Ihnen stehe, nicht genug danken. Völlig unmöglich erscheint es mir, Ihnen zu danken, wenn ich Sie nur an all das Gute erinnere, das Sie mir im allgemeinen erwiesen haben, in Besonderheit, als Sie mir die Ehre machten, mich zu lieben und sich meiner während Ihrer Reise ins Niederdeutsche und nach Paris zu bedienen...* « schreibt Villebressieux.

Descartes nimmt ihn tatsächlich auf eine merkwürdige Reise nach Emden in Ostfriesland mit. Von dort aus schiffen sie sich nach Hamburg ein und fahren dann nach Dänemark...

René Descartes besucht seine gelehrten Freunde vom Rosenkreuzer-Orden. Er holt ihren Rat ein: Soll er veröffentlichen? Und was?

Sofort nach seiner Rückkehr nach Amsterdam läßt er verlauten, daß er »jetzt endlich Autor wird!« Er sei ausschließlich wegen seines Druckvorhabens »in die

Stadt gekommen«. Sein Buch soll folgenden Titel haben:

** Der Plan einer allgemeinen Wissenschaft, die unsere Natur zu ihrem höchsten Vollkommenheitsgrad erheben kann. Ferner die Dioptrik, die Meteore und die Geometrie; wo die merkwürdigsten Stoffgebiete, die der Verfasser hat auswählen können, um als Beweis für die von ihm vorgeschlagene allgemeine Wissenschaft zu dienen, derart erläutert sind, daß selbst die sie verstehen können, die nicht studiert haben.*

Endlich widmet Descartes sich ganz seinem Genie, schreibt Racine. Er wird »für immer« Autor bleiben. Und Descartes lebt eine große Liebe. Mit einer Magd. Diese Liebe ist sogar so groß, daß das Paar sich zu einem Kind entschließt. Sie zeugen es in Amsterdam, am Sonntag, dem 15. Oktober 1634. Der beglückte zukünftige Papa ist wie immer sehr genau und notiert das Datum sorgfältig... Er beobachtet die Schwangerschaft mit besonderer Aufmerksamkeit für sein späteres *Traktat über den Menschen.*

Am 9. Juli 1635, oder besser, am 19. Juli, nach dem neuen Kalender, wird ihnen eine Tochter geboren. Er erkennt sie auf dem Standesamt an. Am 27. Juli nach protestantischer, dem 7. August nach katholischer Lesart, wird die kleine Francine Descartes in Deventer getauft. Wieder eine neue Skandalgeschichte für die calvinistischen Puritaner in Holland.

»Herr Descartes lebt in wilder Ehe. Noch dazu mit einer Magd!«

»Das würde noch angehen... In einer Republik zählt der *Stand* einer Person nicht.«

»Aber aber, ein *Philosoph*, ein *Doktor*, ein *Gelehrter*, der in Latein schreiben kann... mit einer Magd! Und in der Sünde!«

Ewige Verdammnis erwartet ihn...

Noch lebt »Herr Descartes« in ärmlichen Verhältnissen und kostet ein wenig vom Familienleben. Angesichts seiner Vergangenheit könnte man es auch Klosterleben nennen... Zur großen Freude seiner Mitbrüder vom Rosenkreuz, die ihn finanziell unterstützen, schreibt er, auf Französisch und mit äußerster Sorgfalt, so einfach und klar wie möglich. Er will von allen verstanden werden, »selbst von einem Türken«, schreibt er – dieses Wort ist bedeutungsschwanger, denn die Ottomanen gelten als die Feinde der Christenheit.

Seine niederländischen Mitbrüder haben einen holländischen Drucker für ihn gefunden, Jean Maire, mit Sitz in Leyden. Als Honorarzahlung bittet Descartes ihn um 200 Freiexemplare.

Jetzt muß er noch das »Königliche Privileg« von Ludwig XIII erlangen, denn ein in Französisch verfaßtes Buch wird hauptsächlich in Frankreich verkauft werden. Das *Privileg* ist nicht die Druckerlaubnis, sondern das Verbot, den Text ohne die Zustimmung des Autors und seines Druckers und Buchhändlers zu kopieren, zu drucken und zu verkaufen. Es ist im Grunde ein Schutz für die Rechte des Autors und des Verlegers. Dem Buchhändler wird es für eine bestimmte Anzahl von Exemplaren gewährt, die er allein verkaufen darf. Descartes bittet Pater Mersenne, für ihn einen Pariser Buchhändler zu finden, der bereit ist, das Buch unter Absprache mit Jean Maire in Frankreich zu vertreiben, er müßte sich nur das Privileg beschaffen. Er selbst will nicht in Erscheinung treten: Das Werk soll anonym veröffentlicht werden. Wie René Descartes in dem Moment beschlossen hatte, als er zur Tat schritt, geht er maskiert vor:

Aber Marin Mersenne hält sich nicht daran... Er mobilisiert die Gelehrten, die Freunde des »größten aller Mathematiker« und alarmiert Pater Dinet, seinen ehemaligen Präfekten am Kolleg von La Flèche, der Beichtvater Ludwigs XIII geworden ist. Der König hat große Angst davor, in der Hölle braten zu müssen... Er stimmt allem zu, wenn nur der Jesuit seine Seele rettet! Durch Dinets Fürsprache erhält René Descartes vom König ein Privileg auf seinen eigenen Namen, für dieses eine Werk und alle, die noch kommen würden, trotz des Widerstands Richelieus und der »Guten Katholiken.«

Aber der Minime erreicht dies nicht ohne Schwierigkeiten... Nach mehrmonatigen Manövern, Intrigen, Abänderungen und Zusätzen, besonders des Hinweises auf Gott und des »Beweises seiner Existenz«, den Descartes ursprünglich weggelassen hatte, nicht aus Atheismus, sondern »weil es nicht zum Thema gehört«, werden die Druckfahnen vom Kabinett des Kanzlers freigegeben.

Das lange Warten stellt die Nerven des Philosophen auf eine harte Probe, in heftigen Ausdrücken wirft er Pater Mersenne vor, zur Unzeit übereifrig gewesen zu sein.

---

* Die mit Sternchen versehenen Descartes Briefe wurden entnommen aus: René Descartes. Briefe. Herausgegeben von Max Bense und übersetzt von Fritz Baumgart. Köln und Krefeld (Staufen-Verlag), 1949.

8. Vom Leichten zum Schwierigen

Am 8. Juni 1637 verläßt das Traktat die Presse des Leydener Buchhändlers. Es trägt als Titel: *Abhandlung über die Methode des richtigen Vernunftgebrauchs und der wissenschaftlichen Forschung. Desweiteren die Dioptrik, die Meteore und die Geometrie als Versuche in dieser Methode.* Der Name des Autors wird nicht genannt.

René Descartes ist 41 Jahre alt.

Er übergibt der Öffentlichkeit einen der wichtigsten Texte der Geschichte, um nicht zu sagen, den wichtigsten.

Isaak Beeckman ist am 20. Mai gestorben.

Sein Tod hat Descartes nicht wirklich berührt ... Hier sein Brief, den er am 20. Juni Colvius, einem Minister des Gottesworts, schrieb, der ihn sofort benachrichtigt hatte:

Ich erfahre die traurige Nachricht vom Tode des Herrn Beeckman, ich bedaure ihn und weiß, daß er Sie getroffen haben muß, da Sie einer seiner besten Freunde waren. Doch wissen Sie, mein Herr, noch viel besser als ich, daß die Zeit, die wir hier auf Erden verbringen, so gering ist im Vergleich zur Ewigkeit, sodaß wir uns keine Sorgen darum machen dürfen, ob es uns einige Jahre früher oder später trifft. Da Herr Beeckman so sehr Philosoph war, zweifle ich nicht daran, daß er sich schon lange mit dem abgefunden hatte, was ihm zustoßen sollte...«

Gleich nach Erhalt seiner 200 Exemplare beginnt er, sie zu verschicken. An seinen engen Freund Constantijn Huygens[1] adressiert er zwei Bände, für ihn selbst und für den Prinz Friedrich-Heinrich von Oranien, den er mit *Hoheit* anredet, einem neuen Titel, der seit einem Jahr durch seinen Freund, den Botschafter von Frankreich, an die Stelle von *Exzellenz* getreten ist.

Bei dem genannten französischen Diplomaten deponiert er Bücher für den König, den Kardinal de Richelieu – er nennt ihn Erstminister –, den Kanzler, für die Herren und hohen Beamten vom Hof, für einige italienische Kardinäle und andere Persönlichkeiten des päpstlichen Hofes, unter ihnen der »Neffe Kardinal«.

Aber ach, Baron de Charnacé wird bei der Belagerung Bredas getötet, als er an der Spitze eines Infanterieregiments, das er für die Generalstände kommandiert, zur Wachablösung reitet (die Niederländer werden die Stadt am 10. Oktober den Spaniern wieder abnehmen). So gehen die Botschafter der Krone einer nach dem anderen »von der Feder zum Degen und vom Degen zur Feder über«, im Dienste der Alliierten Frankreichs... Zum Verlust dieses engen Freundes kommt für René Descartes der Kummer hinzu, daß er nicht weiß, ob Seine Eminenz das Buch auch wirklich empfangen hat und ob es ihn, der so stolz auf sein »Schriftsteller«-Talent ist, gekränkt hat.

Seine Freunde Mersenne, Mydorge, Hardy, Picot

---

1 Dessen Sohn, der berühmte Christian Huygens, hegte eine grenzenlose Bewunderung für René Descartes. »Er ist ein Sohn von meinem Blut«, würde Descartes sagen.

und alle von der Akademie Le Vasseur werden ebenfalls bedacht.

Er vergißt weder seine Professoren von La Flèche – *in den letzten Tagen habe ich den Band, den Sie mit diesem Brief erhalten, drucken lassen, und es ist mir eine Freude, Ihnen dieses Buch zu überreichen wie eine Frucht, die Ihnen gehört und zu der sie die ersten Samen in meinen Geist gelegt haben*, schreibt er an Pater Charlet – noch die anderen Jesuiten, denn ihre Unterstützung ist unentbehrlich.

Er vergißt nicht die Personen vom Stande. Er vergißt keinen, dem man jedes neue Werk, versehen mit einer Widmung sowie ergebenen und respektvollen Grüssen, zuzusenden hat. Diese Aufgabe übernimmt Pater Mersenne. Die 200 Exemplare reichen nicht.

Aber Herr de Roberval geht leer aus. Das hat einen triftigen Grund: Gilles de Personnier, der den Namen seines Geburtsortes, des Dorfes Roberval, angenommen hat, lehrt erst seit 1632 in Paris Mathematik – also lange nach René Descartes' Weggang. Woher soll er ihn kennen?

Aus Kränkung darüber, nicht zu dem Kreis »der gewandtesten Geometer seiner Zeit zu gehören, an welche Herr Descartes seine Geometrie sendet, um sie zu benachrichtigen«, schwört der eitle Gelehrte »ewige Feindschaft«. Trotz des Zuspruchs ihrer gemeinsamen Freunde wird er Descartes bis zu seinem Tod mit diesem Haß verfolgen und sogar noch darüber hinaus, denn der »junge Pascal«[1] wird die Querelen fortführen.

Die *Abhandlung über die Methode* ist anonym, aber

1 Blaise Pascal

das René Descartes gewährte Privileg läßt keinen Zweifel an der Identität des Autors. Als Joachim Descartes ein Exemplar zugesandt wird, das durch Marin Mersennes Bemühungen einen wundervollen Einband bekommen hat, ruft er aus, »sein Sohn sei gerade gut genug, sich in Kalb binden zu lassen«. Die Bücherschreiber, elendige, arme Schlucker, sind im Bürgertum nicht hoch angesehen. Es soll der einzige Kommentar seines Vaters bleiben.

In dieser *Abhandlung* überrascht alles durch seine Neuheit, sowohl der Inhalt als auch die Form. Anstelle eines dogmatischen Traktats in Philosophie, wie es üblicherweise die Pedanten in ihren magistralen Vorlesungen pflegen, findet der Leser hier den Bericht eines Autors, die »Geschichte seines Geists«, seiner persönlichen Überlegungen, seiner Forschungen. Der Gebrauch des Ich gibt ihr eine menschliche, sinnliche Dimension und bestätigt damit den Vorrang des Menschen über das Denken:

* *Ich wollte, daß selbst die Frauen etwas von ihm verständen und dabei auch die Spitzfindigsten genügend Stoff fänden, um ihre Aufmerksamkeit zu beschäftigen,* schreibt Descartes. Seine Äußerung ist jedoch nicht sexistisch gefärbt, er liebt die Frauen und zieht es vor, »sich an ihren Geist zu wenden anstatt an den der Männer«. Ganz im Gegenteil: zu jener Zeit konnten die Frauen nicht zur Schule gehen. Descartes »will sich auch denen verständlich machen, die es nicht in der Schule gelernt haben, nachzudenken«, um ihnen die Mittel an die Hand zu geben, mit deren Hilfe sie sich alleine weiterbilden können.

Man wirft ihm seinen »nachlässigen« Stil vor, der mit der würdigen Funktion eines »Lehrers« nicht vereinbar sei. Man wirft ihm vor, er sei verworren oder nicht nüchtern genug. Diese Kritiken berühren ihn nicht. Man hält ihm vor, er habe keine Moral entwickelt. Er antwortet, er sei »nicht dazu berufen, anderen Gesetze aufzubürden«. Und schließlich, und das ist eine gefährliche Anschuldigung, wirft man ihm vor, er bleibe im Unklaren, wenn er von der Existenz Gottes spricht. Das erkennt er an:

* *Obwohl es das wichtigste Stück darstellt, gestehe ich, daß es das am wenigsten ausgearbeitete des ganzen Werkes ist; was zum Teil daher kommt, daß ich mich erst zum Schluß und als der Buchhändler mich drängte, zu seiner Beifügung entschlossen habe.*

Aber er verspricht, das Thema später abzuhandeln, und dann in seiner Gesamtheit.

René Descartes, der eine unendliche Geduld mit denen hat, die die Mathematik nicht verstehen – *Wenn ich in Französisch schreibe, der Sprache meines Landes, und nicht in Latein, der Sprache meiner Lehrer, dann tue ich dies in der Hoffnung, daß jene, die sich nur ihres reinen, natürlichen Verstandes bedienen, meine Ansichten besser beurteilen werden als jene, die nur an die alten Bücher glauben* –, ist erbarmungslos mit den von ihrem Wissen durchdrungenen Gelehrten: *Und jene, die den gesunden Verstand mit dem Studium verbinden – sie sind die einzigen, die ich zu Richtern haben möchte –, werden meiner Überzeugung nach nicht für das Lateinische so voreingenommen sein, daß sie sich weigern, meine Gründe zu hören, nur weil ich sie in der Sprache des Volkes erkläre.*

Denn vor allem wirft man ihm dieses vor: Er *vulga-*

risiere die Wissenschaft (indem er sie auf Französisch erläutert), ja er schaffe das Privileg des Wissens ab, das den Eliten, den Latinisten vorbehalten ist, denn er stellt das Wissen dem breiten Publikum zur Verfügung, macht es für sie *zugänglich.*

Es handelt sich um einen politischen Akt von unermeßlicher Bedeutung... eine historische Geste. An diesem Tag beginnt eine neue Ära. Von der *Methode* ausgehend kann ein jeder sich bilden und die Wissenschaft und die Techniken weiterentwickeln, völlig unabhängig, ohne von einer *Schule* kontrolliert zu werden. Er kann ihre Billigung, ihre Zensur umgehen. Die schwerfällige Gesellschaft des 17. Jahrhunderts ist ein archaischer Bastard aus dem Mittelalter. Theologen, Pedanten, Frömmler, Obskurantisten verschiedenster Sorte, aus verschiedenen Schichten und mit unterschiedlichen Fähigkeiten, Kirchenangehörige und Laien, sind bestrebt, sie in diesen überkommenen Strukturen zu erhalten. Doch jetzt bricht diese Ordnung unter dem Druck eines Gärungsprozesses der Ideen, Entdeckungen und wissenschaftlichen Fortschritte auseinander. Das »Jahrhundert der Aufklärung« (das Achtzehnte) wird unmittelbar daraus hervorgehen, es ist der Prolog zur modernen Welt.

Der gewöhnliche Sterbliche hält die Abhandlung über die Methode für einen wesentlichen Teil von Descartes' Werk, in welchem er die Logik seiner Philosophie erläutert. Die rechtschaffenen Leute disputieren leidenschaftlich darüber.

Aber einige Mathematiker, »von den Besten«, wissen, daß diese Logik in Wirklichkeit nichts anderes ist als seine *Geometrie,* der »Schlüssel der Künste« (der Techniken und Technologien) und aller Wissenschaften – anders ausgedrückt, die Mathematik, »welche geeignet ist, zu untersuchen, was an den Kenntnissen mangelhaft und überflüssig ist, wenn man sie zur Vollkommenheit führen oder sich aneignen will.«

»Die Sache ist so mühevoll«, daß sogar unter diesen besten Mathematikern nur wenige sie verstehen. Die Geometrie hat nicht den Anklang, den sie verdient, außer bei fünf oder sechs sehr aufgeschlossenen Gelehrten:

Es wäre passender gewesen, dem Traktat über Geometrie den bloßen Namen Mathematik zu geben, da die Dinge, die in ihm enthalten sind, nicht mehr zur Geometrie gehören als zur Arithmetik oder zu den anderen Teilen der Mathematik. Doch auch alleingenommen wird seine Vortrefflichkeit es nicht verfehlen, seinem Autor einen unsterblichen Ruhm einzubringen. Allerdings würde das Traktat es verdienen, einen eigenen Band zu bekommen, anstatt am Ende eines Buches angefügt zu werden. Herr Descartes behandelt es nicht seiner Bedeutung entsprechend, schreibt der Hochwürdige Pater Ciermans, Jesuit und Mathematikprofessor an der Universität von Leuven.

Erstaunlicherweise antwortet René Descartes dem Mathematiker ohne jegliche Gespreiztheit: *Meine Geometrie ist ein Traktat, das ich fast nur in der Zeit schrieb, während man meine Meteore* druckte, und auch gedanklich habe ich einiges erst während dieser Zeit entwickelt ... Welch glänzendes Genie!

Besser noch, er macht sich über seine Kollegen lustig. Er schreibt an Plemplius [immer noch diese latinisierten Namen!], einen Arzt und Mathematiker: *Ich weiß, daß die Zahl derer, die meine »Geometrie« verstehen werden, gering sein wird. Denn ich habe alle*

Dinge weggelassen, die ich von Anderen für bekannt hielt. Und an de Beaune: *Auf alle Fälle kann ich versichern, daß ich nichts ausgelassen habe, es sei denn mit Absicht, ausgenommen den Fall der Asymptote*[1], *die ich vergaß. Aber ich hatte schon vorausgesehen, daß gewisse Leute, die sich rühmen, alles zu wissen, zwangsläufig sagen würden, ich hätte nichts geschrieben, was sie nicht selbst schon gedacht hätten, wenn ich mich nur verständlicher ausdrückte. Dann wäre mir aber das Vergnügen entgangen, mich an der Unzulänglichkeit ihrer Argumente zu weiden.*

Genauso verhält es sich mit dem »Problem von Pappus[2]«, das weder Euclid noch Apollonius noch irgendein antiker oder moderner Mathematiker hatte lösen können und welches er eingangs behandelt:

Das Gute an der Angelegenheit ist, daß ich nur die Konstruktion und den Beweis hingesetzt habe, ohne die Analyse. Doch diese Herren glauben, ich hätte nur sie dargestellt, und damit bezeugen sie, wie herzlich wenig sie verstehen! Sie lassen sich dadurch täuschen, daß ich die Konstruktion mache wie die Architekten ihre Bauwerke, ich schreibe nur vor, was zu tun ist, und überlasse die Handarbeit den Zimmerleuten und Maurern.

Sie verstehen meinen Beweis nicht, weil ich in »A«, »B« etc. spreche, so ist er nicht anders als bei den Alten,

1 Asymptote: Nähert sich eine Kurve bei immer größer werdender Entfernung vom Koordinatenursprung unbegrenzt einer Geraden, dann heißt diese Gerade Asymptote der Kurve.

2 Problem von Pappus: Berühmtes Problem der Ortsbestimmung eines Punktes P, dessen Abstände $p_1, \dots p_{m+1}$ mit vorgegebenen Winkeln zu m+n Geraden die Gleichung
$p_1 p_2 \dots x \dots p_m = k \times p_{m+1} p_{m+2} \dots p_{m+n}$ für eine Konstante K erfüllen.

nur daß ich häufig etwas in einer Zeile hinschreiben kann, wozu jene zwei oder drei Seiten hätten füllen müssen. Aus diesem Grund ist er auch unvergleichlich klarer, leichter und weniger Fehlern unterworfen.

Von der Analyse habe ich einen Teil weggelassen, um die übelgesinnten Köpfe bei ihrer Arbeit aufzuhalten: Sie werden nichts sagen können, ohne damit ihre Unwissenheit zu enthüllen.

Der Beginn der Moderne ist sehr genau zu datieren: es ist der 8. Juni 1637. An diesem Tag hat René Descartes der Menschheit das Grundhandwerkszeug geliefert, die notwendige Methodologie, auf der die experimentellen Wissenschaften aufgebaut werden konnten und damit unsere heutige Welt. Das Wichtigste ist in einem Dutzend Seiten enthalten, die am Ende eines kleinen Werkes von 50 Blättern gedruckt sind. Es ist die *Mathematik*, der Schlußstein des wunderbaren Gebäudes, das von Forschern, Wissenschaftlern und Technikern in dreieinhalb Jahrhunderten erbaut werden würde. Aber der »Größte aller Mathematiker« sieht voraus, daß sein Denken ständig denaturiert, verfälscht und an bestehende Vorurteile, Ideologien, Wahnvorstellungen, die einander ablösen, angepaßt werden wird. Ihre Urheber sind manchmal ehrliche Menschen, für die Descartes' synthetischer Geist, seine universale, kosmische Sicht zu hoch sind, zumeist sind sie jedoch machtgierige Manipulatoren.

Derweil hat Pater Mersenne die Freude, ihm eine außergewöhnliche Neuigkeit mitzuteilen: Gérard des Argues, »der keine Gelegenheit, ihm zu dienen, verstreichen läßt«, hat Kardinal Richelieu vorgeschlagen, »nach den in seiner Dioptrik enthaltenen Regeln« astronomische Gläser herstellen zu lassen, »wodurch allein ein Erfolg gesichert sei. Daher sei es ratsam, Herrn Descartes die Rückkehr nach Paris zu sichern und ihm eine Pension zu gewähren, damit er die Hand der Glasdreher leiten und ihnen neue Instruktionen geben könne, wenn sie weiterkämen oder fehlgingen.« Es ist kaum zu glauben, aber der »Erstminister« (Richelieu) hat im Bewußtsein der wirtschaftlichen und strategischen Bedeutung des Vorhabens (im Kriegsfall erlaubt es, den Feind zu Land und zu Wasser schon von weitem zu sehen) zugesagt! Er wird alt... Er ist krank und verliert seine Macht über den Geist Ludwigs XIII.

Darauf antwortet Descartes, »er höre mit Genugtuung, daß das Vorhaben Seiner Eminenz bezüglich der Gläser noch nicht abgeschlossen sei«, *aber er glaube nicht, daß die Gedanken des Herrn Kardinal sich mit einer Person seiner niedrigen Stellung abgeben sollten.*

Er kann sich diese große Befriedigung leisten: sein Freund Pollot, der in den Niederlanden wohnt, finanziert die Forschungen über die Gläser. Er schlägt ihm vor, daß er gegen gute Bezahlung die Arbeiten überwachen sollte, die von Constantijn Huygens geleitet werden...

Der Sekretär des Prinzen von Oranien schickt ihm ein Paket. Es enthält ein Glas (eine Linse) von sehr unzulänglicher Qualität, welches ein holländischer Schleifer angefertigt hat. Nach einigen Experimenten und Messungen erklärt ihm René Descartes in einem Brief die Mängel seines Glases und fügt hinzu:

Das Glas, das ich vor acht oder neun Jahren schleifen ließ, erfüllt seinen Zweck tadellos. Aber ich muß Ihnen dazu einige Vorkehrungen mitteilen, die wir anwandten. Zuerst ließ ich mir [von Ferrier] *drei kleine Dreiecke schneiden, alle von gleicher Größe, alle hatten einen rechten Winkel und einen anderen von 30 Grad, sodaß eine der Seiten doppelt so lang war wie die andere. Das eine war aus Bergkristall, das zweite aus Kristallin oder Venezianischem Glas und das dritte aus weniger feinem Glas. Dann ließ ich noch ein kupfernes Lineal mit zwei Dioptern anfertigen, auf dem man die Dreiecke befestigen und die Brechung messen konnte. Dadurch erfuhr ich, daß die Brechung des Bergkristalls größer war als die des Kristallins und jene größer als die des weniger reinen Glases.*

Nach seinen Berechnungen ist das Venezianische Glas geeignet.

Herr Mydorge, der aufs Exakteste jedwede mathematische Figur zeichnen kann, die sich auf der Welt findet, bildete danach die [von Descartes berechnete] *Hyperbel, welche der Brechung des Venezianischen Glases auf einem gut polierten Kupferblatt entsprach. Er benutzte zu diesem Zweck einen Zirkel mit Stahlspitzen, so fein wie Nadeln.*

Dann feilte er dieses Blatt genauestens nach der Form der Hyperbel, es sollte später als Muster dienen, nach welchem Ferrier an der Drehbank eine Kupferform, die rund eingekehlt war, ausschnitt. Sie war von der Größe des Glases, das er schleifen wollte. Um diese erste Vorlage nicht zu beschädigen, wenn er die Form häufig danach anpaßte, schnitt er Kartonstücke aus, derer er sich bediente bei der Vervollkommnung der Form. Nach alledem befestigte er sein Glas auf der Drehbank, und mit Tonpulver zwischen Glas und Form konnte er dieses dann aufs Trefflichste schneiden.

Als er später in der gleichen Weise ein konkaves Glas schneiden wollte, erwies sich dies als unmöglich, da die Bewegung der Drehmaschine in der Mitte geringer war als an den Rändern, und das Glas sich dort immer weniger abrieb, wohingegen es mehr hätte geschnitten werden sollen. Aber wenn ich gewußt hätte, daß die Mängel des konkaven Glases nicht so sehr ins Gewicht fallen wie die des konvexen, was ich in der Zwischenzeit festgestellt habe, hätte ich ihn auf der Drehbank ganz gute Gläser herstellen lassen können.

Der Schliff des konkaven Glases würde ihm in der Tat noch einige Probleme bereiten… Dafür war das konvexe perfekt.

Ich habe es an einem Stück Karton mit kleinen Löchern ausprobiert. Es war zu sehen, daß alle Lichtstrahlen, die durch die Löcher eindrangen, sich proportional bis zum Abstand von acht Zoll einander annäherten, wo sie sich genau zu einem einzigen Strahl bündelten.

Heimlich schickt er den von allen verlassenen Herrn Ferrier zu Huygens, dieser »habe Grund, alles von ihm zu erhoffen, sowohl was die Gewandtheit als auch was seine Liebe zur Arbeit betrifft«. Was Descartes selbst anbelangt, so »wolle er gerne nach Amsterdam kommen«, um seine Modelle anzusehen und ihm die Maßnahmen anzugeben, die zu ergreifen sind, damit »die Geheimnisse seines Fleißes gewahrt bleiben«. Er bemüht sich darum, daß Huygens über seine Freunde in Paris ein Privileg bekommt. Nur die Herren Pollot und Huygens können dann die Gläser in Frankreich verkaufen.

Seine Eminenz hat diesen Wirtschaftskrieg verloren. Ganz nebenbei rächt Descartes damit auch seinen Freund Jacques de Serizay, den ersten Direktor der *Académie Française,* der durch den unterwürfigen »Bittbrief« erniedrigt worden war, zu dem der Kardinal ihn gezwungen hatte.

Mit Descartes' Ruhe ist es vorbei. Sein Freund Mersenne hat ihn über den Umweg des Privilegs demaskiert, um ihm »ewigen Ruhm« zu sichern, hat ihn aber stattdessen einem öffentlichen Disput ausgesetzt. Fermat, Roberval, der Präsident Pascal[1], Beaugrand, Petit, Morin, alles illustre Gelehrte, fangen Streit mit ihm an.

Petit und Morin schließen sich rasch Descartes' Auffassungen an und gehören bald zu seinen Anhängern, die in den Niederlanden, England und den Ländern des Nordens sehr zahlreich sind. An der Universität von Utrecht erhält Reneri einen neuen Schüler, er heißt de Roy, wird Regius genannt, ist Professor der Medizin und Philosophie und lehrt Descartes' Methode jetzt öffentlich. Denn Descartes verbreitet nicht nur die Theorie des englischen Arztes Harvey über den Brutkreislauf, er beweist sie auch.

Im Lauf seiner anatomischen Arbeiten hat er die Klappen entdeckt, kleine »Türen«, die bewirken, daß das Blut durch die Arterien und Venen immer in die-

1 Der Vater von Blaise Pascal

selbe Richtung fließt. Diese Behauptung verfehlt es nicht, in den Medizinischen Fakultäten einen Sturm der Entrüstung hervorzurufen!...

Angewidert von der Torheit der einen wie der anderen versichert Jean-Baptiste Morin Descartes seiner völligen Ergebenheit, er ist doppelt zu einem Urteil berufen, denn er ist Doktor der Medizin und königlicher Mathematikprofessor in Paris. Durch die Vermittlung von Marin Mersenne (denn kein anderer weiß, wie man Descartes erreichen kann) schreibt er:

Der Hochwürdige Pater Mersenne kann Ihnen versichern, daß ich stets einer Ihrer Anhänger war und daß von meiner Natur her mir das Gesindel der klugen Köpfe gründlich verhaßt ist. Jedesmal, wenn sie einen Geist aufsteigen sehen wie ein neues Gestirn, plustern sie sich, statt ihm wegen seiner Mühen und neuen Erfindungen zugetan zu sein, auf vor Neid und kennen kein anderes Ziel, als seinen Namen, seinen Ruhm und seinen Verdienst zu verdunkeln und auszulöschen. Dabei zieht er sie doch aus der Unwissenheit über Dinge heraus, von denen er ihnen in allem Freimut sein Wissen weitergibt.

Ich bin durch diese Spießruten gelaufen und weiß, was eine Elle davon bedeutet. Die Nachwelt wird mein Unglück bedauern, und wenn sie über dieses Eiserne Jahrhundert spricht, wird sie wahrlich sagen, daß das Glück nicht mit den Gelehrten war. Ich wünsche Ihnen jedoch, daß es Ihnen günstiger sei als mir, damit wir Ihre neue Physik sehen können.

Ich bitte Sie, mir zu glauben, daß Sie unter allen mir bekannten Literaten[1] *derjenige sind, den ich am mei-*

1 Ein Literat ist hier einer, der Bücher publiziert, ungeachtet welchen Gegenstandes.

sten ehre, wegen Ihrer Tugend [Ihres Muts] *und wegen Ihrer großmütigen Pläne.*

Morin, ein königlicher Professor, ein offizieller Gelehrter, stellt sich eindeutig auf Descartes' Seite. Das ist eine wichtige Unterstützung. Mersenne läßt den Brief kopieren und verbreitet ihn in ganz Paris. Sein Empfänger könnte dies nicht tun, ohne selbstgefällig zu wirken. Er kann den Brief jedoch als Vorwort zu seinem nächsten Buch drucken.

Descartes spottet seiner Verleumder! Er ist sich seines schöpferischen Genies bewußt, wie andere feststellen, daß sie über außergewöhnliche Körperkräfte verfügen. Er akzeptiert es mit großer Einfachheit, ohne hohle Prahlerei, ohne falsche Bescheidenheit.

Er bittet Pater Mersenne, ihm die Adresse von Gérard des Argues mitzuteilen. Seitdem sie sich bei der Belagerung von La Rochelle getroffen hatten, war »er nicht mehr auf den Gedanken verfallen, sich nach ihm zu erkundigen«. Jetzt will er dieses Versäumnis nachholen. Des Argues soll zu den wenigen Freunden gehören, für die er gerne eine Ausnahme von der Regel macht, die er sich vor 15 Jahren gesetzt hat, nämlich, »nicht mehr seine Zeit damit zu verlieren, Probleme der Geometrie zu lösen«. Besser noch: »Aus Liebe zu seinem Freund« und »da er gehört hat, daß ihm einige Punkte seiner *Geometrie* unverständlich sind«, gibt er ihm schriftliche Erläuterungen.

Auf der anderen Seite stellt er seinen gelehrten Feinden mathematische Fallen. Der unglückliche Roberval, der genau wie Beeckman besser begabt ist für die Physik als für die Theorie, fällt mehr als einmal auf sie herein.

Es ist Descartes' Freund Florimond de Beaune, der

sich unter der Anleitung des Autors an die Erläuterung der *Geometrie* macht. So wird sie »für die Mathematiker des Jahrhunderts zugänglich«, jetzt begreifen sie ihre Tragweite. Endlich findet die Geometrie den Anklang, der ihr gebührt.

In den Niederlanden unternimmt Schooten, der Inhaber des Lehrstuhls für Mathematik an der Universität Leyden, diese Erläuterung in Latein, um sie allen Gelehrten Europas bekannt zu machen...

Descartes wird jetzt zur Zielscheibe eines rachsüchtigen calvinistischen Ministers, der überall papistische, ketzerische und atheistische Komplotte gegen den *wahren Glauben* wittert. Er heißt Voet, läßt sich nach Art der Pedanten Voëtius nennen und verfolgt die Verbreiter »teuflischer Lügen«. Zumeist sind unschuldige Autoren von Zerstreuungsliteratur seine Opfer, Verfasser »komischer Romane« oder amüsanter Parodien auf die gewichtigen, aufgeblähten, unlesbaren theologischen Schriften. In seinen dicken, von hochgebildeten Zitaten durchzogenen »Thesen« widerlegt er die verderblichen Abhandlungen und nimmt sie zugleich völlig ernst. Dabei bedenkt er die Spaßmacher mit Schmeichelworten wie »Juden« – in dem Kontext jener Zeit bedeutete dies »Ausgeburten der Hölle« – und »Vipernbrut«. Seine Mitbrüder sind seiner Delirien leid und machen sich nicht mehr die Mühe, ihn zurechtzuweisen. Sie sehen in ihm den Don Quichote der Theologie... Kurz gesagt, er ist völlig verrückt! Auch als er René Descartes angreift, nimmt man ihn nicht ernster als sonst.

Derweil steigt die Zahl der Cartesianer an der Universität von Utrecht beträchtlich an. Besonders unter den Medizinstudenten, denn sie hat die Theorie des Brutkreislaufs überzeugt. Descartes hatte sie von Harvey übernommen und von einigen Mängeln befreit. Regius bereitet eigene Thesen vor, um den Schildhaltern der traditionellen Medizin, »die Aristoteles treu bleiben wollen«, den Todesstoß zu versetzen. Er würde gern den Glanz des Ereignisses noch steigern, indem er sich der Anwesenheit des »Meisters« versichert.

Eine Möglichkeit gibt es: Herr Descartes schätzt die gelehrten Frauen sehr. Eine von ihnen lebt in Utrecht, das sehr berühmte Fräulein de Schurmans. Er braucht Descartes gegenüber nur ihre Verdienste zu rühmen.

»Dieses wunderbare Mädchen«, so sagt man ihm, »ist mit seinen siebenundzwanzig Jahren in der Kenntnis der Künste und Wissenschaften weiter fortgeschritten als die meisten greisen Gelehrten. Sie besitzt Kenntnisse in einer großen Zahl von Sprachen, welche sie fließend spricht und schreibt. So kennt sie alle Sprachen Europas, die lebenden und die ›des Volkes‹, das Türkische eingeschlossen. Unter den orientalischen Sprachen hat sie sich vor allem mit dem Hebräischen, dem Syrischen, Chaldäischen und Arabischen befaßt. Sie beherrscht alle Feinheiten des Griechischen, schreibt besseres Latein als die Gelehrten, die ihr ganzes Leben nichts anderes getan haben, und Französisch fast so feinsinnig wie Guez de Balzac.

Sie kennt die Schönen Künste nicht nur in der Theorie, sie hat sich auch in ihrer Anwendung mit großer Erlesenheit vervollkommnet. Dergestalt, daß alle mit höchster Bewunderung die herrlichen Werke ihrer Hände besichtigen, Malereien, Miniaturen, Illuminationen, Skulpturen, Stiche mit der Nadel und dem Diamanten in Kupfer, Glas, Wachs, Holz und Stein.

Schließlich ist sie in den anderen Künsten sehr geübt, etwa der Poesie, Redekunst, Dialektik... Nicht minder hat sie sich in die abstraktesten und dornenreichsten Wissenschaften vertieft. Außer der Mathematik kennt sie die scholastische Philosophie und die Sophistik und disputiert bewundernswert in ihr. Dabei ist die Theologie noch nicht genannt, die Heilige Schrift, die griechischen und lateinischen Kirchenväter, über die sie gewöhnlich ihre Unterhaltung am Originaltext führt.«

Schon ist Descartes ganz aufgeregt bei dem Gedanken, dieser gelehrten Frau zu begegnen... Während er die Thesen von Regius korrigiert und wütend jedes *Cartesius* streicht, das der ergebene Doktor in seine lateinische Abhandlung eingestreut hat, und es durch ein klares *Descartes* ersetzt, kommt ihm eine Idee: Er gibt seinem »Jünger« – Regius nennt sich so – zu verstehen, daß er dem Disput seiner Thesen unter der Bedingung beiwohnen werde, daß er sie in der Loge von Fräulein Schurmans hören könne. Geschmeichelt von der außergewöhnlichen Ehre entfaltet Regius all seine Kräfte, um den Wunsch des »Meisters« zu erfüllen. Die Sache glückt.

Aber das Zusammentreffen verläuft unglücklich...

Schon seit einigen Jahren hat es sich Herr Voëtius zur Aufgabe gemacht, dem »wunderbaren Fräulein« Lektionen in Theologie zu geben und sie mit den Kontroversen der Religion vertraut zu machen, ganz offensichtlich mit dem Ziel, sie zu verführen. Gewiß,

»sie habe ihm ihr Herz nicht anvertraut«, wie sie zu Descartes sagt, »aber da sie seit der Zeit die Minister von Utrecht nicht reformiert und spirituell[1] genug finde«, habe sie sich unter die Fuchtel des Herrn Labadie begeben, eines puritanischen Predigers, der bei den Calvinisten als »Sektierer und falscher Prophet« gilt. Seitdem, so sagt sie und senkt dabei züchtig die Augen, habe sie sich »mit Leib und Seele Jesus Christus verschrieben«. Kurz, für die Männer im Allgemeinen und für Descartes im Besonderen ist sie verloren.

Es macht ihn rasend vor Wut... Die erste Niederlage seit langem. Und es macht ihm das Herz schwer, so sehr, daß er an Pater Mersenne schreibt:

»Dieser Voëtius hat auch Fräulein von Schurmans verdorben; denn während sie einen ausgezeichneten Verstand für Dichtkunst, Malerei und andere Artigkeiten hat, beherrscht er sie schon seit fünf oder sechs Jahren so vollständig, daß sie sich nur mehr mit theologischen Streitigkeiten beschäftigt, wodurch sie den Umgang mit allen anständigen Leuten verliert.

Wenn er davon spricht, ist er bedeutend rüder: »Weil Voëtius verärgert war, daß er ihr Herz nicht erobern konnte«, so verbreitet er überall, »hat er dieses arme Mädchen, das doch die Vollkommenheit selbst war, völlig aus dem Gleichgewicht gebracht! Seitdem spielt sie die besessene Jungfrau und verliert langsam den Verstand... Schon ist sie in den Fängen Labadies und seiner fanatischen Sekte.«

Die Neuigkeit wird überall herumerzählt. Den verlogenen Theologen ergreift ein unbändiger Haß. In seinem kranken Hirn wird René Descartes zum Anti-

1 um Spiritualität bemüht

christ schlechthin... Der denunziert und abgeurteilt werden muß.

Das ist noch nicht alles. Herrn Descartes hatte das Urteil, das Pater Ciermans, der Jesuit von Leuven, über seine Schriften abgegeben hatte, sehr wohlgetan. *Und da ich weiß, wie groß die Entsprechung und Einigkeit unter den Mitgliedern dieses Ordens ist, genügt schon das Zeugnis eines Einzelnen, um mich hoffen zu lassen, daß ich sie alle auf meiner Seite habe,* hatte er an seinen Freund Huygens geschrieben. Doch einer von ihnen, Pater Bourdin, zuerst Mathematikprofessor in La Flèche und dann am Kolleg Clermont (dem späteren Lycée Louis-le-Grand), läßt Descartes' *Dioptrik* von einem seiner Schüler in einer Doktorarbeit angreifen. Das ist es, »was er am meisten fürchte«, erklärt Descartes dem Sekretär des Prinzen von Oranien.

* *Übrigens glaube ich, daß ich mit den Jesuiten in den Kriegszustand treten werde. Denn ihr Mathematiker von Paris hat meine Dioptrik in seinen Thesen öffentlich abgelehnt. Ich habe daraufhin seinem Prior geschrieben, um ihre ganze Gesellschaft in diesen Streit zu verwickeln. Denn obgleich ich seit langem zur Genüge weiß, daß es nicht gut ist, sich Gegner zuzuziehen, so glaube ich doch, da sie sich von selbst aufregen werden und ich dies nicht vermeiden kann, daß es ein für alle mal besser ist, ihnen allen zusammen zu begegnen, als einen nach dem andern zu erwarten, wobei ich niemals zu Ende kommen würde.*

Es macht ihm in der Tat viele Feinde...

Dann, am 7. September 1640, verliert er seine liebe Tochter Francine. Sie stirbt am dritten Tag an einer Krankheit, von der »ihr Körper ganz purpurrot ist«. René Descartes beweint sein Kind mit einer Zärtlichkeit, die beweist, so sagen seine Freunde, daß »die wahre Philosophie die Natur des Menschen nicht erstickt«. Am Boden zerstört erklärt Descartes, »daß sie ihm mit ihrem Tod den größte Kummer bereitet hat, den er je in seinem Leben verspürte« ...

Drei Wochen später verläßt er Amersfoort, drei Meilen von Utrecht, und kehrt nach Leyden zurück. Damit gibt er auch das Familienleben auf – allerdings war es relativ gewesen, er war noch stets amourösen Abenteuern nachgegangen – und nimmt die Irrfahrt des Herzens wieder auf ...

In Utrecht läßt er einen völlig entfesselten Voëtius zurück, welcher die katholischen Theologen und Pater Mersenne zu Hilfe ruft, während er die Calvinisten vor »diesem *französischen Spion*« warnt, »diesem *wilden Jesuiten*, dem *Jesuiten im kurzen Rock*, der gekommen ist, die holländischen Schulen zu verwirren, indem er Regius manipuliert.« Aber da Voëtius sich mit den meisten Ministern dieser Religion überworfen hat und sie »seine Übertreibungen und üblen Lügengeschichten nicht mehr ertragen«, schreiben sie an Marin Mersenne, »ist auch diese neue Grille als Folge seiner Geistesstörung anzusehen, an die sie sich schon lange gewöhnt haben«.

1640 ist ein grausames Jahr. Descartes erfährt vom Tod seiner Schwester Jeanne. Sie hatte ihn aufgezogen, für ihn die Stelle der Mutter eingenommen, ihn zärtlich geliebt ...

Im Oktober macht Mersenne eine Anspielung auf den Tod seines Vaters und spricht ihm sein Beileid aus. Descartes hatte nichts davon gewußt. Seine Brüder hatten es nicht für zuträglich gehalten, ihn von Krankheit und Ableben Joachim Descartes' zu informieren.

Ein Monat, nachdem sein Vater begraben worden ist, schreibt sein ältester Bruder ihm auf Bitten des Notars einen Brief. Man muß schließlich die Erbangelegenheiten regeln …

Zum ersten und letzten Mal hat Joachim Descartes etwas für seinen Sohn getan. Allerdings ungewollt! René Descartes befindet sich in einer kritischen finanziellen Situation. Die Kreditangebote, die ihm seine Mitbrüder vom Rosenkreuzer-Orden regelmäßig erneuern, weist er zurück. Er hat keine Einkünfte mehr. Einmal denkt er sogar daran, nach England zu emigrieren. Der gelehrte Mitbruder Cavendish[1] drängt ihn zu kommen: Seine »Philosophie« (die *Abhandlung*) »erfährt im ganzen Land eine Woge der Zustimmung«, und er will sich, »mit der Unterstützung der zahlreichen in den Orden [der Fraternität vom Rosenkreuz] aufgenommenen adligen Engländer dafür einsetzen, daß Descartes ein Amt als königlicher Mathematiker [mit einer Pension] ohne Lehrverpflichtung bekommt«. Aber wegen der politischen Unruhen in England verzichtet Descartes auf diese Möglichkeit.

Da kommt die Erbschaft von seinem Vater gerade recht …!

Im übrigen fällt der Krieg mit den Jesuiten nur kurz aus. Er hatte ihn gefürchtet, weil er wußte, daß die Theologen der Kompanie Jesu sich nach der *Dioptrik*, einer einfachen Vorspeise, an seine Philosophie machen würden. Darin schreibt er über Metaphysik, die, wie er sagt, *die Wurzel des Baums der Erkenntnis ist, dessen Früchte die Wissenschaften sind.*

---

1 Der Großvater oder Großonkel des berühmten Physikers und Chemikers Henry Cavendish

Aber in Paris wacht sein Freund Gérard des Argues für ihn. Er informiert Pater Dinet, der bei den Jesuiten großen Einfluß hat. Auf seine Fürsprache hin weist der Generalsuperior Pater Bourdin an, seinen Streit als Einzelperson weiterzuführen. Noch besser: Der Beichtvater des Königs erhält von Ludwig XIII alles, was er will, denn dieser lebt in großem Schrecken, nicht vor dem Tod – er wünscht sich nichts als ihn – sondern davor, für seine Verbrechen in der Hölle zu büßen... Auf Bitten des früheren Präfekten von La Flèche wird René Descartes an den Hof gerufen! Pater Dinet will sich dafür einsetzen, daß »der größte Mathematiker, den Gott schuf«, eine Pension erhält.

Descartes lehnt ab. Solange Richelieu lebt, wird er nicht nach Frankreich zurückkehren.

Mit seinem ältesten Bruder fangen nun langwierige Verhandlungen um das Erbteil an, sie werden von Abbé Picot geführt, der mit einer Vollmacht seines Freundes ausgestattet ist.

Immerhin steht René Descartes jetzt nicht mehr mittellos da: Seine Mitbrüder vom Rosenkreuzer-Orden beeilen sich, ihm Hypotheken auf die väterliche Erbschaft anzubieten. Da er sie zurückzahlen kann, willigt er ein.

In solchen Bedrängnissen und materiellen Widrigkeiten – er mietet sich jetzt Häuser in Vororten, arbeitet selbst im Garten und ernährt sich von Gemüse und den Eiern aus seinem Hühnerhof – schreibt und veröffentlicht er am 28. August 1641 *Die Meditationen über die Grundlagen der Philosophie.* Immer noch erfüllt vom Schmerz über den Tod seiner geliebten Tochter und seiner Schwester, treibt er den

»methodischen Zweifel« ins Extrem: Selbst wenn unsere Sinne uns täuschen, selbst wenn die Welt nur in der Illusion besteht, ein Ding bleibt gewiß und wahr, jeder Mensch kann es bestätigen: »Ich denke, also bin ich.« Mit allem anderen macht er reinen Tisch. Von dieser Wahrheit ausgehend, baut er neu auf. Er legt die Grundlagen des modernen Denkens.[1]

Sein »Krieg« mit den Jesuiten ist zu Ende, er verliert damit einige hartnäckige und gefährliche Gegner. Er hat ihnen sein Manuskript zu lesen gegeben und veröffentlicht jetzt die Antworten auf ihre Einwände zusammen mit dem Traktat. Daraufhin vermittelt Pater Dinet eine Versöhnung mit Pater Bourdin. Die Kompanie hat reichlich damit zu tun, die Jansenisten zu bekämpfen. Sie greift niemals auf zwei Fronten an. René Descartes würde später an die Reihe kommen, nach seinem Tod... Am Ende des 17. Jahrhunderts sollten ihn die Jesuiten dann allerdings rehabilitieren, ihn »vereinnahmen«, um nicht vom Cartesianismus hinweggefegt zu werden.

Aber der Krieg, den Voëtius ihm erklärt hat, flackert durch das Betreiben eines merkwürdigen Menschen wieder auf.

Herr de Sorbière bereist alle Länder des Nordens. Er läßt sich als »gebildeten Mann« handeln, der auf alles neugierig ist. In dieser Gestalt unternimmt er eine Rundreise durch die »Gelehrtenkabinette«... Schließ-

1 Nach ihm werden alle Philosophen, Sartre eingeschlossen, nur *im Rückgriff* auf die »Meditationen« denken.

lich kommt er zu Descartes und präsentiert sich als einer seiner »Anhänger«. Der Philosoph, von seinen Mitbrüdern schon gewarnt, empfängt ihn kühl: Sorbière ist höchstwahrscheinlich ein Mitglied der Gesellschaft vom Heiligen Sakrament mit dem Auftrag, die Rosenkreuzer auszukundschaften. Tatsache ist, daß er Descartes' Bleibe ausfindig gemacht hat, irgendwo zwischen Den Haag und Haarlem auf einem felsigen Vorsprung am Strand; dabei hält der Philosoph diesen Ort geheim und läßt sich seine Post an Freunde schicken. Um ihn zu finden muß man wirklich ein erfahrenes Mitglied des Geheimdienstes sein! Früher hatten sich etliche Pedanten daran versucht, ohne ans Ziel zu gelangen.

Während er sich bei Descartes »Cartesianer« nennt, bezeichnet er sich bei Gassendi als »Epikuräer«. Denn außer ihrer Bekanntheit als Gelehrte, die ihren Schriften einen großen Anklang sichert, haben die beiden Mathematiker einen weiteren Punkt gemein: Der Autor der »Abhandlung über die Methode« ist der Theoretiker des Rosenkreuzer-Ordens, der gelehrte Priester gibt vor, die Bruderschaft Epikurs[1] wiedererwecken zu wollen. Daß er jeweils den einen beim anderen kritisiert, ist nur ein Vorwand, in Wirklichkeit sammelt der Agent der Gesellschaft (wie die *Kompanie* [Jesu] wird sie nie beim vollen Namen genannt) Informationen und möglicherweise auch Namen, um die »Anhänger der heidnischen Orden« zu denunzieren.

Sorbière geht also zu Gassendi, wiederholt in verfälschter Form René Descartes' Äußerungen, nimmt

1 Entgegen seinem Ruf war er sehr sittenstreng.

ihn gegen diesen ein, facht ihren Streit an, bringt alles an die Öffentlichkeit und verheißt sich daraus ein Wunder, denn er hofft, daß die beiden Mathematiker sich gegenseitig schaden werden.

Auf der Frankfurter Messe, seit Erfindung der Buchkunst geben sich hier die Buchhändler aus ganz Europa ein Stelldichein, stürzen sich die Literaten auf [Herrn] Gassendis Buch. Sie werden schwer enttäuscht: es ist schlecht, und Herr Descartes antwortet nicht.

Die Affäre erstickt.

Bleibt noch Voëtius, der nicht aufhört, »anticartesianische« Bücher zu publizieren.

Der calvinistische Theologe verteilt seine Schläge nach zwei Seiten. Auf der einen beschuldigt er Descartes, Atheismus zu verbreiten und behauptet, dieser ließe sich von den »Anhängern« seiner gottlosen Philosophie[1] wie ein Prophet anbeten. Auf der anderen Seite klagt er ihn der Freidenkerei an und setzt das Gerücht in Umlauf, »er hinterlasse überall natürliche Kinder«.

Zunächst nimmt René Descartes diese schwerwiegenden Anschuldigungen nicht ernst. Sein guter Freund Claude Picot ist zu ihm in die Niederlande gekommen und führt mit ihm ein lockeres Leben, das ihm über seine Trauer hinweg helfen soll... Er begnügt sich mit einer brieflichen Erwiderung, in welcher er Voëtius an seinen Schwachpunkten heftig attackiert:

Sie beginnen mit folgenden Worten: »Sein zeitweilig

---

1 Manche halten ihn für den »Autor einer Generalreformation der Welt«, wie sie vom Begründer des Rosenkreuzer-Ordens angekündigt worden war.

geheim gehaltener Name, den er dann selbst enthüllte, ist René Descartes; sein Land ist Frankreich, das Fanal des gelehrten Europa. Nach Aussagen einiger [anderer] Persönlichkeiten ist er von illustrer Geburt, zumindest ist er adelig. Um diesen Vorzug allerdings, den der Zufall auch den Bösen und Dummen gewährt, beneide ich ihn nicht.« [...] Sie wollen doch daraus nicht folgern, daß man einen, der von ehrbaren Leuten auf die Welt gebracht wurde, weniger zu schätzen hätte als einen Unglücklichen, der als Sohn eines Pferdehalters in einer Taverne geboren wurde und seine Lehrjahre der Tugend und Frömmigkeit nur unter den Freudenmädchen und Stiefelknechten einer Armee hat verbringen können.

Hier hebt er grausam Voëtius' Herkunft hervor: Es geht das Gerücht, dieser sei der Sohn eines »Hinternhändlers« – eines Zuhälters – und einer Prostituierten, oder zumindest einer Magd in einem Bordell ... Man muß zugeben, Descartes Vorgehen ist hier nicht besonders elegant. Durch die ständigen Angriffe außer sich vor Wut, kämpft er mit der Roheit eines Kavaliers. Er fährt fort:

Sie schreiben dann weiter: »Wir werden die Vorzüge dieses Adels sehen, wenn er einen legitimen Sohn hat; die Söhne, die er bisher besitzt, so sagt man, werden einmal nur unglückliche Zeugen vom Adel ihres Vaters sein.« Diese Worte ergeben keinen Sinn, da der Adel des Vaters keineswegs die Stellung eines natürlichen Sohnes verschlechtert. Was mich betrifft, hätte ich Söhne, ich würde sie nicht verleugnen: Es ist noch nicht lange her, da war ich selbst jung; ich bin ein Mann, ich habe kein Zölibat abgelegt und niemals vorgegeben, bräver sein zu wollen als die anderen. Aber da ich keine Söhne habe, bedeutet Ihr Satz nichts anderes, als daß ich Junggeselle bin.

Tatsächlich hat er keinen Sohn, oder besser, keinen mehr: das einzige natürliche Kind, das er anerkannt hatte, seine Tochter, ist seit drei Jahren tot.

Dann befaßt er sich mit dem philosophischen Aspekt des Streits, seine Argumente werden solider...

Aber Descartes begeht einen Irrtum, wenn er Voëtius mit Verachtung straft. Denn nun unterstützen Sorbière und die Agenten der Gesellschaft den Geistesgestörten, und sie sind juristische Experten.

Die Angelegenheit wird aufgeblasen und mit Lügengeschichten entstellt vor das Gericht von Utrecht gebracht. Weil er in der holländischen Provinz um Den Haag wohnt, glaubt René Descartes, außerhalb der Reichweite des wahnsinnigen Theologen zu sein. Doch er irrt: Die Vereinigten Provinzen sind untereinander durch Rechtsvereinbarungen verbunden. Die Urteilssprüche, die in einer Provinz gefällt werden, sind in allen anderen vollstreckbar. Eine, zwei Personen weisen ihn darauf hin. Den Freunden zeigt er seine Besorgnis:

Nach dem Brief einer Frau, den Sie gesehen haben, habe ich hier noch einen von einem Mann gefunden, der ansonsten nicht leicht in Furcht zu versetzen ist, in welchem er dasselbe wiederholt, daß es einen Vertrag zwischen den Provinzen von Utrecht und Holland gibt, sodaß die Urteile, die dort gesprochen werden, hier vollstreckbar sind. Man sagt mir überdies, daß sie darob an den Gerichtshof von Holland geschrieben haben, sodaß, wenn sie erhalten, was sie wollen, es dahin kommen kann, daß sie mir nichts dir nichts nach Hoef[1] *kom-*

1 sein Wohnort

men und meine Papiere beschlagnahmen, das sind alle Güter, die sie ergreifen könnten, und daß sie diese unglückliche Philosophie verbrennen, die der Grund all ihres Ärgers ist. Auch darf man sich nicht darauf ausruhen, daß man noch die Form betreffend einige Mängel erwarten kann; denn sie sind entschlossen, alles gegen die Formen durchzusetzen.

Der Mann, der ihn über die große Gefahr, verhaftet zu werden, informiert hat, ist sein Freund Wilhelm. Er bedankt sich bei ihm dafür:

Ich sehe ein, daß es nicht in Frage kommt, das Gesetz anzufechten; ich muß nur danach streben, daß ich gegen die Gewalt gewappnet bin und muß mich um meine Sicherheit kümmern. Denn was meine Ehre betrifft, so will mir scheinen, daß jene schon für sie sorgen. Ich wünschte nicht, daß V[oëtius] *die Macht hat, mich in irgendeiner schlechten Herberge verhaften zu lassen, oder selbst an irgendeinem anderen Ort, weil mich dies zu einem Prozeß zwingen würde, wozu ich mich erst so spät wie möglich entschließen will. Aber ich habe nicht vor, weiter zu gehen als von hier nach Den Haag, bis daß die Angelegenheit sich in einem anderen Zustand befindet als dem gegenwärtigen, und ich weiß nicht, ob er mich in dieser Provinz so verhaften lassen kann, und ob es in diesem Fall nicht die örtlichen Richter wären, von denen ich also verhaftet werden und vor denen die Sache verhandelt werden müßte. Wenn es sich so verhält, glaube ich nicht, daß er es wagt; aber wenn er nach meiner hiesigen Verhaftung sein Verfahren in Utrecht weiterführen kann, will ich lieber nach Den Haag gehen, denn wenn er mich schon verhaftet, soll es lieber dort sein als anderswo.*

In der Zwischenzeit danke ich Ihnen von ganzem

Herzen für die Warnung, die zu geben Sie mir die Gunst erwiesen haben, und ich hoffe, Ihnen noch in Den Haag einen Dankbesuch abzustatten, wenn es Zeit ist, daß ich mich dorthin begebe.

Schließlich unterrichtet Constantijn Huygens den Prinzen von Oranien über die Vorgänge, dieser erhebt Einspruch beim Gerichtshof, man solle die Verfolgung beenden. Descartes schreibt sofort an Huygens:

* *Ich habe von Herrn de Pollot erfahren, daß Sie und er wohlwollenderweise dafür Sorge getragen haben, daß ich nicht durch Haftbefehle überrascht werden kann, wofür ich Ihnen sehr großen Dank schulde, und ich bitte Sie ganz ergebenst, in dieser Mühewaltung fortzufahren, derer ich jetzt mehr denn je bedarf; meine Feinde schlafen nicht, sie sind heftiger und arglistiger als man sich vorstellen kann; und wo ich jetzt von Verhaftung sprechen höre, würde ich mich hier nicht mehr in Sicherheit glauben, wenn ich nicht Ihrer Freundschaft gänzlich sicher wäre. Damit Sie aber indessen wissen, daß* mihi etiam vacat in vicinam mortis carmen facere, *und daß diese Zwistigkeiten mich nicht an meinen üblichen Belustigungen hindern, möchte ich Ihnen sagen, daß ich jetzt bei der Erklärung der Schwerkraft bin.*

Ja, sogar »bei herannahendem Tode arbeitet er noch«. Er verfaßt die Grundlagen der Philosophie... Und fügt hinzu:

Die Broschüre, die Sie mir neulich freundlicherweise von Pater Mersenne weiterleiteten, stellt eine Verschwörung gegen die gesamte Gemeinschaft der Jesuiten dar. Sie stammt von Herrn Arnauld, einem Doktor der Sorbonne und Enkel jenes Advokaten, welcher einst gegen die Kompanie plädierte, sodaß sie aus Frankreich verjagt wurde. Der Streit rührt daher, daß er vor kurzem ein Buch geschrieben hat, in welchem er beweist, daß man erst zur Kommunion gehen darf, wenn man für seine Sünden gebüßt hat, und damit einen Jesuiten widerlegte, ohne ihn beim Namen zu nennen. Darauf waren die anderen, die die gegenteilige Auffassung lehren, erbost, und ein Pater Nouët, ihr Prediger, hielt hintereinander fünf oder sechs Predigten gegen das Buch. Wie es in der Komödie Brauch ist, kündigte er stets vorher an, daß auch am nächsten Sonntag dasselbe Stück gegeben würde, sodaß die Leute von allen Seiten hineilten. Daraufhin ließ Arnauld umgehend sein Buch drucken und fügte ihm noch jene Broschüre hinzu, die als Vorwort und Antwort auf die Predigten Pater Nouëts dienen sollte. [...]

Der Inhalt steht Ihnen nicht zur Verfügung, aber wenn Sie sich die Mühe machen, ihn zu lesen, werden Sie feststellen, daß er kühner gegen das gesamte Corps der Jesuiten schreibt als ich je gegen Voëtius.

Er prahlt tatsächlich mit der Billigung von fünfzehn Bischöfen und zwanzig Doktoren, aber wenn ich alle zusammenzähle, die meinem Gegner Unrecht geben, habe ich noch viel mehr auf meiner Seite. Jedenfalls kann ich sicher sein, daß Herr Arnauld die Behandlung nicht zu fürchten hat, die man mir angedeihen lassen wollte.

Ich stehe sehr in Ihrer Schuld wegen Ihres Beitrags zur Verhinderung. Ich warte noch auf Neuigkeiten aus Utrecht, um an Herrn de Pollot zu schreiben. Er setzt sich für mich ein, ich will nicht sagen, wie ein Bruder, denn die meinen leisten mir keine guten Dienste, sondern wie ein Freund, der mehr Sorge trägt für die Dinge, die mich angehen, als ich sie selbst hätte.

Herr Arnauld, der junge Theologe von Port-Royal,

ist nicht der Enkel, sondern der Sohn des jesuitenfeindlichen Advokaten. Außer in diesem kleinen Punkt hat René Descartes völlig recht: In Frankreich hat sich vieles geändert. Ludwig XIII und Richelieu sind tot. Unter der Regentschaft Annas von Österreich hat Mazarin die (öffentlichen) »Geschäfte« übernommen. Er führt eine Befriedungspolitik. René Descartes kann in sein Land zurückkehren, ohne um sein Leben fürchten zu müssen.

Ende Juni 1644 ist er in Paris bei Abbé Picot. Man findet ihn auch im Palais des Tournelles, bei seinem Freund Claude Mydorge, »wo sich alle Freunde drängen, um ihn nach 15 Jahren der Abwesenheit zu umarmen«, und im Kloster der Minimen, an der Place Royale, wo er Marin Mersenne besucht.

Dann reist er ab nach Blois, um Florimond de Beaune zu begrüßen, den die Gicht zu sehr plagt, als daß er sich in die Hauptstadt begeben könnte. Der Kommentator der *Geometrie* zeigt Herrn Descartes einige von ihm selbst entwickelte Brillen... Obwohl sie noch keine sphärischen Gläser enthalten, »da man«, sagt de Beaune, »wegen des Mangels an technischen Methoden die hervorragenden Prinzipien der *Dioptrik* noch nicht anwenden könne«, erweisen sie sich als recht gut.

Von dort begibt er sich nach der Bretagne, um das Erbe seines Vaters zu regeln.

Während sein Schwager du Crevis, der Witwer seiner vielgeliebten Schwester Jeanne, und sein Halbbruder Joachim »ihm alle Genugtuung bereiten, die er von seinen Verwandten rechtmäßig erwarten kann«, gilt dies nicht für seinen älteren Bruder Pierre. Herr de la Brétaillière verfolgt ihn mit dem väterlichen Haß. Er findet immer neue Verfahrenshindernisse.

Mitten in diesen unangenehmen und schmutzigen Händeln kündigt ihm ein Brief von Claude Picot die Ankunft der ersten Exemplare seiner *Grundlagen der Philosophie* an, Philosophie heißt hier Erkenntnis: das Buch handelt hauptsächlich von den Naturwissenschaften. In seinem kleinen *Traktat über Mechanik*, das er auf Bitten von Constantijn Huygens schrieb, hat er erstmals die *Arbeit* als eine Leistung von Kräften aufgefaßt. Diese mathematische Theorie ermöglicht später die Entwicklung von Maschinen. Er hat die Grundlagen der experimentellen Forschung und des modernen wissenschaftlichen Vorgehens gelegt...

Das Traktat verläßt am 10. Juli 1646 die Druckerei Elzevier, man hat über ein Jahr daran gearbeitet, da es mit zahlreichen Stichen illustriert ist. Es ist in Latein geschrieben, sodaß sein Autor, dessen Bekanntheit von den Anhängern der neuen Philosophie über die Grenzen verbreitet wird, hoffen kann, daß es in ganz Europa verkauft wird. Diese Aussicht und sein Horror vor Diskussionen um Geld bringen ihn dazu, in aller Eile einen Vertrag mit seinem ältesten Bruder zu schließen, in welchem dieser sich verpflichtet, ihm auf sein Erbteil eine Rente auszuzahlen.

Es ist ein schlechtes Arrangement, aber wenigstens, schreibt René Descartes an Claude Picot, »erspart es einen Prozeß« – aus Geldmangel hätte er ihn nicht führen können... Bei einem Notar läßt er auf den Namen seines Freundes Vollmachten ausstellen, der so diese Verträge überschreiben und verkaufen kann, womit er nötigenfalls schnell an flüssiges Geld kommt.

Nach einem kurzen Aufenthalt in Paris, wo er die Freiexemplare verteilt, begibt er sich – endlich – wieder in die Niederlande.

Denn er ist nur unter dem Druck seiner Geldangelegenheiten nach Frankreich zurückgekehrt. Am Hof der »Königin von Böhmen«, der Witwe des Kurfürsten von der Pfalz, der vor Prag bei der Schlacht am Weißen Berg seine Krone verloren hatte, erwartet ihn seine große und letzte Liebe.

Elisabeth, Prinzessin von Böhmen, ist eine jener gelehrten Frauen, die Descartes vergöttert. Er hat sie ein Jahr zuvor kennengelernt. Sie verliebte sich in den berühmten Mathematiker, er verliebte sich in die Philosophenprinzessin... »Sie versteht meine Mathematik wie viele Mathematiker, die meine Metaphysik nicht verstehen, und meine Philosophie wie viele Philosophen, die meine Mathematik nicht verstehen«, schreibt er voller Begeisterung an seine Freunde. Seitdem lieben sie sich.

Sie lieben sich, doch müssen sie ihre Liebe geheimhalten. Wegen ihres hohen Ranges kann sich die pfälzische Prinzessin nicht mit einem einfachen Edelmann kompromittieren, geschweige denn mit einem Bürgerlichen, selbst wenn es sich um den »größten Mathematiker, den Gott schuf«, handelt. Sie hat ihn mit dem Eid des Hypokrates[1] schwören lassen, daß er für

1 Ein von den Medizinern stammender Eid. Sie müssen unter anderem schwören, als Geheimnis zu bewahren, was ihnen ihre Patienten anvertrauen.

immer Stillschweigen über ihre Verbindung bewahren würde. Und er, geblendet von dieser Prinzessin, die mit *Ihre Freundin* unterschreibt, und voll Verwunderung über diese verhinderte Liebe, gehorcht ihr wie ein Kind...

Erst mit 47 Jahren entdeckt er nun die Freuden der romantischen Liebe. Er spielt *Romeo und Julia.* Dieser Don Juan der unzähligen Eroberungen verhält sich toll vor Glück wie ein Schuljunge... Er kann es nicht lassen, mit seinem Glück zu prahlen!

Kurz vor seiner Abreise nach Paris schreibt er an seinen Freund Pollot:

Das Zusammentreffen mit vier oder fünf französischen Gesichtern, die von der Königin herabkamen, als ich gerade aus den Gemächern von Madame der Prinzessin von B[öhmen] *trat, war der Grund, weshalb ich kürzlich nicht die Ehre hatte, Sie wiederzusehen, und mich ohne Abschied entfernte. Ich hatte von weitem gehört, wie sie meinen Namen nannten, und da ich fürchtete, diese Aufgeweckten könnten mich mit ihren Reden aufhalten, während ich nur das Bedürfnis hatte, zu schlafen, zog ich mich so schnell zurück, wie es mir möglich war, und hatte nicht mehr die Zeit, einem Ihrer Leute zu sagen, daß ich Ihnen einen guten Abend wünschte.*

Kindereien...

Aber ach, dieses Glück soll nicht länger als drei Jahre dauern... Weniger als ein Jahr nach seiner Rückkehr wird eine peinliche Affäre ihr ein Ende setzen.

Ein französischer Edelmann namens L'Espinay, in der Gunst von Gaston d'Orléans, war vom Hofe Frankreichs verjagt worden, da er Monsieur mit einer seiner Mätressen, der schönen Louison, Hörner aufgesetzt hatte. Er war nach Holland geflohen, zur Königin von Böhmen. Er hatte zuerst die Königin liebkost und dann die Prinzessin Luise, eine ihrer Töchter, welche er so schön »eingewickelt« hatte, daß sie schwanger wurde … Sie kam heimlich in Leyden nieder.

Um die Ehre der Familie zu rächen, läßt ihr Bruder Philipp ihn eines Abends in seinem Beisein von den englischen Leibwächtern ermorden. L'Espinay, ein guter Fechter, ist in Begleitung des Sohnes von Madame des Loges. »Aber jener rührte den Degen kaum an«, berichten die Zeugen. »Espinay verteidigte sich und wurde von so vielen Stößen durchbohrt, daß die Waffen sich in seinem Leib trafen. Er leistete auf Knien noch einigen Widerstand, bis er schließlich starb.«

Die »schrecklichen Umstände dieses feigen Attentats« erwecken allgemeine Mißbilligung. Indigniert und »in heimlicher Trauer« um den Tod des schönen L'Espinay schickt die Königin von Böhmen ihren Sohn ins Exil. Und da die Prinzessin »in aller Öffentlichkeit ihren Kummer über das Gebaren ihrer Schwester« – und ihrer Mutter – »gezeigt hatte«, wird sie ebenfalls ins Exil geschickt, unter dem Vorwand, sie habe mit ihrem Bruder gemeinsame Sache gemacht.

Elisabeth verläßt Den Haag. In tiefer Verzweiflung begibt sie sich nach Deutschland …

Als echter Stoiker schreibt ihr René Descartes und mahnt sie zur Tapferkeit. Seinen Brief schließt er so:

* *Ich würde fürchten, daß dieser Stil lächerlich wäre, wenn ich mich seiner beim Schreiben an irgend jemand anderen bediente; weil ich aber dafür halte, daß Eure Hoheit die edelste und erhabenste Seele besitzt, die ich*

kenne, glaube ich, daß sie auch die glücklichste sein muß, und daß sie es wirklich sein wird, wenn es ihr nur beliebt, die Augen auf das, was unter ihr ist, zu werfen und den Wert der Güter, die sie besitzt und die ihr niemals genommen werden können, mit denen zu vergleichen, deren das Schicksal sie beraubt hat, und mit den Leiden, mit denen sie das Schicksal in der Person ihrer Nächsten verfolgt; denn dann wird sie den großen Anlaß einsehen, den sie hat, mit ihren eigenen Gütern zufrieden zu sein. Der äußerste Diensteifer, den ich für Sie empfinde, ist Ursache, daß ich mich zu dieser Rede habe hinreißen lassen, die ich Sie ganz ergebenst zu entschuldigen bitte…

Aber am selben Tag schreibt er auch an Pollot, und hier verliert er die Fassung. *Ich bin in weniger als einem Jahr um zwanzig Jahre gealtert*, gesteht er.

Herr Descartes ist sehr unglücklich. Er ist für immer von Elisabeth getrennt, seiner Philosophenprinzessin… Er leidet. Er zweifelt an ihr, er zweifelt an sich…

Liebt sie ihn noch? Gewiß, aber platonisch. Wie man einen Vater liebt – schlimmer noch, einen geistigen Vater. Im steten Austausch langer Briefe antwortet er auf ihre Kümmernisse, auf ihre Fragen, auf ihre Unsicherheiten… Er unterhält sie über das Höchste Gut, seine Philosophie… Sie bewundert ihn über alle Maßen. Sie liebt »den Größten der Mathematiker« in ihm. Liebt sie ihn als *Mann*? Ist René Descartes noch liebenswert?

Sie ist schön, sie ist jung, sie ist intelligent, sie ist eine Prinzessin von der Pfalz.

Er ist fünfzig Jahre alt. Ein Graukopf... Er fühlt sich alt. Häßlich wie zu den schlimmsten Zeiten seiner Jugend. Verbraucht. Aufgedunsen vom Alkohol und vom faulen Fleisch. Er hat mit seinem Freund Picot so viele Feste gefeiert. Er verliert die Haare...

In Paris läßt er sich beim besten Perückenmacher Europas eine Perücke anfertigen, mit echtem, glattem, sehr schwarzem Haar, in das eitel einige graue eingestreut sind. Eine täuschende Imitation seiner natürlichen Tracht... Aber er ist nicht mit dem Herzen dabei. Die Frauen lieben ihn nicht mehr um seiner selbst willen. René Descartes ist der unglücklichste aller Männer...

Jeder hat seine Hölle. Für René Descartes ist das Altern die Hölle.

Schon lange hat er auf das Degenführen verzichtet, jetzt kann er nicht einmal mehr reiten. Er bewegt sich nur noch in Karossen fort und, wenn möglich, mit dem Schiff, auf den Kanälen Hollands. Mit den langen Ausritten hat es ein Ende! Der stolze Kavalier ist ohne Reittier nur mehr ein friedlicher Fahrgast der Post...

Er lehnt sich auf. Er schreibt an Freunde, die ihn unbeholfen trösten wollen: *Die Philosophie, die ich pflege, ist nicht so barbarisch und unwirtlich, daß sie den Gebrauch der Leidenschaften ablehnte; im Gegenteil, in sie allein lege ich alle Süße und alles Glück dieses Lebens.*

Er ist noch der Liebe fähig, er wird es seiner süßen Prinzessin beweisen, denn auf ihr Bitten macht er sich an die Abfassung eines Traktats *Über die Leidenschaften der Seele!*

Dann schreibt er an einen anderen Freund, der sich

wundert, daß er unglücklich ist: *Daraus, daß ich die Leidenschaften studiert habe, schließen Sie, daß ich keine mehr haben dürfte; aber ich muß Ihnen sagen, ganz im Gegenteil, als ich sie untersuchte, fand ich sie fast alle gut und so nützlich für dieses Leben, daß unsere Seele keinen Grund hätte, auch nur einen Augenblick an ihren Leib gebunden zu sein, wenn sie die Leidenschaften nicht fühlte...*

Der Don Juan von Molière, der Don Giovanni von Mozart, beide Vertreter der Freidenkerei und beide Selbstporträts der Künstler, wählen lieber den Tod als den Verzicht. Descartes hat nicht das Recht dazu. Das Kommandeursstatut, »das Gesetz, das uns anhält, allen Menschen so viel Gutes wie möglich zu tun«, ist sein eigenes Gesetz – das Gesetz der Bruderschaft vom Rosenkreuz. Er hat sich frei entschieden, ihm zu gehorchen. Er beugt sich nur diesem Gesetz.

In seiner bescheidenen Wohnung, die er von Bauern gemietet hat, kultiviert er den Garten, um sich zu ernähren. Den Besuchern, die kommen, um seine Bibliothek zu sehen, zeigt er Hühnerhof und Kaninchenstall... Hier sind seine Bücher: die Tiere, die er seziert. Gewiß, er hatte nie das Geld besessen, um sich wissenschaftliche Werke zu kaufen, er hatte sie immer in Bibliotheken konsultiert. Jetzt, wo er sich nicht mehr als Student an den Universitäten einschreiben kann, verzichtet er ganz auf sie oder borgt sie von anderen. Die Geldsorgen sind überwältigend, er lebt äußerst sparsam, enthält sich des Weins und des Fleisches, reserviert sie für seine seltenen Gäste mit der Behauptung, er müsse eine Diät einhalten.

In Not und Einsamkeit bereitet er das *Traktat vom Menschen und vom Tier* vor.

Wo er nur kann, läßt er anderen Menschen in Not Hilfe und Unterstützung zukommen. Von seinen Mitbrüdern erbittet er nichts für sich selbst; aber er schreibt an Constantijn Huygens, damit dieser für seinen Nachbarn, einen Gastwirt, eintritt:

* *Ich weiß, daß Sie so viele Beschäftigungen haben, die besser sind, als sich mit der Lektüre von Komplimenten eines Menschen aufzuhalten, der hier nur mit Bauern Umgang hat, sodaß ich mir Ihnen zu schreiben nur anmaße, wenn ich irgendeinen Grund zu dieser Betätigung habe. Der sich jetzt darbietende kann Ihnen Anlaß geben, Ihre Barmherzigkeit an der Person eines armen Bauern meiner Nachbarschaft walten zu lassen, der das Unglück gehabt hat, einen anderen zu töten. Seine Angehörigen haben die Absicht, zu der Milde seiner Hoheit ihre Zuflucht zu nehmen, um die Gewährung seiner Gnade zu erlangen, und sie haben ebenfalls gewünscht, daß ich Ihnen schreibe, um Sie zu bitten, ihr Ersuchen mit einem wohlwollenden Wort unterstützen zu wollen, falls sich die Gelegenheit dazu bietet. Was mich betrifft, der nichts so sehr sucht als Sicherheit und Ruhe, so bin ich sehr froh, in einem Lande zu leben, wo Verbrechen streng bestraft werden, weil Straflosigkeit den Bösewichtern zuviel Freiheit geben würde; da aber nicht alle Bewegungen unserer Gefühle immer in unserer Macht stehen, kommt es zuweilen vor, daß die besten Menschen sehr große Fehler begehen, weswegen der Gebrauch der Gnade nützlicher als der der Gesetze ist, weil es besser ist, daß ein anständiger Mensch gerettet wird, als daß tausend böse bestraft werden; daher ist Verzeihen die rühmlichste und erhabenste Tat, die Fürsten ausführen können. Der Bauer, für den ich bitte, steht hier im Ruf, keineswegs streitsüchtig zu sein und*

vor diesem Unglück niemals jemandem Kummer bereitet zu haben. Was man am meisten zu seinem Nachteil anführen kann, ist, daß seine Mutter mit dem Verstorbenen verheiratet war; wenn man aber hinzufügt, daß sie von diesem höchst schmählich geschlagen wurde, und zwar mehrere Jahre hindurch, in denen sie mit ihm Haushalt führte, bis sie sich endlich von ihm trennte und ihn nicht mehr als ihren Ehegatten, sondern als ihren Verfolger und Feind betrachtete, der ihr sogar aus Rache für diese Trennung drohte, einem ihrer Kinder (eines von ihnen ist dieser Bauer) das Leben zu nehmen, dann wird man finden, daß das alles sehr zu seiner Entschuldigung dient. Und da Sie ja wissen, daß ich über jede sich bietende Gelegenheit zu philosophieren pflege, will ich Ihnen sagen, daß ich auch die Ursache aufspüren wollte, die diesen armen Mann zu einer Handlung veranlassen konnte, die seiner Veranlagung sehr fern zu liegen schien; und ich habe erfahren, daß er zu der Zeit, als ihm dieses Unglück zustieß, einen schweren Kummer wegen der Krankheit eines seiner Kinder hatte, dessen Tod er jeden Augenblick erwartete, und daß man ihn, während er bei diesem war, zu seinem Schwager zu Hilfe rief, der von ihrem gemeinsamen Feind angegriffen wurde. Daher finde ich es keineswegs seltsam, daß er bei diesem Zusammenstoß nicht Herr seiner selbst war: denn wenn man einen großen Kummer hat und durch Trauer zur Verzweiflung gebracht ist, läßt man sich sicherlich leichter zum Zorn hinreißen, wenn irgendein Anlaß dafür auftritt, als es zu einer anderen Zeit geschehen würde. Und es sind gewöhnlich die besten Menschen, die am heftigsten erregt werden, wenn sie einerseits den Tod eines Menschen und andererseits die Lebensgefahr eines Bruders vor sich sehen. Deshalb sind die derart ohne irgendeine vorbedachte Bosheit begangenen Fehler, wie mir scheint, die entschuldbarsten. Daher ist ihm auch von allen nächsten Angehörigen des Toten verziehen worden, und zwar an dem Tage, als sie zum Begräbnis versammelt waren.

Wegen der Hunderte von Meilen, die zwischen ihnen liegen, können Elisabeth von Böhmen und René Descartes nicht mehr der verbotenen Liebschaft verdächtigt werden. Dennoch muß die Prinzessin von der Pfalz vorsichtig sein, denn sie hat sich nach Preußen, nach Berlin, in die Hochburg des evangelischen (lutherischen) Glaubens geflüchtet. Da ihre Post bespitzelt wird, bittet sie Herrn Descartes, »wenn er sie über das Höchste Gut[1] unterrichtet«, vermittels ihrer Schwester Sophie zu korrespondieren. Er reagiert sogleich wie ein erfahrenes Mitglied des Geheimdienstes: Er schlägt vor, ihre Briefe zu verschlüsseln.

Sie antwortet ihm: »Ich habe die Chiffre studiert, die Sie mir gesandt haben, und finde sie sehr gut, aber zu umständlich, um jeden Sinn zu übermitteln.« Sie benutzen sie also nur, um ihre intimsten Gedanken auszutauschen. Dann beklagt sie sich über die unglücklichen Wendungen des Schicksals, das nicht aufhört, ihr Haus zu verfolgen, und bittet ihn, ihr dieses Phänomen im Hinblick auf das Höchste Gut zu erläutern.

Er schreibt ihr einen langen Brief, in welchem er

1 das Denken der Rosenkreuzer

von der *inneren Freude* spricht, einer vitalen Kraft, die fähig sei, das Schicksal zu bezwingen: »Ich wäre an der gleichen Lungenkrankheit gestorben wie meine Mutter, wenn ich mich, wie sie, der Melancholie ergeben hätte.« Und fügt hinzu:

* *Und ich wage sogar zu glauben, daß die innere Freude eine Art geheime Kraft hat, sich das Schicksal geneigter zu machen. Ich würde dies niemals Personen schreiben, die einen schwachen Geist hätten, aus Furcht, sie zu irgendwelchen Aberglauben zu veranlassen; aber im Hinblick auf Eure Hoheit habe ich nur Sorge, daß sie sich darüber lustig macht, mich zu leichtgläubig werden zu sehen. Ich habe indessen eine Unzahl von Erfahrungen und dazu die Autorität des Sokrates für mich, um meine Meinung zu bekräftigen. Die Erfahrungen bestehen darin, daß ich oft bemerkt habe, daß die mit fröhlichem Herzen und ohne inneren Widerwillen unternommenen Dinge mir gewöhnlich glücklich ausschlagen, und zwar sogar soweit, daß ich selbst bei Glücksspielen, bei denen das Schicksal allein regiert, dieses mir stets geneigter fand, wenn ich anderweitig Anlaß zur Freude statt solchen zur Traurigkeit hatte.*

Da spricht er wirklich aus Erfahrung, schließlich hat er zehn Jahre vom Glücksspiel gelebt!

* *Und was man gewöhnlich den Schutzgeist des Sokrates nennt, ist ohne Zweifel nichts anderes, als daß er sich daran gewöhnt hatte, seinen inneren Neigungen zu folgen, und glaubte, daß das Ergebnis einer Untersuchung glücklich ausfallen würde, wenn er irgendein heimliches Gefühl der Fröhlichkeit dabei hatte, daß es aber im Gegenteil unglücklich sein würde, wenn er traurig war.*

All diese von den Rosenkreuzern stammenden

Überlegungen hat er in einem Manuskript entwickelt, das dem sokratischen Denken gewidmet ist, *De deo Socratis.* Das den Brüdern vom Rosenkreuz vorbehaltene esoterische Werk sollte nie veröffentlicht werden.

Der französische Botschafter in Schweden, Chanut, der von Pollot während seines Aufenthalts im Haag »über das Höchste Gut« unterrichtet worden war, bittet ihn vergeblich, »den Lesern neue Bücher zu liefern«. Er ist der Verfolgungen und Angriffe, der Zensoren müde!

* *Wenn ich über Moral gehandelt hätte, würde ich vielleicht Anlaß zur Hoffnung haben, daß sie ihr angenehmer sein könnten; aber das ist etwas, worüber zu schreiben ich mich nicht kümmern darf. Die Herren Regenten sind wegen der unschuldigen Prinzipien der Physik, die sie gesehen haben, so gegen mich erregt und so darüber in Wut, keinen Vorwand zu meiner Verleumdung zu finden, daß sie mir keine Ruhe lassen würden, wenn ich nach alledem noch die Moral behandelte. Denn da ein Pater Bourdin genügend Anlaß zu haben geglaubt hat, mich als Skeptiker zu beschuldigen, weil ich die Skeptiker widerlegt habe, und da ein Prediger es unternommen hat, die Leute zu überreden, daß ich Atheist wäre, ohne einen anderen Grund dafür anzuführen, als daß ich es versucht habe, die Existenz Gottes zu beweisen, was würden sie denn erst sagen, wenn ich es unternähme zu prüfen, welches der richtige Wert aller Dinge ist, die man wünschen oder fürchten kann, welches der Zustand der Seele nach dem Tode sein würde, bis wieweit wir das Leben lieben müssen und wie wir sein müssen, um keinen Anlaß zu haben, seinen Verlust zu fürchten? Ich könnte schön und gut nur*

die der Religion entsprechendsten und dem Staatswohl nützlichsten Meinungen haben, die überhaupt möglich sind. Sie würden nicht davon ablassen, mich glauben machen zu wollen, daß ich dem einen wie dem anderen entgegengesetzte Ansichten hätte. Und daher glaube ich, daß das Beste, was ich künftighin machen kann, ist, mich des Büchermachens zu enthalten, und da ich mir zum Wahlspruch genommen habe:

Illi mors gravis incubat
Qui, notus nimi omnibus,
Ignotus moritur sibi.
(Ein unheilvoller Tod erwartet den,
der, zu bekannt bei allen anderen,
sich selber unbekannt verstirbt. [Seneca][1]

nur noch zu studieren, um mich zu belehren, und meine Gedanken nur denen mitzuteilen, mit denen ich mich privat unterhalten könnte, versichere ich Ihnen, daß ich mich äußerst glücklich schätzen würde, wenn das mit Ihnen geschehen könnte.

Ebenso ergeht es ihm mit den Männern der Wissenschaft. Er deutet dies Pater Mersenne an, der ihn mit Einwänden überhäuft, unter ihnen jene seines erbitterten Feindes Roberval. Descartes wird deutlich:

* *Schließlich erkläre ich, daß ich von jetzt an keine anderen Schriftstücke mehr lesen werde als die Briefe meiner Freunde, die mir Nachrichten von sich geben, wobei ich eine Möglichkeit habe, ihnen Dienste erweisen zu können; wie ich auch niemals mehr etwas anderes als Briefe an meine Freunde schreiben werde, deren Gegenstand sein wird,* si vales, bene est[2], *usw. Ich*

1 Seneca der Tragiker, Thyest, S. 400, zitiert in Bense
2 Wenn du gesund bist, ist es gut (Anmerkung in Bense)

beschäftige mich mit keinerlei Wissenschaft mehr, außer zu meiner eigenen Belehrung. Und alle, die sich rühmen werden, etwas gegen meine Schriften zu sagen zu haben, bitte ich Sie, zu veranlassen, es drucken zu lassen, nicht aber es mir privat zu schicken. Und sie mögen Bücher gegen mich verfassen, soviel sie wollen, ich werde sie nicht einmal lesen, wenn ich nicht von Klügeren erfahre, daß sie sehr gut seien. Und ich darf noch viel weniger handschriftliche Sachen lesen, die, wie ich wüßte, von einem Mann wie Roberval kommen, von dem ich niemals eine Sache gesehen habe, die etwas wert gewesen wäre.

Er beschäftigt sich nur noch mit Anatomie, Physiologie und Medizin. Über diese Themen unterhält er sich gerne mit Marin Mersenne:

Vor mehr als fünfzehn Jahren habe ich gelesen, was Fabricius ab Aquapendente über die Entwicklung des Kükens im Ei schreibt, ich habe sogar selbst manchmal Eier zerschlagen, um seine Erfahrung nachzuvollziehen. Ich war aber noch neugieriger: Neulich habe ich eine Kuh schlachten lassen, von der ich wußte, daß sie kurze Zeit zuvor empfangen hatte, eigens um die Frucht zu untersuchen. Als ich erfuhr, daß die Metzger dieses Landes häufig Kühe schlachten, die sich als trächtig erweisen, habe ich erwirkt, daß sie mir mehr als ein Dutzend Bäuche brachten, in welchen kleine Kälber waren, die einen groß wie eine Maus, die anderen wie eine Ratte und wieder andere wie ein kleiner Hund, und dort habe ich viel mehr beobachten können als bei den Küken, da ihre Organe größer und deutlicher sichtbar sind.

Obwohl der »Meister« unerreichbar in einer geheimen Zuflucht seine *Arbeiten und Überlegungen* fortführt, ist seine unsichtbare Präsenz doch stets zu spüren: In den englischen, dänischen, deutschen und vor allem den holländischen Universitäten wächst die Zahl seiner Anhänger beträchtlich. In Frankreich wird die cartesianische Philosophie »unter dem Deckmantel« des Aristoteles gelehrt. Auch die Fraternität der Rosenkreuzer wächst, zugleich steigert sich ihr politisches Gewicht.

All das ist Descartes zu verdanken. Es ist jetzt bald zwanzig Jahre her, als er beschloß, »maskiert die Bühne der Welt zu betreten, auf der er bisher nur Zuschauer war«. Jetzt ist er der Große René, der Begründer einer neuen Philosophie. Die alte Scholastik bricht auseinander. Francis Bacons Prophezeiung hat sich bewahrheitet! Von allen Hemmnissen befreit, kann das menschliche Denken die Sackgasse verlassen, in die es die Pedanten geführt hatten.

Das gleiche hat er für das initiatische Denken[1] geleistet. Dank seiner Bemühungen wurden diesem Denken »wahre und wirksame spekulative Werkzeuge« an die Hand gegeben, es konnte daher auch durch die Brüder vom Rosenkreuz leicht verbreitet werden und erfreut sich nun außerordentlicher Beliebtheit.

Nachdem die Gesellschaft vom Heiligen Sakrament in Frankreich gescheitert war – sie mußte sich schließlich damit begnügen, seine Philosophie offiziell verbieten zu lassen –, konnte er die aufmerksame

---

1 Der »Initiierte« bemüht sich, »die Welt« (das Universum) in ihrer Gesamtheit »zu denken« und lehnt Dogmen, Doktrinen und Ideologien ab.

Neutralität der Jesuiten ausnutzen, denn diese bekämpften gerade die Jansenisten. In den Niederlanden ist ein allgemeines Verbot allerdings unmöglich: Die Universitäten sind autonom. Für die calvinistischen Theologen mit ihrem feinen politischen Gespür ist daher jetzt die Zeit gekommen, Descartes zu erledigen.

Der Schlag kommt aus Leyden: Descartes wird des »Pelagianismus« beschuldigt, anders gesagt, der Ketzerei (Pelagus, ein englischer Mönch des 4. und 5. Jahrhunderts, der von Augustinus bekämpft wurde, verbreitete eine Doktrin über die Gnade Gottes und den menschlichen Willen. Nach dem Tod des zweiten pelagianischen Papstes wurden seine Lehren und seine Anhänger von der Kirche verurteilt...): Diese Anklage, die präziser und besser vertretbar ist als die des »Atheismus«, den der bizarre Voëtius ihm vorgeworfen hatte, hat das Ziel, seine Werke zu verbieten und die Ernennung cartesianischer Bischöfe zu verhindern.

In der ersten Reihe seiner Gegner befindet sich Regius. Er hat den Lehrstuhl für Medizin und Philosophie mit Descartes' Hilfe erlangt, jetzt hat er sich mit ihm überworfen, sowohl in wissenschaftlicher als auch in metaphysischer Hinsicht, und führt einen wütenden Kampf gegen ihn.

Zu diesen Verfolgungen kommen noch die Geldsorgen. Anton Studler von Surck, Herr de Berghe, einer seiner »besonderen Freunde« (ein Bruder des Rosenkreuzer-Ordens) leiht ihm größere Summen, die eigentlich durch die mit seinen Brüdern abgeschlossenen Verträge über sein väterliches Erbe garantiert sind. Descartes beschränkt diese Darlehen dennoch auf das Notwendigste.

Abbé Picot, der über diese Probleme auf dem Laufenden ist, darauf beruht ja seine Macht, erzürnt sich darüber. Er veröffentlicht eine Übersetzung der *Grundlagen der Philosophie*[1], die er selbst angefertigt hat; Descartes hat sie eigenhändig korrigiert. Anstelle eines Vorworts will er einen Aufruf an die Leser richten, sie sollten Descartes' Forschungen mit Subskriptionen finanzieren. Doch der Große René ist dagegen: Die Leser »seien ihm nichts schuldig«, schreibt er an seinen Freund.

Dabei hat sich die Situation in Paris sehr verändert. Eine mächtige »Cartesianische Partei« ist entstanden. Der Herzog von Luynes, Sohn des früheren Favoriten Ludwigs XIII, hat seine *Meditationen über die Grundlagen der Philosophie* ins Französische übertragen. Und Gérard des Argues, stets bereit, ihm zu dienen, hat seine Freunde mobilisiert. Außerdem kann Descartes bald freudig an seinen Freund Huygens schreiben, »der König von Frankreich erweise ihm die Ehre, ihm eine Pension anzubieten«. Im Juni 1647 reist er nach Paris. Er trifft dort die gelehrte Gesellschaft wieder, wird von ihr gefeiert und begegnet dem jungen Pascal, einem genialen Autor, der mit sechzehn Jahren ein *Essay über die Kegelschnitte* geschrieben hat.

Im November ist er wieder in den Niederlanden. Er hat die Urkunde für seine Pension sehr teuer bezahlt, doch sie wird ihm nie ausgezahlt werden. Die Gesellschaft vom Heiligen Sakrament wacht ...

Sogleich flackert an der Universität Leyden der Streit mit den von Regius angeführten Theologen wieder auf.

---

1 Picot ist recht gut in Mathematik und Physik bewandert.

Aber all diese Widrigkeiten hindern Descartes nicht daran, in der Nachbarschaft immer, wenn man ihn darum bittet, Hilfe zu leisten. Nach der traurigen Geschichte des Wirtes, der getötet hatte, schreibt er an den Magistrat Van Foreest:

Die Frau des Wirts, unseres Nachbarn, der wegen des Unglücks, das ihm widerfuhr, jetzt flüchtig ist, wünscht, daß ich Ihnen schreibe, um Sie um Fürsprache für sie bei einigen mit Ihnen befreundeten Herren des Finanzgerichts einzulegen, damit sie sie anläßlich der Beschlagnahme des Besitzes ihres Ehemanns günstig behandeln. Wohl weiß ich, daß Sie sehr viel Nächstenliebe und guten Willen für alle Bewohner dieses Viertels haben, sodaß alles, was ich schreiben könnte, sie in nichts zu vermehren vermag und daß ich taktlos wäre, hier als Neuankömmling die Eigenschaften eines Mannes anzuführen, den Sie so viel besser kennen als ich; oder Sie über den Wert seines Besitzes zu informieren, der weniger als nichts gilt, da er schon alles Seinige und sogar das seiner Freunde in Auslagen verwendet hat, um seine Begnadigung zu erreichen: Ich wollte dennoch nicht abschlagen, dies zu schreiben, um Ihnen zu bezeugen, daß ich an dem Dank, den dieser arme Nachbar für alles hegen wird, das Sie zu seinen Gunsten unternehmen werden, teilhabe.

Und einige Zeit später an Constantijn Huygens:

* *Ich habe Sie früher damit belästigt, versuchen zu wollen, für einen armen Bauern dieser Gegend, der seinen Stiefvater getötet hatte, die Begnadigung zu erlangen. Jetzt gibt mir dieselbe Sache Gelegenheit, die gleiche Hilfe für einen Beamten dieser Gegend von Ihnen zu erbitten, der zwar nicht beschuldigt ist, jemanden getötet zu haben, sondern nur, daß er aus eigener Macht-*

vollkommenheit jene Gnade bewilligen wollte, die wir erst von Seiner Hoheit zu erhalten wünschen. Der Grund, der mich veranlaßt, dabei Ihr Wohlwollen anzurufen, ist der, daß das Haus, in dem ich wohne, der Schwester des Angeklagten gehört, und daß ich vielleicht, wenn es zum Äußersten käme, was seine Freunde befürchten, Anlaß zur Besorgnis haben werde, seine Seele möchte mein Zimmer heimsuchen, um mir vorzuwerfen, daß ich gegen die Nächstenliebe gefehlt habe, die man zu seinen Nachbarn haben muß. Ein ernsthafterer und dringlicherer Grund aber, der Seine Hoheit veranlassen könnte, ihm zu verzeihen, und seine Richter, dieses nicht zu verhindern, ist der, daß er eine sehr große Zahl von Kindern hat, die seiner noch bedürfen, sodaß man ihn nicht bestrafen kann, ohne mit ihm auch mehrere Unschuldige zu treffen. Ich bin überzeugt, daß diese Erwägung die Herren Richter zur Milde nötigen wird, und daß sie, falls sie ihn nicht für geeignet halten, sein augenblickliches Amt auszuüben, doch wenigstens dulden werden, daß er es jemand anderem für dieselbe Summe, die er dafür bezahlt hat, überläßt, und daß sie nicht daran denken werden, ihm irgendein anderes Übel zuzufügen. Ich glaube auch, daß die Mehrzahl der Einwohner dieser Gegend dies wünscht.

In Leyden bringt Regius den Streit an die Öffentlichkeit. Er denunziert seinen früheren Lehrmeister auf Plakaten, die in den Straßen geklebt werden, und kündigt ein polemisches Buch an.

Dieses Mal antwortet René Descartes ihm nicht direkt. Er bittet Herrn de Hooghelande um eine Bürgschaft. Dieser ist sein Freund und Gastgeber in Leyden, der Empfänger seiner Briefe und Bücher, denn

Descartes hält seinen Wohnort strenger geheim denn je. Der holländische Edelmann, auch er ein Mitglied der Rosenkreuzer, steht »mit ihm in enger Verbindung, seit er sich in den Niederlanden niedergelassen hat«. Er nimmt eine wichtige Funktion im Orden selbst ein und übt, den Statuten gemäß, »kostenlos für alle die Medizin aus«: Von acht Uhr morgens bis zwei Uhr nachmittags sitzt er in Pantoffeln und Nachtmütze in der Diele seiner Wohnung und empfängt mittellose Kranke, stellt ihnen eine Diagnose, verteilt an sie Drogen und Heilmittel, die er in einem Laboratorium herstellt, in welchem sein Vater am *Großen Werk* (der Alchimie) gearbeitet hatte ...

Descartes schreibt an ihn:

Ohne heute die Autorität mißbrauchen zu wollen, die Sie über mich haben, und welche fähig wäre, mich (wenn Sie es mir befehlten) Dinge unterdrücken zu lassen, selbst wenn ich sie für die Richtigsten und Vernünftigsten hielte, bitte ich Sie lediglich, Ihren Verstand zu einem Urteil zu gebrauchen. Dieses erbitte ich von Ihnen bezüglich der Antwort, die ich auf ein gewisses Plakat gegeben habe, welches einige zwanzig Behauptungen über die vernünftige Seele enthält. Mein Schreiben, das ich Ihnen schicke, wird Ihnen die Gründe mitteilen, die mich zu dieser Antwort bewegt haben, und obwohl der Autor seinen Namen weggelassen hat, zweifle ich nicht daran, daß Sie ihn am Stil erkennen oder dem allgemeinen Gerücht entnehmen werden, wie ich ihn erfahren und erkannt habe; aber da er bestrebt war, im Verborgenen zu bleiben, möchte ich Ihnen den Namen hier nicht enthüllen. Ich bitte Sie nur um ein wenig Geduld bei der Lektüre und um viel Aufmerksamkeit; denn ich erwarte Ihr Urteil, um zu entschei-

den, ob ich die Antwort der Öffentlichkeit übergeben soll. Deshalb schicke ich sie Ihnen auch so, wie ich sie veröffentlichen möchte, wenn Sie nichts verbessern.

Das Thema des Streits geht die Brüder vom Rosenkreuzer-Orden direkt an. René Descartes kann also nicht nur im Hinblick auf seine eigene Auseinandersetzung antworten. Seine Erwiderung, eine globale Zurechtweisung, muß die Zustimmung aller haben.

Im übrigen will er seine Zugehörigkeit zum Orden nicht offenlegen: Er fürchtet, daß dies Polemiken nach sich ziehen, die »gegen die Bruderschaft eingestellten Geister« verwirren und so die Verbreitung seiner Philosophie behindern könnte. Die Lösung ist einfach: Zur gleichen Zeit, wie das Werk von Regius herauskommt, erscheint *Cogitationes quibus Dei existencia, item Animae spiritalitas, et possibilis cum Corpore unio demonstratur; noc-non brevis historia oeconomiae corporis animalis proponitur atque mechanicè explicatur,* unterzeichnet von de Hooghelande. Der Autor widmet sein Werk Herrn Descartes...

Das Publikum läßt sich nicht täuschen. »Das Traktat, das so sehr mit seinen Grundsätzen übereinstimmt, kann nicht von einem Mann verfaßt sein, der gewiß schätzenswerte Kenntnisse besitzt, aber unfähig ist, sich in diese Höhen emporzuschwingen!«

In Rom ist man davon überzeugt: »Der Name *De Hooghelande* ist eine Maske, hinter der Herr Descartes sich verbergen wollte, um ein neues Werk zu veröffentlichen«, so berichtet es der Minime Pater Magnan: » – er wolle sich auf diese Weise der Debatte mit den Theologen und Zensoren entziehen«...

Doch dies kann nicht verhindern, daß die Querelen sich gefährlich verschärfen. Ein weiteres Mal muß der

Botschafter Frankreichs beim Prinzen von Oranien intervenieren, um ihnen ein Ende zu machen. Schließlich verbietet die Universität, von Descartes zu sprechen, im Guten wie im Bösen.

Descartes weiß sich keinen Rat.

Er stellt sein *Traktat über die Leidenschaften der Seele* für seine liebe Philosophenprinzessin fertig... Sie haben regen Briefkontakt. Elisabeth ist depressiv. Sie kann diese von der Staatsräson verhinderte Liebe nicht vergessen... Der Große René stützt sie mit Hilfe philosophischer Abhandlungen.

Über die Vermittlung von Marin Mersenne, der anscheinend Freude daran findet, den Streit zu schüren, disputiert er mit Roberval, Fermat, Torricelli, Gassendi und Pascal dem Jüngeren, der seinen Vater ablöst. In Leyden unterstützt er seine Anhänger in der Polemik gegen Regius.

All diese Kämpfe erschöpfen ihn, widern ihn an. Seine Pariser Freunde drängen, zurückzukehren und sich in Frankreich anzusiedeln. Sie erlangen für ihn eine zweite Pension vom König, die viel bedeutender ist als die vorhergehende. Im Mai 1648 ist er erneut in Paris.

Dieses Mal sind alle Vorkehrungen getroffen. Er wohnt nicht mehr bei Abbé Picot, dem größten Wüstling von Paris. Seine Freunde werfen ihm die zwielichtige Verbindung vor. Er verleugnet sie nicht. Zu viele schöne Erlebnisse bei Eß- und Trinkgelagen, amourösen Abenteuern, galanten und gastronomischen Festen, verbinden sie für immer... Aber jetzt geht es darum, bei Hof vorgestellt zu werden!

René Descartes entledigt sich des biederen Gewandes. Als Kavalier gekleidet hat der Chevalier du Perron seinen letzten Auftritt auf dem »Theater der Welt«...

In der Zwischenzeit disputiert er mit Pascal und Roberval, der ihm immer noch zusetzt, über das *Vakuum.* Er bricht mit dem jähzornigen Physiker, gewinnt aber Achtung vor Blaise Pascal. Er schlägt ihm vor, zuerst auf dem Gipfel, dann am Fuße des Puy de Dôme Experimente mit dem Vakuum anzustellen.

Der Bürgerkrieg – Fronde genannt, um die Großen lächerlich zu machen – braut sich zusammen und bricht aus. Sofort stürzt sich die Gesellschaft vom Heiligen Sakrament auf den Großen René. Ihre Agenten denunzieren ihn bei der Kanzlei. Sie besitzen gute Informationen, von Leuten, die bei geschwätzigen Mitbrüdern »gut plaziert« sind:

»Herr Descartes, ein Mitglied des Rosenkreuzer-Ordens, hat alle Grade der Bruderschaft durchlaufen bis zum Posten eines Inspektors, eines Delegierten des Großen Kollegiums, den er gegenwärtig innehat. Da er sehr rührig ist, unterweist er zahlreiche Personen über das Höchste Gut. Die Brüder sind aber nicht nur Anhänger einer »universellen Religion«, sie sind auch politisch tätig. Sie scharen sich um den Prinzen von Oranien, dessen Anwartschaft[1] sie unterstützen. Sie haben in England eingegriffen, indem sie den Ausbruch von König Karl organisierten, als er Gefangener des Parlaments war. Karl I ist der Onkel der Pfälzischen Prinzessin, einer engen Freundin René Descar-

1 Sein Sohn, Wilhelm III, wird sich auf Kosten seines Schwiegervaters, Jakobs II, des englischen Throns bemächtigen.

tes'. Er selbst hat sich ebenfalls ziemlich lange in England aufgehalten... Seine brillante Karriere als Spion für die französische Armee ist bekannt... Aber hat er diese Missionen wirklich für Frankreich ausgeführt? Hat er nicht eher im Interesse der Niederlande, die gegen Spanien im Kampf lagen, dazu beigetragen, daß die spanische Armee in Flandern von ihrer italienischen Nachhut abgeschnitten wurde? Sicher ist, daß seine Ankunft in Paris mit dem Ausbruch der Wirren zusammenfällt... Gewiß, er hat sie nicht selbst angezettelt! Aber vielleicht ist er hier, um die Aufständischen der Unterstützung durch die Niederlande und möglicherweise andere protestantische Länder zu versichern?«

Es handelt sich selbstverständlich um pure Verleumdung. Die Gesellschaft schreckt vor nichts zurück, wenn sie diesen Gelehrten, den Autor eines der radikalsten, globalsten politischen Akte ausschalten will. Hat er doch eine ganze Reihe theoretischer Werkzeuge gefunden, die geeignet sind, das menschliche Denken völlig zu verändern. Es hat keinen Zweck, ihn zu liquidieren; im Gegenteil, dies würde ihn nur zu einem Märtyrer machen. Er muß abgewertet, als Agent der Feinde hingestellt werden. Man muß so tun, als sei er geblieben, was er in seiner Jugend war: Ein Landsknecht im Sold der Generalstände, das heißt, der ketzerischen niederländischen Republikaner.

Im Kriege darf keine Möglichkeit übersehen werden. Die Gerüchte werden zwangsläufig ernst genommen.

Freilich bleibt all das in der Öffentlichkeit unbekannt. Die für die Kanzlei bestimmten Informationen dringen über einen sehr engen Zirkel der politisch Verantwortlichen nicht hinaus. Dennoch sind sie den Freunden René Descartes', die den Mächtigen nahestehen, nicht entgangen.

Er ist vorbereitet.

Am 26. August 1648 ist Paris voller Barrikaden. Bewaffnete Banden verteilen sich in den Straßen, von der Polizei ist nichts zu sehen. Der Aufstand triumphiert.

Unter diesen Umständen ist die Sicherheit des Großen René nicht mehr gewährleistet. Jeden Augenblick können sie ihm nach dem Leben trachten. Um seiner Sicherheit willen fordern ihn seine »besonderen Freunde« auf, schon am nächsten Morgen aus der Stadt zu fliehen; er muß Pater Mersenne zurücklassen, der im Sterben liegt. Er kann ihm nicht einmal den »Trost seiner Anwesenheit spenden«.

Die Agenten der Gesellschaft sind von seiner Abreise unterrichtet und erwarten ihn in Calais, wo die niederländischen Schiffe seiner Freunde ablegen sollen.

René Descartes wird rechtzeitig gewarnt. Er erreicht Boulogne und besteigt dort ein englisches Schiff. Am 6. September geht er in Amsterdam an Land. Er wird nie mehr nach Frankreich zurückkehren.

Bei seiner Ankunft in den Niederlanden erfährt er von zwei Ereignissen, die ihn sehr berühren. An der Universität Leyden hat er gesiegt: Soeben ist ein Cartesianer auf einen freien Lehrstuhl berufen worden. In Paris ist sein Freund Marin Mersenne am 1. September gestorben.

Die Ankündigung einer kleinen Erbschaft von einem Onkel mütterlicheseits verschafft ihm wieder Geld, denn wie die vorherigen kann er auch diesen Vertrag beleihen. Es ist an der Zeit... Denn die zweite Pension empfängt er ebensowenig wie die erste. Er hat sich wieder in Einsamkeit und materieller Not eingerichtet und beendet das Traktat *Über den Menschen.*

Aber sechs Monate später wird alles anders. Auf Initiative Chanuts, des französischen Botschafters in Schweden, wird er nach Stockholm eingeladen. Die ihn drängt, »er solle sie in ihrem Königreich aus Schnee und Eis besuchen«, ist keine andere als die »Königin der Skythen«, »das Nordische Satansweib«, die »Kleine Bärin«, Tochter der »Großen Bärin«, Gustav II Adolfs, des »Siegreichen Königs«, des Schreckens von Europa: Christine, Königin von Schweden.

9. Das Nordische Satansweib

»Clorine, Königin der Skythen, ist eine Preziöse, die mit ihrem Geist beweist, daß die Frauen der schwierigsten Dinge fähig sind, und daß die Wissenschaft ihrem Geschlecht ebenso natürlich ist wie dem unseren«, schreibt Saumaise kühn in seinem *Lexikon der Preziösen.* Der Mode entsprechend staffiert er es mit leicht durchschaubaren Pseudonymen aus: Gemeint ist Christine von Schweden, und ihr Volk ist es, das mit den eroberungswütigen Barbaren der Antike gleichgesetzt wird. Er fährt fort: »Sie beherrscht acht oder neun verschiedene Sprachen, und ihre Verachtung der Krone hat sie als die unerschrockenste Prinzessin der Welt bekannt gemacht.«

Die Tochter Gustav Adolfs ist dreiundzwanzig Jahre alt. Ihr Vater ist schon siebzehn Jahre tot, gefallen in den Kriegen von Deutschland. Seither war sie Regentin, jetzt ist sie Königin. Als Chanut ihr seine Akkreditierung überbrachte, erklärte sie ihm: »Vor zwanzig Jahren waren die Schweden kaum bekannt, außer im Norden. Wir müssen etwas Großes vollbringen, um unseren Ruf zu festigen.«

Für mehr als ein Jahrhundert sollte ihr dies als Nachfolgerin ihres Vaters gelingen... Soeben hat sie den Westfälischen Frieden abgeschlossen und damit den Dreißigjährigen Krieg beendet. Fortan wird ihr Königreich für die Geschichte Europas großes Gewicht haben. Christine wird sich einreihen unter die großen Herrscherinnen.

Der Botschafter beschreibt sie in einem Bericht an den Staatssekretär Brienne:

»Das Gesicht der jungen Königin kann sich je nach den Bewegungen ihres Geistes so plötzlich verändern, daß man sie von einem Moment zum anderen nicht mehr erkennt. Wenn sie ein Ding außerordentlich mißbilligt, nimmt ihr Gesicht einen gewissen verstimmten Ausdruck an, ohne daß es verzerrt wird, und doch jagt er allen, die sie anblicken, einen Schrecken ein.

Der Ton ihrer Stimme ist für gewöhnlich sanft genug, als daß das Ohr darin leicht die Stimme eines Mädchens wahrnimmt. Auch wenn ihre Worte, in welcher Sprache sie auch spricht, eine durchaus männliche, außerordentliche Bestimmtheit haben. Aber manchmal begibt es sich, daß sie diesen Ton verändert, ohne daß Erregung oder ein bestimmter Grund Anlaß dazu gäben. Er wird dann plötzlich lauter und kräftiger als der ihres Geschlechts, bevor er allmählich wieder zu seinem gewöhnlichen Klang zurückkehrt.

Ihre Kost ist einfach und ohne Leckereien. Auf der Jagd kann sie zehn Stunden im Sattel bleiben. Keiner an ihrem Hof reicht an die Geschicklichkeit heran, mit der sie einen laufenden Hasen mit einer einzigen Kugel niederstreckt. Sie ist gewöhnlich nicht länger als fünf Stunden zu Bett, außer im Sommer, wo sie nach dem Diner eine Stunde ruht.

Ihr Wuchs ist etwas unter dem Mittelmaß, was nicht weiter auffallen würde, wenn sie sich des für Damen üblichen Schuhwerks bediente. Aber um ihrer Freiheit willen, im Palast und auf dem Lande, zu Pferde und zu Fuß, trägt sie Halbschuhe, die denen der Männer ganz ähnlich sind. Sie schenkt ihrer Toilette so wenig Zeit, daß diese in ihrem Tagesablauf nicht ins Gewicht fällt. Das Ankleiden dauert eine Viertelstunde, und außer bei großen Festlichkeiten ist der Kamm und ein Stück Band ihr einziger Haarschmuck. Sie trägt niemals eine Haube oder Maske [Schminke]. Sie bedeckt sich mit einem gefiederten Hut und einer Pelerine mit kleinem Kragen wie die Männer, sodaß ihr Geschlecht fast nicht mehr zu erkennen ist. Diese Verachtung des gepflegten Äußeren erscheint ein wenig übertrieben ...«

Zweifellos. Die Königin von Schweden ist durch eine Caprice der Natur nämlich bisexuell. Sie verspeist Männer und Frauen, liebt freizügig die einen wie die anderen, manchmal auch gleichzeitig. Dies alles, dazu ihre ungeheure Gesundheit und ihre Anfälle kalter Wut haben ihr den Namen »Nordisches Satansweib« eingebracht.

Überdies ist sie ungewöhnlich intelligent. Schon als junges Mädchen imponierte sie damit ihrem Staatsrat, ja selbst die ältesten Senatoren, Ratgeber und Freunde ihres Vaters unterwarfen sich beeindruckt ihren Argumenten, so trefflich »versteht sie sich auf die Staatsgeschäfte«. Im übrigen versieht sie den Beruf des »Königs« mit einer Leidenschaft, der Strenge nicht ausschließt, und stellt nichts über die *Tugend* (Mut, Entschiedenheit, Scharfblick und andere Qualitäten, die den alten Römern zugeschrieben wurden).

Schließlich liebt sie das Gespräch der Gelehrten und setzt einen guten Disput (Diskussion) über alles, »sie legt ihre Krone zu ihren Füßen ab«, dann beteiligt sie sich, leitet und beschließt das Gespräch.

Aber sie vergißt nicht lange, daß sie Königin ist. Nach der Zerstreuung »nimmt sie sogleich die Krone wieder auf, deren Gewicht sie akzeptiert«, schreibt Chanut. »Ihre Sache gut zu machen, sieht sie als den wichtigsten Beweis ihrer Tugend an.«

Bei einer dieser gelehrten Zusammenkünfte wird eine Kontroverse über die Liebe geführt. Der Botschafter, auch er ist zugegen, bittet bald Herrn Descartes brieflich, ihm seine Meinung über den Gegenstand abgeben zu wollen. Descartes kommt der Bitte seines Freundes so glänzend nach, daß der Diplomat den Brief seinem Freund de Ruyer zeigt, dem Arzt der Königin, und dieser spricht mit Christine darüber. Auch sie nimmt den Text zur Kenntnis und läßt dem Autor durch Chanut ein Kompliment übermitteln.

Schon hebt der Botschafter auf Bitten des Satansweibs zu einer »Geschichte des Geistes von Herrn Descartes« an. Er berichtet von dessen Leben, seiner Philosophie und erwähnt auch das Höchste Gut: Sie zeigt sich ausnehmend interessiert...

Kurze Zeit später läßt sie ihren Hof der Gelehrten darüber disputieren. Doch diese Reden stellen sie nicht mehr zufrieden. Mit der Vermittlung Chanuts bittet sie Herrn Descartes, ihr Aufklärung zu geben. Er antwortet ihr rasch:

* *Madame,*

ich habe von Herrn Chanut erfahren, daß ich nach dem Belieben Eurer Majestät die Ehre haben soll, ihr meine Meinung betreffs des Höchsten Guts auseinanderzusetzen, und zwar in dem Sinne betrachtet, wie die alten Philosophen davon gesprochen haben; und ich halte diesen Befehl für eine so große Gunst, daß mein Wunsch, ihm zu gehorchen, mich von jedem anderen Gedanken ablenkt und bewirkt, daß ich hier in weni-

gen Worten, ohne meine Unzulänglichkeit zu entschuldigen, alles vorbringen werde, was ich über diesen Gegenstand zu sagen vermag.

Man kann die Güte jeder Sache für sich selbst betrachten, ohne sie zu etwas anderem in Beziehung zu setzen, in welchem Sinne es offensichtlich ist, daß Gott das Höchste Gut ist, weil er unvergleichlich viel vollkommener als alle Geschöpfe ist; man kann sie aber auch auf uns beziehen, und in diesem Sinne kenne ich nichts, was wir so sehr schätzen müßten wie das, was uns in irgendeiner Weise zugehört und so beschaffen ist, daß es Vollkommenheit für uns bedeutet, es zu haben. Daher betrachteten die alten Philosophen, die nichts von der übernatürlichen Glückseligkeit wußten, weil sie nicht von dem Licht des Glaubens erleuchtet waren, nur die Güter, die wir in diesem Leben besitzen können; und unter diesen suchten sie dasjenige, das das höchste war, das heißt, das hauptsächlichste und größte.

So fährt er über zwei Seiten fort... Kurz gesagt, er lenkt ab! Denn er ist sehr besorgt darüber, daß sein Freund Chanut, »der über das Höchste Gut unterrichtet ist«, das heißt, zu den Rosenkreuzern gehört, ausgerechnet mit der Königin eines vom Evangelismus (Lutheranertum) durchdrungenen Landes davon spricht, die denkbar schlecht darauf vorbereitet sein muß... Am gleichen Tag schreibt er an seine liebe Prinzessin Elisabeth, seine Schülerin:

** Madame,*

Da ich mir schon die Freiheit genommen habe, Eure Hoheit von dem mit Schweden begonnenen Briefwechsel zu benachrichtigen, glaube ich verpflichtet zu sein, darin fortzufahren und ihr mitzuteilen, daß ich vor kurzem Briefe von meinem in jenem Lande lebenden

Freund erhalten habe, in denen er mir berichtet, daß die Königin bei einem Aufenthalt in Upsala, wo sich die Akademie des Landes befindet, eine Rede von dem Professor der Beredsamkeit hatte hören wollen, den sie für den geschicktesten und vernünftigsten jener Akademie hält; als Thema hatte sie ihm gegeben, über das Höchste Gut des Lebens zu reden. Nachdem sie diese Rede gehört hatte, hätte sie gesagt, daß jene Leute die Gegenstände nur streifen und man meine Meinung darüber erfahren müßte. Darauf hat mein Freund ihr geantwortet, er wisse, daß ich sehr zurückhaltend darin wäre, über solche Gegenstände zu schreiben, glaube aber, ich würde ihr zu willfahren versuchen, wenn es Ihrer Majestät beliebe, daß er es in ihrem Auftrag von mir verlange. Daraufhin hatte sie ihm sehr ausdrücklich diesen Auftrag gegeben und ihn versprechen lassen, daß er mir mit der nächsten ordentlichen Post darüber schreiben würde; er rät mir daher, darauf zu antworten und meinen Brief an die Königin zu richten, der er ihn überreichen wird, und sagt, er stehe für seine gute Aufnahme ein.

Aber Christine braucht nicht lange, um zu erfahren, »daß er ihr seine Haltung nur kurz dargestellt und viele Dinge ausgelassen hat«, während er der Prinzessin von Böhmen endlose Briefe schreibt. Außerdem hat er ihr eine Manuskriptkopie seines Traktats *Über die Leidenschaften der Seele* beigefügt, welches ebenfalls der Pfälzerin gewidmet ist! Christine ist wütend. Die Philosophenprinzessin, das ist sie selbst! Descartes muß sich weiter erklären!

Zu seiner großen Überraschung stellt er fest, daß die Königin ihm ganz gut zu folgen vermag. So teilt der Botschafter ihm eine Schwierigkeit mit, auf die sie selbst gestoßen ist: »Die Welt [das Universum] als unendlich anzusehen, wie es die Rosenkreuzer tun, heißt das nicht, sich gegen die Lehren der Kirche zu wenden? Wie soll man sich dann den Bund zwischen Gott und den Menschen vorstellen? Der Mensch kann schwerlich einen so hohen Rang behalten, wenn er nur ein kleines Eckchen eines endlosen Universums bewohnt.«[1]

Darauf antwortet Descartes – er befindet sich zu der Zeit gerade auf dem Weg nach Paris – umgehend von einem Gasthof aus, er »halte die Welt nicht für unendlich, sondern für unbegrenzt, zu dieser Behauptung genüge es, zu wissen, daß man keine Grenzen finden könne. Das gleiche gelte für die Zeit ... «

Schriftlich kann er nicht mehr darüber sagen. Mündlich wird er ihr erläutern, daß auch Gott unbegrenzt, weil undefinierbar sei, und daß er daher auch die Bezeichnung Höchstes Gut für die beste von allen halte. Daß in der Tat das Universum von bewußten, geistbeseelten Wesen bevölkert sei, denn der Bund mit Gott sei nicht allein den Menschen vorbehalten ...

Schon ist die Königin von Schweden in seine Philosophie vernarrt ... Vernarrt und aufgeregt über das, was sie von seinen Qualitäten als Mann erfährt: »Bezüglich der Geilheit steht Herr Descartes im Ruf, Bassompierre gleichzukommen, welcher *der bestausgerüstete Edelmann am Hof und ein großer Holzfäller*[2]

---

1 Mit diesem »Argument« verbieten die katholische Kirche und manche protestantische Gemeinschaften die Kopernikanische Theorie.

2 Holzfäller (frz: abatteur de bois): alter Ausdruck für einen sehr potenten Mann, der insbesondere mehrfach hintereinander lieben kann (d.Ü.)

ist. Gewiß, er hat nicht so viele Frauen umgarnt wie der Marschall. Doch sah man ihn bei der Belagerung von La Rochelle, wie er sich zusammen mit seinem Freund Gérard des Argues um die Liebe der Damen im Pistolenschießen hervortat.« Die Mutprobe erinnerte an das höfische Turnier des Mittelalters: »Der Kavalier, gekleidet in die Farben der Schönen, die er erobern will, fordert den Feind heraus. Es dauert nicht lange, und er findet einen Gegner, der den gleichen Wunsch hat oder einfach das Risiko liebt. Das Spiel bietet auch Gelegenheit zu einer kurzen Waffenruhe: Unter den Augen der beiden Armeen, die eine auf der Stadtmauer von La Rochelle, die andere auf den Befestigungen des Lagers, stieben die Helden zu Pferd aufeinander zu und schießen ihre Pistolen ab, wenn sie in der richtigen Entfernung sind... Dank seiner außergewöhnlichen Kaltblütigkeit wurde Herr Descartes nie verletzt, sondern immer zärtlich für seine Kühnheit belohnt.«

So sehr entspricht der Wahrheit, was ein Schriftsteller jener Zeit in verbittertem Ernst niederschreibt: »Wenn man sich an dieses Jahrhundert anpassen will, ist es besser, im Rufe eines Rohlings als eines Kenners der Schönen Literatur zu stehen.«

»Herr Descartes ist der erste Fechter seiner Zeit...«, fährt der Erzähler fort... So viele Eigenschaften, in denen sie sich selbst wiederfindet, erfüllen die »Königin der Skythen« mit Begeisterung... Sie brennt darauf, diesen Mann kennenzulernen.

Sie läßt ihm von Chanut schreiben, bittet ihn an ihren Hof, verspricht ihm einen Adelstitel, bietet ihm ein Amt, eine Domäne, eine Provinz!

Er zögert, weicht aus, schiebt auf... Sie wird ungeduldig, schickt ihm die schönsten Schiffe aus ihrer Kriegsflotte unter dem persönlichen Kommando ihres Admirals.

Er läßt ihn zwei Monate warten ...

Der Admiral kehrt nach Stockholm zurück.

Schließlich muß Descartes reisen ... Am 31. März 1649, seinem 53. Geburtstag, schreibt er an Chanut:

* *Ich werde Ihnen die Mühe machen, dieses Mal, wenn es Ihnen beliebt, zwei Briefe von mir lesen zu müssen; denn da ich glaube, daß Sie den einen vielleicht der Königin von Schweden zeigen möchten, habe ich für diesen alles das reserviert, was sie nach meiner Meinung nicht zu sehen braucht, daß ich nämlich sehr viel mehr Schwierigkeiten habe, mich zu dieser Reise zu entschließen, als ich mir selbst vorgestellt hatte.*

... Die Erfahrung hat mich aber gelehrt, daß es selbst unter Personen mit durchaus verständigem Geist und großem Verlangen nach Wissen nur sehr wenige gibt, die sich die Muße verschaffen können, in meine Gedanken einzudringen, sodaß ich keinen Anlaß habe, dies von einer Königin zu hoffen, die eine Unzahl anderer Beschäftigungen hat. Die Erfahrung hat mich ebenfalls gelehrt, daß, obgleich meine Meinungen zunächst überraschen, weil sie von den gewöhnlichen sehr verschieden sind, man sie jedoch, nachdem man sie verstanden hat, so einfach und so dem gesunden Menschenverstand entsprechend findet, daß man ganz und gar aufhört, sie zu bewundern und auf sie Wert zu legen, da die Natur der Menschen nun einmal so ist, daß diese nur die Dinge schätzen, die Bewunderung bei ihnen erregen und die sie nicht voll und ganz besitzen.

Ich sehe aber, daß diejenigen, die sich rühmen,

Geheimnisse zu haben, zum Beispiel in der Chemie und der Sterndeuterei, sie mögen so unwissend und unverschämt wie nur möglich sein, doch Neugierige finden, die ihre Betrügereien recht teuer bezahlen.

Übrigens ist das Schicksal, wie es scheint, eifersüchtig darauf, daß ich niemals etwas von ihm habe erwarten wollen und mein Leben derart zu führen versucht habe, daß es keinerlei Macht über mich hatte; denn es begegnet mir stets und ständig unfreundlich, sobald es nur irgendeine Gelegenheit dazu finden kann ...

Der zweite Brief folgt:

* *Ich halte es für eine ganz besondere Gunst, zu erfahren, daß ich nach dem Belieben der Königin von Schweden die Ehre haben soll, ihr meine Hochachtung zu erweisen. Ich empfinde so viel Verehrung für die hohen und seltenen Eigenschaften dieser Fürstin, daß die geringsten ihrer Willensäußerungen im Hinblick auf mich durchaus unbedingte Befehle sind: deshalb ziehe ich diese Reise gar nicht weiter in Erwägung, sondern entschließe mich allein, zu gehorchen. Da Sie mir aber keine Zeit vorschreiben und sie nur wie einen Spaziergang vorschlagen, von dem ich diesen Sommer zurück sein könnte, meine ich, daß ich Ihrer Majestät in so kurzer Zeit schwerlich große Genugtuung verschaffen kann, und daß es ihr vielleicht angenehmer sein wird, wenn ich meine Maßnahmen auf länger hin treffe und damit rechne, den Winter in Stockholm zu verbringen. Ich werde daraus einen Vorteil ziehen, der, wie ich gestehe, für einen Menschen, der nicht mehr jung ist und den eine zwanzigjährige Zurückgezogenheit gänzlich aller Mühen entwöhnt hat, recht beträchtlich ist, nämlich, daß es nötig sein wird, mich zu Beginn des Früh-*

lings oder am Ende des Herbstes auf den Weg zu machen, und daß ich die sicherste und bequemste Jahreszeit wählen könnte, die, wie ich glaube, etwa die Mitte des Sommers sein wird; außerdem hoffe ich inzwischen die Muße zu haben, Ordnung in einige Angelegenheiten zu bringen, an denen mir viel liegt.

Am gleichen Tag schreibt er auch an seine süße Prinzessin Elisabeth:

* *Es ist ungefähr einen Monat her, daß ich die Ehre gehabt habe, Eurer Hoheit zu schreiben und ihr mitzuteilen, daß ich einige Briefe aus Schweden erhalten hatte. Ich habe soeben abermals solche empfangen, in denen ich von Seiten der Königin eingeladen werde, in diesem Frühjahr eine Reise dorthin zu unternehmen, um vor dem Winter zurückkommen zu können. Ich habe aber dergestalt geantwortet, daß ich, ohne das Kommen etwa abzulehnen, doch nach meinem Dafürhalten nicht vor Mitte des Sommers von hier abreisen werde.*

Daher bitte ich Eure Hoheit ganz ergebenst, mir die große Gunst zu erweisen, mich über alles zu unterrichten, worin ich ihr oder den ihrigen nach ihrer Meinung Dienste leisten kann, und sicher zu sein, daß sie über mich ebensoviel Macht hat, als wenn ich mein ganzes Leben ihr Diener gewesen wäre. Ich bitte sie auch, mich wissen zu lassen, was ich nach ihrem Belieben antworten soll, falls man sich der Briefe Eurer Hoheit über das Höchste Gut erinnert, die ich im vergangenen Jahr in meinen Schreiben erwähnte, und falls man die Neugierde hat, sie zu sehen.

Man ist das Satansweib. Seine Sorge ist begründet: Christine hat die Kränkung nicht vergessen. Sie wird die Briefe sehen wollen. Sie will die Pfälzerin in allem übertreffen. Die einzige, die wahre *Philosophenprinzessin*, das ist sie!

Descartes ist tief deprimiert. Eine seltsame Vorahnung sagt ihm, daß diese Reise fatal sein wird... Vor der Abfahrt bringt er noch alle seine Angelegenheiten in Ordnung, bereitet die endgültige Fassung des Traktats *Über die Leidenschaften der Seele* vor, gibt Anweisungen für den Drucker in Paris und regelt finanzielle Fragen.

Am 30. August schreibt er an seinen guten Freund Picot:

Da ich eben nach Stockholm aufbreche und in Erwägung, daß ich auf dieser Reise sterben könnte, schreibe ich diesen Brief, um Sie von meinen Abmachungen mit Herrn Anton Studler van Zurich[1], *Herr de Berghe, zu unterrichten. Nachdem ich verschiedene Male von ihm Geld geliehen habe, stelle ich jetzt nach Begleichung meiner Rechnung fest, daß ich ihm noch genau 9000 Pfund in der Währung dieses Landes schulde, was mehr als 10500 in der französischen Währung entspricht, aber er hat sich dennoch, um mir entgegenzukommen, mit dem begnügt, was der Hauptteil aus den beiden Verträgen an Zinsen einbringt, welche ich Ihnen zugesandt hatte...*

Van Surck will seinen Freund Descartes nicht in Verlegenheit bringen. Er gibt vor, zu glauben, daß das Geld, das er ihm gab, nur geliehen ist. Aber der Große René ist bemüht, seine Schulden zurückzuzahlen:

Das Geld, das ich auf diese beiden Verträge zu bekommen habe, beläuft sich auf etwa 10400 Pfund, ich bitte

1 Van Surck de Berghe

Sie, um unserer Freundschaft willen Ihr Bestes zu tun, um dieses Geld von denen einzutreiben, die es schulden und, sobald Sie es empfangen haben, in einem Wechselbrief an Herrn de Berghe zu senden, zuzüglich der Zinsen von jenem Tag bis zu dem Datum, an welchem Sie es empfangen.

Ich zweifle nicht daran, daß Sie tun werden, worum ich Sie bitte, im Falle Sie diesen Brief erhalten. Aber, da alle Dinge dieser Welt ungewiß sind, und damit Ihre Erben, wenn dieser Brief in deren Hände fällt, dasselbe tun, habe ich Ihren Gegenbrief dem genannten Herrn de Berghe gegeben, um zu belegen, daß das Geld der beiden Verträge mir zusteht, und habe ihm den dritten Vertrag, der über 2400 Pfund auf den Seneschall von Combourg geht, als Entschädigung zugeschrieben, falls er Auslagen hat, um die Zahlung einzutreiben.

Wenn Sie, oder Ihre Erben, ihm das Geld aus den beiden Verträgen mit Zinsen beschaffen, soll Ihnen nach meiner Absicht der dritte Vertrag über 2400 Pfund als Zeichen meiner Dankbarkeit verbleiben. Falls er auf diesem Wege nicht bezahlt werden kann, und Gott mich aus der Welt genommen hat, kann er sich an meine Brüder wenden und sie von dem Gegenbrief unterrichten, damit sie, um diesen Vertrag über 2400 Pfund zu genießen, dafür sorgen, daß er das ihm zustehende Geld ohne zusätzliche Kosten erhält. Ich bitte Gott, daß er Ihnen lange Gesundheit gewährt und versichere Ihnen, solange meine Seele eine Erinnerung von den Dingen dieser Welt behält, wird sie eine aufrichtige und vollkommene Zuneigung zu Ihnen bewahren.

Mit der gleichen Tinte schreibt er dann noch an seinen lieben De Hooghelande. Er vertraut ihm eine Kiste an, die mit seinen persönlichen Papieren randvoll ist, es sind die Texte, die sich auf die Bruderschaft beziehen, und sein philosophisches Testament, das nur seinen Freunden vorbehalten ist.

Schließlich verläßt er am 1. September 1649, auf den Tag genau ein Jahr nach dem Tod Mersennes, endgültig sein Haus. »Mit dem Tod in der Seele«, und das ist nicht nur eine Metapher: »Ich gehöre zu denen, die das Leben am meisten geliebt haben«, deklariert er in einem seiner Briefe . Er spricht von sich schon in der Vergangenheit ...

Anfang Oktober legt das Schiff mit Descartes an Bord am Kai von Stockholm an.

Sobald der Bootssteg liegt, begibt sich der Pilot (Kapitän) zum Königspalast, um wie gewohnt beim Staatssekretär seinen Bericht abzugeben. Da sagt man ihm, daß ihm die Königin selbst die Ehre erweisen wolle.

Christine ist bester Laune und neugierig auf die Meinung des Seefahrers über den Mann, den er auf seinem Schiff hergebracht hat.

Der Pilot kann es kaum glauben. »Madame, der Mann, den ich Ihrer Majestät mitgebracht habe, ist kein Mensch, er ist ein Halbgott! Auf der dreiwöchigen Überfahrt hat er mir mehr über die Seefahrerei, über die Winde und die Kunst der Navigation beigebracht, als ich in den sechzig Jahren, die ich zur See fahre, gelernt hatte. Ich glaube mich jetzt fähig, die längsten und schwierigsten Reisen auf den unbekannten Ozeanen unternehmen zu können!«

Zur gleichen Zeit umarmt der »Halbgott« seinen

Freund Chanut, der ihn voll Freude empfängt. Er bringt ihn persönlich in die für ihn hergerichtete Wohnung, in der Botschaft, direkt neben seiner eigenen Wohnung.

Claude Picot, er kennt die finanzielle Situation Descartes' genau, hat es für angemessen gehalten, daß »der größte Mathematiker« über einen Dienstboten verfügt. Deshalb hat er ihm seinen eigenen Kammerdiener, einen bemerkenswerten jungen Mann namens Henry Schluter, geschickt, den er selbst bezahlt. Schluter spricht Deutsch, Französisch und Latein und besitzt ausreichende Kenntnisse für den Gehilfen eines Wissenschaftlers. Ihm bereitet es Freude, dem verehrten Großen René dienen zu dürfen. Und dieser behandelt ihn nicht wie einen Lakaien, sondern wie einen Gefährten.

Schon am nächsten Morgen hat Descartes seinen ersten Auftritt am Hof der schwedischen Königin.

Nach den Lobreden, den Berichten über seine Großtaten und den tollen Gerüchten erwartet Christine einen Kavalier, einen *französischen Galan*, gewissermaßen Apollo persönlich, der auf die Erde herabgestiegen ist, um die Menschen aufzuklären...

Jetzt sieht sie einen kleinen Mann hereinkommen, in der ärmlichen Kleidung eines traurigen Puritaners, einen dieser finsteren »Reformierten« (Calvinisten), die die Lutheraner verabscheuen. Von seinem schwarzen Habit ganz eingehüllt, spitze Lackhalbschuhe mit einer silbernen Schnalle an den Füßen und darüber die schwarzen Seidenstrümpfe, sieht er völlig lächerlich aus. Grotesk, oder, noch schlimmer: *bieder.*

Im übrigen ignoriert er die Königin! Er hat nur Augen für die schöne Sparre, die wundervolle Frau des

»ersten Edelmannes bei Hofe« und ist offensichtlich begierig darauf, mit ihr zu sprechen... Verärgert wirft Christine ihren Höflingen hin: »Anscheinend kommen aus den Augen dieses Mädchens *geriefte Teilchen*, die ihm ihrerseits den Kopf verdrehen.«

Mit diesen Teilchen, ähnlich der Kompaßnadel, die beharrlich nach Norden zeigt, erklärt Descartes die Besonderheit des Liebenden...

Als die »Königin der Skythen« voller Stolz verkündet, sie lerne Griechisch, gibt Herr Descartes ihr einen Dämpfer. Er tut erstaunt, »daß sie sich solchen Bagatellen hingibt«. Er habe diese Sprache schon als kleiner Junge im Kolleg bis zum Überdruß gelernt. Aber glücklicherweise habe er alles vergessen, als er alt genug zu eigenständigem Denken war«.

Kurz, Herr Descartes hat schlechte Laune...

Er denkt an seine liebe Prinzessin Elisabeth, die sehr besorgt um ihn ist, jetzt, wo er sich in den Fängen des Nordischen Satansweibs befindet. Ein paar Tage nach seiner Ankunft schreibt er ihr:

* *Es ist eine der ersten, meines Erachtens zu meiner Pflicht gehörenden Obliegenheiten, Eurer Hoheit das Angebot meines ganz ergebenen Dienstes zu erneuern, damit sie erkennen möge, daß die Veränderung an Luft und Land nichts an meiner Verehrung und meinem Diensteifer ändern oder vermindern kann. Ich habe bisher nur zweimal die Ehre gehabt, die Königin zu sehen; es scheint mir aber, als ob ich sie schon genügend kenne, um die Behauptung zu wagen, daß sie nicht weniger Verdienste und mehr Tugend hat, als der Ruf ihr zuschreibt.*

Eine der ersten Sachen, die sie mich gefragt hat, war, ob ich Nachrichten von Ihnen hätte, und ich habe keine

Bedenken getragen, ihr zunächst zu sagen, was ich von Eurer Hoheit denke; denn da ich die Stärke ihres Geistes bemerkte, befürchtete ich nicht, damit irgendeine Eifersucht bei ihr zu erregen, wie ich ebenfalls sicher bin, daß Eure Hoheit keine solche empfinden wird, wenn ich ihr freimütig meine Meinung über diese Königin schreibe...

Doch, sie ist eifersüchtig, und er weiß es! Er versucht sie zu trösten:

* *Sie hat außerordentliche Neigung für das Studium der schönen Wissenschaften; weil ich aber noch nicht weiß, ob sie schon etwas von Philosophie kennt, kann ich über den Gefallen, den sie daran finden wird, nicht urteilen, auch nicht ob sie darauf wird Zeit verwenden können, und ob ich folglich imstande sein werde, ihr irgendwelche Genugtuung zu verschaffen und ihr in etwas nützlich zu sein.*

Natürlich ist die Philosophenprinzessin nur sie! Christine kann es nicht mit ihr aufnehmen. Auch will er sich dafür einsetzen, daß sie von der Philosophie ganz abkommt. Er hat einen Plan:

Dieser große Eifer für die Kenntnis der Literatur regt sie jetzt vor allem an, die griechische Sprache zu pflegen und viele alte Bücher zu sammeln; aber vielleicht wird sich dies ändern. Und wenn es sich nicht ändern würde, wird mich die Tugend, die ich an dieser Fürstin bemerke, immer veranlassen, die Nützlichkeit ihres Dienstes dem Wunsch, ihr zu gefallen, vorzuziehen, sodaß es mich nicht hindern wird, ihr meine Meinungen offen zu sagen; und wenn sie ihr unangenehm sein sollten, was ich nicht glaube, so würde ich zumindest diesen Vorteil daraus ziehen, daß ich meiner Pflicht genüge getan hätte und mir Gelegenheit gegeben wird, sobald wie möglich zu meiner Einsamkeit zurückkehren zu können, außerhalb derer ich schwerlich etwas auf der Suche nach der Wahrheit vorwärts treiben kann.

Gefangen zwischen zwei Damen ist der Große René recht unglücklich... Überdies ist er verliebt und daher ungeschickt...

Doch auf diese Art wird er Christines Geduld nicht ermüden, im Gegenteil: zum ersten Mal in ihrem Leben hält jemand der Königin stand. »Er versteht es, ihr die Langeweile des gewohnten Lebens zu vertreiben«...

Descartes ist nicht nur den »Anstrengungen der Reise entwöhnt«, er ist es auch, was die Sitten der Schönen Welt und die Intrigen des Hofes betrifft. Er wird zur Zielscheibe für alle Gruppen: die Eifersucht der schwedischen Edelleute, die entrüstet sind, von Ausländern verdrängt zu werden, für die Verleumdungen der holländischen Gelehrten, die wütend sind, daß dieses Genie sie in den Schatten stellt, für die Ränke der Ratsmitglieder, die erschreckt sind über den Einfluß, den er auf Christine ausüben könnte. Da er überdies so fern von allem ist, woran ihm wirklich liegt, vergräbt er sich in der Botschaft. Doch dort ist es ihm langweilig. Der mit der Diplomatie sehr beschäftigte Chanut kann ihm kaum Zeit widmen. Die Botschafterin ist bezaubernd, aber leider eine Betschwester. Ihr zu Gefallen hört Descartes gern die Messe, aber wirklich entflammen kann ihn das nicht...

Zum Glück befreundet er sich mit einem französischen Edelmann.

Dieser Nicolas de Flesselles, Herzog von Brégy, ist ein großer Abenteurer, von *Robenadel* und Sohn eines

Präsidenten am Rechnungshof. Er hat eine sehr hübsche kleine dunkelhaarige Person geheiratet, Fräulein de Chazan, die Kammerzofe der Königin. So sang man über ihn:

Brégy hat sich an den Hof gewagt
Durch die Heirat mit der schönen Chazan;
Aber eines nicht fernen Tags
Trägt er Hörner wie der Courcelle.

Dieser Courcelle, der schon sprichwörtlich Hörner trug, hatte aus Liebe ein liederliches Frauenzimmer geheiratet.

Brégy wurde betrogen, aber im eigenen Interesse. Nachdem er sie verdorben hatte, bediente er sich seiner Frau, um »weiterzukommen«. Sie erntete dabei eine »galante Krankheit«. Zu ihrer Heilung mußte eine »untere Lippe« entfernt werden. Seitdem wird sie »der kleine Kastilianer« genannt, weil den Pferden in Kastilien ein Stück Ohr abgeschnitten wird...

Jedenfalls ergibt es sich, daß Brégy *aufgrund des Vertrauens, das seine Frau genießt*, nach Polen geschickt und bald zum Botschafter ernannt wird, und daß er später, aufgrund seiner eigenen, amourösen Qualitäten auf »spezielle Mission« zum Satansweib beordert wird.

Die Mission glückt: Er wird der Geliebte der Königin.

Besser noch: er rühmt seine Gattin und verspricht im Bett von ihr wahre Wunder! Christine läßt Frau Brégy also »ein *Kompliment* machen«, verspricht ihr »eine ganze Provinz«, wenn sie an ihren Hof kommt, wie gewöhnlich...

Natürlich wird der Brief vom französischen Geheimdienst abgefangen und der Staatssekretär umgehend benachrichtigt. Der kleine Kastilianer und Brienne hassen einander – sie nennt ihn »den Gehörnten«, er sie »die Hure« –, aber das Interesse des Königreichs hat Vorrang vor persönlichen Gefühlen. Er gibt folgende Anweisungen:

»Nachdem ich in Betracht gezogen habe, wie äußerst wichtig die Verbindung zu Schweden für unseren Staat ist, wünsche ich, daß seine Königin zufriedengestellt wird... Nachdem sie der Dame eine ganze Provinz angeboten hat, um sie in ihr Land zu locken, erscheint es nicht möglich, ihr diese vorzuenthalten. Ich bin also der Ansicht, daß wir ihr Madame de Brégy zukommen lassen sollten. Schließlich sind alle Überschwemmungen mit Goten von Schweden ausgegangen, und wenn die Königin aus Rache noch eine unternähme, hätten wir sie jetzt mehr zu fürchten als zu anderen Zeiten, da die Frondeure sich ihnen unweigerlich anschließen würden...«

Herr und Frau de Brégy sollen also zur Verbesserung der noch wankenden Politik Mazarins dienen. Das ist der eigentliche Grund, weshalb Herr und Frau de Brégy der Geliebte und die Mätresse der Königin Christine werden...

Um das Satansweib, das all der Wollüste müde ist, in Stimmung zu bringen, erzählt der kleine Kastilianer des Abends von seinen Gesellschaftsspielen mit den Polen. Die »Königin der Skythen« interessiert sich außerordentlich für diese Geschichten aus Tausendundeiner Liebesnacht, sie ist wild auf Einzelheiten:

»Aber, meine Liebe, hörten Sie [verstanden Sie], was sie sagten, wenn sie Sie *liebkosten*?«

»Madame, bei diesem Thema würde man sogar Topinamburs verstehen.« Und sie war wild darauf, alle köstlich verderbten Worte der Leidenschaft zu hören... Mit entflammten Sinnen zieht Christine sie in ihr Zimmer, um die Szenen nachzustellen, die ihre Geliebte so gut beschrieben hat.

Zum Dank für seine guten und loyalen Dienste erhält das Paar zwar keine Provinz, aber immerhin 400 000 Pfund...

Wie alle, die dem Philosophen näherkommen, ist Brégy von Descartes völlig gebannt. Er sieht, wie dieser einsam und unglücklich umherirrt und außer mit dem Personal der Botschaft fast mit niemandem spricht. Der Große René langweilt sich und denkt an seine Prinzessin... Dann übertreibt er es mit dem Trinken: Er liebt den »Wein von Spanien«, den Malaga, und den Aquavit, den schwedischen Schnaps.

Der Diplomat und Abenteurer überredet ihn dazu, dem Satansweib »den Hof zu machen«. Erstens, weil das viel einbringt, zweitens, weil sie schlußendlich ihrer Leidenschaft für die Philosophie müde werden würde, wenn sie alles einmal durchgenommen hätte... In einigen Monaten wäre sie dann von einer neuen Laune besessen, würde einen anderen kommen lassen, dem sie, wie immer, »eine ganze Provinz« versprechen würde. Descartes würde dann, vollgepackt mit Ecus, abreisen können und hätte für den Rest seiner Tage ausgesorgt.

Ein verführerisches Programm... Descartes macht sich zur Aufgabe, es zu erfüllen.

Über Brégy und seine bezaubernde Gattin, denen Christine nichts abschlagen kann, gewinnt er die Gunst der Königin, und bald gehört er zu denen, die das königliche Bett teilen.

Gewiß, er hat nicht mehr das Feuer eines Zwanzigjährigen. Aber er hat eine unschätzbare Erfahrung. Er hat Kenntnisse, an die keiner heranreicht, vermag auch Sinne zu erwecken, die von allzu intensivem Gebrauch abgestumpft sind...

Das Satansweib weiß es zu schätzen. Die Kurse in Philosophie wechseln auf angenehme Weise mit den praktischen Übungen in Erotologie ab. Die Königin von Schweden, die Unterricht über das »Höchste Gut« erhält und dankbar ist für all das Gute, das ihr der Große René antut, bekehrt sich zur *universellen Religion* der Brüder vom Rosenkreuz.[1]

Fortan hält Christine große Stücke auf Descartes, nennt ihn ihren »berühmten Lehrmeister«. Die Höflinge tuscheln, um die Höflichkeit zu erwidern, nenne er sie seine »berühmte Mätresse«...

Zur Feier des ersten Jahrestages des Westfälischen Friedens, der das Ende der Kriege von Deutschland und den Eintritt Schwedens in den Rang einer Großmacht bezeichnete, will die »Königin der Skythen« ein rauschendes Fest nach dem Vorbild des französischen Hofes geben. Herr Descartes, der die Poesie sehr liebt und einen Hang zum Verseschmieden entdeckt hat, wird gebeten, seinen Beitrag in der Sprache der europäischen Elite, auf Französisch, zu leisten. Er arbeitet intensiv an seinem Auftrag.

Ende November liest er vor der Königin und ihrem Hof eine *Pastorale* oder ein galantes Schäferspiel, das er selbst gereimt und »bis zu vier Akten vorangetrie-

1 »Religion« wird hier im alten Sinn von »Verbindung« gebraucht; es handelt sich um das »mystische Band«, das die Brüder vom Rosenkreuzer-Orden mit allen Geistern (denkenden Wesen) verbindet, die das Universum und das Höchste Gut denken.

ben hatte«, wie Leibniz [1] schrieb, der nach Descartes' Tod die Aufgabe hatte, Descartes' unvollendete mathematische Arbeiten zu entziffern: »Die Personen sind Alixan und Parthenia, die sich lieben, beide sind Fürstenkinder und halten sich für Schäfer und Schäferin ...« Die Pastorale zeitigt eine große Wirkung. Zwei Zeilen bleiben erhalten, da böse Zungen aus ihr eine »Säge« machen, die bei allen Gelegenheiten zitiert wird:

In diesem Falle erhalten Sie zur Gattin Dorinde
Sie ist eine sehr gute Partie, mein Herr, neben anderen Dingen ...

Da sein erstes poetisches Werk nur so zurückhaltend aufgenommen wird, beharrt Descartes nicht auf seiner Dichterleidenschaft. Es sollte nie fertiggestellt werden.

Dafür gibt man am 19. Dezember 1649 in Anwesenheit des Hofes und der ausländischen Diplomaten die *Geburt des Friedens*, ein Ballett in Versen aus der Feder René Descartes'.

In einem Anfall purer seelischer Grausamkeit hatte Christine den Vorgänger von Chanut, der schon alt und von der Gicht steif war, gezwungen, zur Eröffnung eines großen Balls zu tanzen. Dagegen weigert sich Herr Descartes trotz der wiederholt vorgetragenen Bitten hartnäckig, in dem Ballett eine Rolle zu übernehmen ... Die Königin von Schweden selbst verkörpert Pallas Athene, die Göttin der Vernunft, die schon im Prolog auftritt:

Hier soll Stille geboten sein
Und man gedenke der Anwesenheit

---

1 Leibniz: Mathematiker und Philosoph, er setzte Descartes Werk fort und schuf die infinitesimalen und binären Rechenarten.

Der Gottheit, die herrscht über diesen Ort
Sie will uns die Schrecken des Krieges nehmen
Und gegen den Willen mehrerer Götter streben
daß Friede herrsche jetzt und immerfort.
[...]
Laßt uns die Geburt also festlich begehen
Wie wir sie in diesem Tanze sehen
In welchem Krieg und Frieden ihre Macht
ausbreiten
Denn Pallas zu Recht nichts vom Kriege hält
– und sei er auch der allerbeste –
Er raubt stets viel von der Schönheit der Welt
Und wenn sie uns den Frieden schenkt
Sie uns mit der größten Wohltat bedenkt.

Dann treten nacheinander der Gott Mars, die Gerechtigkeit, der Leumund und schließlich die Panik auf:

... Ich, die ich bin eine Tochter der Nacht
Kalt, bleich und erbebend,
Kann einem ganzen Tausend Kriegern
Den allergrößten Schrecken eingeben
Sodaß sie ihre Lorbeer'n mit Füßen treten.
Eine Schimäre mir schon ausreicht,
Oder ein Traum, ein Schatte ganz leicht
Ich schicke sie bloß in ihre Köpfe
Und schon zittern sie wie die Tröpfe
Flüchten schnell und werden fahl ...

Alles endet im Ruhme von Pallas Athene, der »Königin der Skythen« in Person:

Anbetungswürdige Pallas, deren göttliche Macht
Auch herrscht über alle Tätigkeiten
des Kriegs und des Friedens, die dem Laster
widerstreben

Wer würde, Euch folgend, nicht seiner Pflicht leben?
[...]
Pallas bedeutet ewige Weisheit;
Und Pallas herrscht über diesen Ort.
Mit ihr herrschen Friede und Gerechtigkeit
Doch haben wir eine Königin und einen Gott.

Es ist die Apotheose.

Descartes verbringt Weihnachten und das Neujahrsfest in der Botschaft und im königlichen Schloß. Trotz der Anstrengungen seines Freundes Chanut, ihm den Aufenthalt angenehm zu machen, verträgt er das Exil nur schlecht, den schrecklichen schwedischen Winter, wo die Sonne nur so kurz scheint und die Kälte so erbarmungslos ist. Er trinkt über die Maßen viel ...

Am 1. Februar 1650 übergibt er der Königin ein Memorandum mit dem Vorschlag zu einer »Konferenz oder Versammlung von Gelehrten, die sie in Form einer Akademie[1] einrichten will«. Er behält sie den Schweden vor, schließt Ausländer aus und legt folgende Regeln fest:

Jeder von denen, die in diese Versammlung aufgenommen werden, bekommt Rederecht, sei es, um die Frage zu stellen oder zu erläutern. Und um Verwirrung zu vermeiden, halten alle stets die gleiche Reihenfolge ein.

Man höre einander in Sanftmut und Respekt beim Reden zu und vermeide es, für das, was in der Versammlung gesagt wird, Verachtung auszudrücken. Man

1 Es ist dieselbe, die heute den Nobelpreis vergibt.

strebe nicht danach, dem anderen zu widersprechen, sondern nur nach der Wahrheit. [...]

Wenn es Ihrer Majestät gefällt, den Kreis zu schließen, wird sie den Anwesenden die Gunst erweisen, eine Frage vollständig zu lösen, indem sie die Gründe derer lobt, die der Wahrheit am nächsten gekommen sind, und das Nötige verändert oder hinzufügt, um die Wahrheit offen daliegen zu sehen.

Dies ähnelt den »Regeln für die Abhaltung von Versammlungen« beim Rosenkreuzer-Orden wie ein Ei dem anderen...

Dem Großen René wird das Leben zur Hölle. Brégy hat Schweden wegen einer diplomatischen Mission in den Niederlanden verlassen. Sein enger Freund Chanut liegt krank zu Bett. Er ist sehr allein... Christine überfordert ihn. Sie behält ihn häufig bis Mitternacht bei sich und bestellt ihn um fünf Uhr morgens am gleichen Tag wieder in ihre Bibliothek...

Aber er ist daran gewöhnt, zehn Stunden zu schlafen und dann noch einige Zeit in einem Zustand des Halbschlafs »im Wachträumen« in seinem Bett zu bleiben. In dieser Zeit kommen ihm seine »intellektuellen Intuitionen«, die anschließend sein Verstand bei vollem Bewußtsein unter die Lupe nimmt.

Sich um fünf Uhr morgens zu lieben ist für das Satansweib nur eine Vorspeise, um auf den Geschmack zu kommen. Doch ihn erschöpft es. Überdies wohnt er in der Botschaft und muß bei polaren Temperaturen hinaus ins Freie...

Zwei oder drei Tage nach der Übergabe des Plans für die Akademie begibt sich Descartes durch die eisige Nacht zum gewohnten Stelldichein, um der Königin »Geometrie«-Lektionen zu erteilen.

Er ist bis auf die Knochen durchgefroren und das ist nicht nur eine Redensart… Glücklicherweise empfängt ihn Christine mit Aquavit, Lachs, geräuchertem Rentierfleisch und anderen Köstlichkeiten. Das wärmt ihn auf und gibt ihm neuen Mut. Er spricht den »anregenden Getränken« reichlich zu…

Kaum haben sie ihre zärtliche Unterhaltung beendet, schiebt die Königin ihn wieder aus ihren Gemächern. Sie muß im Rat den Vorsitz führen.

Der Große René wandert im Vollrausch durch die riesigen Gänge des Palastes. Die Müdigkeit, der Mangel an Schlaf und seine Exzesse mit Wein aus Spanien und Aquavit haben ihn sehr geschwächt. Die sexuellen Ausschweifungen haben das Ihrige dazu beigetragen. Er ist nicht mehr fähig, dem Satansweib standzuhalten… Er hat es gewußt, deshalb wollte er nicht nach Stockholm reisen…

Die zwei oder drei Gläser Alkohol haben ihn buchstäblich betäubt. Er irrt durch das riesige Schloß… Es ist noch lange nicht Tag. Der Schein des Leuchters erhellt seinen Weg nur spärlich… Er weiß nicht mehr, wo er ist… Auf allen Seiten endlos Gänge und Türen… Die Türen tanzen vor seinen Augen. Das Parkett unter seinen Füßen scheint willkürlich anzusteigen und abzufallen. …

Von Übelkeit erfaßt, läßt er sich erschöpft auf eine Bank sinken… deckt sich mehr schlecht als recht mit seinem Mantel zu, schläft ein.

Die Kälte weckt ihn wieder. Seine Geister beleben sich etwas.

René Descartes verläßt torkelnd den Palast, ruft einen Wagen herbei, läßt sich mit Schüttelfrost in den Sitz fallen und begibt sich zurück in die Botschaft. Seinen Kammerdiener bittet er um ein Glas »brennenden Schnaps«, das ist flambierter Aquavit. Die Hitze des Alkohols tut ihm gut.

Am nächsten Tag bleibt er im Bett, hat hohes Fieber und eine »Entzündung der Lungen«.

Der französische Botschafter, kaum genesen, kann endlich aufstehen. Auf Bitten des Kranken läßt er de Ruyer, den Leibarzt der Königin, ihren Mitbruder vom Rosenkreuzer-Orden, rufen.

Nachdem de Ruyer als jakobinischer (dominikanischer) Mönch »die Kutte abgelegt« hatte, promovierte er an der Fakultät von Montpellier zum Doktor der Medizin. Er genießt in Schweden einen ausgezeichneten Ruf. Christine konsultiert ihn, er behandelt sie, sie überhäuft ihn mit Geld und Ehrungen. Mit Chanut, damals noch ein einfacher Statthalter (Konsul) in Stockholm, »schließt er enge Freundschaft«. Der Diplomat gibt ihm Unterricht über das Höchste Gut. Später wird der Arzt Cartesianer, lernt den Philosophen selbst kennen und schließt auch mit ihm enge Freundschaft.

Aber ach, der Arzt ist im Augenblick nicht in Stockholm. Er hält sich im Erzbistum Bremen auf, das seit dem Westfälischen Frieden schwedisch ist. Dort will er seinen Anspruch auf einen Besitz, der früher den Nonnen von Neumünster gehörte, geltend machen und anerkennen lassen, ein Geschenk der Königin.

Bleibt der Doktor Weulles, ein Holländer und seit Descartes' Krieg mit den Theologen von Utrecht und

Leyden sein erklärter Feind, ein Verbündeter der »Peripatetiker« – Scholastiker – am Hof. Aber der Kranke weigert sich hartnäckig, von Scharlatanen besucht zu werden.

Am dritten Tag steigt das Fieber. Er deliriert.

Christine fragt morgens und abends nach ihm, sie wird ungeduldig und wundert sich, daß keine Ärzte an seinem Bett sind.

Der Botschafter läßt Weulles rufen. Beim leise gesprochenen Wort »Aderlaß« erhebt René Descartes sich von seinem Leidensbett:

»Meine Herren, sparen Sie das französische Blut!«

Der Arzt zieht sich verärgert zurück.

Er kommt am nächsten Morgen wieder. Der erschöpfte, schweißbedeckte, vom Fieber glühende Patient betrachtet den unfähigen Wichtigtuer verächtlich.

»Gehen Sie, mein Herr ... Wenn ich schon sterben soll, werde ich in größerem Frieden sterben, wenn ich Sie nicht mehr sehen muß.«

Am achten Tag tritt eine Besserung ein. Das Delir hört auf. Er läßt nach Pater Viogué vom Orden der Eremiten des Heiligen Augustinus schicken. Dieser war auf eigenes Ersuchen zum apostolischen Missionar in den Nordischen Ländern ernannt worden. Mit seinem »aufgeklärten« Eifer paßt der aus Savoyen stammende Priester ausgezeichnet zum Botschafter mit seiner »christlichen und politischen Klugheit«. Er hat das Gewand des Klerikers abgelegt und kleidet sich stets wie ein Kavalier[1] – obwohl ihm dies scharfe Kritik von seinen Mitbrüdern einbringt.

René Descartes ist wieder bei vollem Bewußtsein, er weiß, daß er unwiederbringlich verloren ist. Er bittet den Geistlichen, für ihn die letzten Worte zu sprechen, wenn er die Welt verließe – und alle anderen Reden, Gebete oder Sakramente zu unterlassen.

François Viogué ist ein brillanter intellektueller Kopf, Doktor der Theologischen Fakultät von Paris. Er hat oft lange Gespräche mit dem Philosophen geführt. »Aus Bewunderung und Achtung vor der Erleuchtung dieses großen Geistes unterwirft er sich in allem seinem Willen.«

Der Sterbende eröffnet ihm den Inhalt seiner letzten Ansprache. Chanut, selbst noch nicht wieder richtig gesund, schleppt sich jeden Tag in sein Zimmer. Wieder einmal fleht er ihn an, sich behandeln zu lassen. Da Descartes dem Freund die Sorge nehmen will, willigt er ein, daß ein Chirurg ihn zur Ader läßt.

»Anstelle von Blut nimmt er ihm nur Öl«, stellen der Sekretär der Botschaft und der Sekretär des französischen Repräsentanten, die Herren Picques und Belin, fest. Einige Stunden später wird der Aderlaß in gleich großem Umfang wiederholt.

Die Anwendung geschieht zu spät, das Fieber sinkt nicht mehr.

Den Kindern des Diplomaten und allen Personen, die sich um sein Bett versammeln, drückt René Descartes noch einmal seinen Dank aus für die Freund-

---

1 Das heißt, er trägt einen Degen.

schaft und Güte, die sie ihm gezeigt haben. Der Botschaftersgattin äußert er seine »Rührung über ihre Ergebenheit und die Beweise ihrer Zuneigung«. Seit er krank ist, »habe sie sich um alles gekümmert und sei ständig um ihn gewesen, sie habe ihn mit großer Gewissenhaftigkeit persönlich bedient, ihn Tag und Nacht mit der gleichen Zärtlichkeit und Wachsamkeit gepflegt und mit der gleichen Aufopferung wie zuvor ihren Gatten«.

Zum Sterben kommt das eigenbrötlerische Genie in eine Familie, zu seinem Bruder vom Rosenkreuzer-Orden.

Sechs Stunden nach dem zweiten Aderlaß ist ein Schluchzen zu hören. Ein Krampf des ganzen Organismus. Die Helfer eilen herbei. Er kann nur sehr mühsam atmen, spuckt »schwärzliches, verfaultes Blut«.

Gegen Abend bittet er, man solle etwas Tabak in Wein auflösen, er brauche ein Brechmittel. Man spielt mit, indem man den Wein mit viel Wasser mischt und ein Stück Tabak hineinwirft, es aber sofort wieder herauszieht, damit der Wein nur den Geschmack annimmt.

In der darauffolgenden, ruhigeren Nacht diktiert er Briefe an seine Brüder. Er teilt die wenigen Besitztümer auf, seine Rechte am väterlichen Erbe, und bittet die Verwandten, auf diese Bezüge eine jährliche Pension für seine Amme einzurichten, die sonst mittellos wäre. Er selbst hatte sie bis zu diesem Tag so versorgt ...

Er hofft, daß Joachim Descartes sich um die alte Frau kümmern wird. Beruhigt unterhält er sich mit seinem Freund, dem Botschafter.

Gegen Mitternacht wird der Kranke, der keine Schmerzen spürt, plötzlich schwächer. Sein Augenlicht schwindet um die Hälfte. Seine Augen werden größer. Sein schwarzer Blick wirkt verloren.

Am nächsten Morgen bittet René Descartes seinen Kammerdiener, ihm Pfannkuchen zuzubereiten, er ißt sie so gerne. Er ist der Fleischbrühe überdrüssig, die er seit Beginn seiner Krankheit zu sich nimmt.

Nachdem er gegessen hat, wird er so ruhig, daß alle Hoffnung schöpfen. Er selbst behauptet, er könnte noch lange weitermachen. Er will sie nicht beunruhigen, will Chanut täuschen, der noch schwach ist, und seine Frau schonen, die von den durchwachten Nächten erschöpft ist. Er tut, als fühlte er sich besser.

Die Zusammenkunft zieht sich daher um neun Uhr abends zum Souper zurück.

René Descartes weiß, daß er nur noch kurze Zeit zu leben hat...

Schluter hilft ihm beim Aufstehen, hilft ihm zum Sessel neben dem Kamin. Descartes schaut lange ins Feuer... Die Wärme, das Leuchten der Flammen...

Durch den Schock der beiden starken Aderlässe fällt er plötzlich in Ohnmacht. Er kommt wieder zu sich, erhebt die Augen zum Kammerdiener, seinem Freund und Gefährten, der über ihn gebeugt ist.

Ein Lächeln... ein Murmeln:

»Ach, mein Lieber, jetzt heißt es Aufbrechen...«

Der Kammerdiener bringt ihn wieder ins Bett, rennt nach dem Botschafter, der sich schon schlafen gelegt hat, nach Pater Viogué, der Familie, den Freunden.

Der Kranke spricht nicht mehr. Der Geistliche bittet ihn um ein Zeichen, falls er mit der letzten Feier beginnen soll. Der Sterbende hebt die Augen zum Himmel.

Da spricht François de Viogué eine feierliche Erklärung. »René Descartes zieht sich froh und zufrieden vom Leben und den Menschen zurück, voller Vertrauen in das Höchste Gut und darauf brennend, bald die Wahrheit offen daliegen zu sehen, nach der er sein ganzes Leben gesucht hat.«

Gemäß dem Wunsch des Sterbenden spricht dann die ganze Versammlung mit vereinter Inbrunst dem Priester einen Text nach, der den Menschen im Todeskampf gewidmet ist; »im Namen der universellen Religion, welche allen über das Universum verstreuten Geistern zueigen ist«.

Am 11. Tag des Februar 1650 um 4 Uhr morgens hört René Descartes im Alter von 53 Jahren, zehn Monaten und elf Tagen auf zu leben.

Doch er lebt weiter im Gedächtnis der Menschen.

10. Posthume Abenteuer

Paris 1665

Die *cartesianische* Philosophie, die in den Niederlanden, England, Deutschland, Dänemark und anderen Ländern des Nordens offen, in Frankreich und den katholischen Staaten unter dem Deckmantel von Aristoteles und der Antike gelehrt wird, löst allmählich die Scholastik ab. Um den Großen René und sein Andenken wird von seinen Anhängern ein veritabler Kult gemacht. Unzählige Cartesianer halten an seinem Grab in Schweden Einkehr.

Nach einer solchen Pilgerfahrt versammeln sich einige gute Freunde des Verstorbenen in tiefem Schmerz bei Pierre d'Alibert, dem Generalschatzmeister von Frankreich, und einem seiner »besonderen Freunde«.

Bei Descartes' letzter Reise nach Frankreich im Jahr 1648 hatte d'Alibert ihm angeboten, »seine Forschungen aus eigenem Vermögen zu finanzieren«. Dies war eine elegante Art, ihm Geld anzubieten. Aber obwohl René Descartes recht arm, von Geldsorgen niedergedrückt und hoch verschuldet war, hatte er abgelehnt und vorgeschlagen, »diese Gelder für das Wohl der Menschen zu verwenden, indem er Einrichtungen zur Förderung der *Künste* schuf, etwa folgendermaßen: Er solle am Königlichen Kolleg und an anderen Orten, wo öffentlicher Unterricht stattfand, verschiedene große Säle für die Handwerker bauen lassen, einen für jede Zunft und jede mit einem dazugehörigen Kabinett, das mit den mechanischen Hilfsmitteln und allen in den jeweiligen Künsten benutzten Geräten ausgestattet war. Zudem solle er noch für ausreichend Geld sorgen, damit nicht nur die für die Versuche notwendigen Ausgaben gedeckt waren, sondern damit auch Lehrer in gleicher Zahl wie die Künste bezahlt werden konnten. Diese Professoren sollten gewandt sein in Mathematik und Physik, damit sie den Handwerkern alle Fragen beantworten, alle Dinge begründen und ihnen damit die Mittel an die Hand geben konnten, um durch die Verbindung von Theorie und Praxis neue Entdeckungen zu machen. Dieser öffentliche Unterricht sollte nur an Feiertagen und Sonntagen stattfinden, damit sich alle Handwerker einfinden konnten.«

René Descartes hatte ihm sogar einen Trick genannt, um das Projekt bei Hof und Erzbischof genehm zu machen; nämlich »es als ein sehr geeignetes Mittel hinzustellen, um die Leute von der Ausschweifung abzuhalten, der sie an Feiertagen sonst frönen«.

Aber d'Alibert hatte einen politischen Einwand angeführt: »Wenn man den Handwerkern aus ihrer Lage heraushelfen, ihre beruflichen Kenntnisse erläutern, verbessern und *veröffentlichen* will, wird man mit den Innungen aneinandergeraten. Denn es bedeutet, ihnen ihre Fertigkeiten zu rauben, den Schlüssel zu ihrem Wohlstand, die bisher unter dem Siegel der Verschwiegenheit mündlich weitergegeben wurden. Wir würden eine Revolution auslösen! Die Königsmacht hat schon genug mit den Folgen der Fronde zu tun.«

Die sterblichen Überreste dieses Mathematikers und Weisen, dieses Philosophen, der so großzügiger Pläne fähig war, der so durchdrungen war von der Liebe zu den Menschen, so besorgt darum, »allen Menschen

Gutes zu tun«, waren inzwischen völlig vernachlässigt. Seinem Grab droht der Verfall: Seit der Abdankung Königin Christines kümmert sich niemand mehr um die kostbare Ruhestätte.

Das bereitet seinen Freunden Kummer. Wie hatte es zu diesem unerträglichen Zustand kommen können? Die Herren Belin und Picques berichten, wie es sich zugetragen hatte.

Gleich nach dem Tode René Descartes nahm der französische Botschafter, »der durch die Worte seines berühmten Freundes auf die Trennung vorbereitet war, all seinen Mut zusammen und schöpfte aus den Quellen der cartesianischen Philosophie, um den Schlag zu verkraften«.

Das Ereignis verkürzte vermutlich sein eigenes Leben, so sehr traf ihn der Tod seines Freundes.

Er schickte Belin, seinen Sekretär, zum Lever der Königin, um ihr mitzuteilen, daß Herr Descartes *dahingeschieden* sei...

Sarkastisch wie immer konnte Christine die Bemerkung nicht unterdrücken, daß der »berühmte Lehrmeister« versprochen habe, mit Hilfe der Wissenschaft hundert Jahre zu leben. »Er hat sein Wort nicht gehalten!«

Dennoch sandte sie sofort einen Edelmann ihres Hauses zum Herrn Botschafter, um ihn offiziell des »empfindlichen Verdrusses« zu versichern, den dieses »traurige Unglück« in ihr auslöste.

Sie teilte Herrn Belin auch ihren Entschluß mit:

»Ich habe vor, der Nachwelt ein Monument meiner Achtung für die Verdienste des Verstorbenen zu hinterlassen, indem ich ihm zu Füßen der Könige, meiner Vorgänger, ein Denkmal setze, unter allen Herren vom Hof und den Hohen Beamten der Krone, im *Riddare Holmens Koerkan* – in der Kirche auf der Ritterinsel. Ich werde im ehrwürdigen *Gramucka*-Kloster – dem Kloster der grauen Mönche – ein wunderbares Mausoleum errichten lassen, es ist der Begrabungsort der schwedischen Könige, der königlichen Familie und der großen Fürstenhäuser des Landes.«

Der arme Belin war starr vor Bestürzung... *René Descartes soll zu Füßen der Könige begraben werden, zwischen Herren und Hohen Beamten!*

Er sammelte allen Mut. Er nahm sich die Freiheit heraus, dem Nordischen Satansweib zu widersprechen und wagte zu sagen:

»Madame..., wenn Ihre Majestät mir nicht die Ehre erwiesen hätte, ihren Willen so ausdrücklich zu bekunden, hätte der Herr Botschafter im Sinn gehabt, von ihr die Erlaubnis zu erbitten, die Leiche des Verstorbenen im *Barnhusz,* dem Friedhof des Waisenkinderkrankenhauses zu begraben, in der nördlichen Vorstadt von Malme, und nicht in den Quartieren, die für Ausländer, Katholiken, Calvinisten und Juden vorgesehen sind, sondern unter den Kindern, die gestorben sind, bevor sie das Alter der Vernunft erreicht haben...«

Schweigen. Stoisch wartete Belin auf die Explosion... Sie blieb aus.

Die Königin von Schweden äußerte nur Überraschung über diese Wahl. Warum »wolle er einen Toten *dieser Bedeutung* zwischen Waisen und Kindern begraben?«

Der kluge Belin wich aus:

»Der Herr Botschafter ist davon überzeugt, daß der Leib eines Auserwählten überall in Sicherheit ist, wo es Gott gefällt, ihn bis zur Auferstehung ruhen zu lassen. Er tut damit nichts anderes, als dem letzten Willen des berühmten Philosophen zu entsprechen.«

Rasch fügte er hinzu: »Der Herr Botschafter beabsichtigt, heute Nachmittag zum Palast zu kommen, um Ihre Majestät zu begrüßen.«

Sogleich »verschob Ihre Majestät jede weitere Überlegung auf das Gespräch mit dem Botschafter«.

Der Sekretär empfahl sich, froh, daß er das Gewitter noch einmal hatte abwenden können.

Der Herr Botschafter erreichte, daß sie ihn die Begräbnisstätte selbst auswählen ließ, auf neutralem Grund. René Descartes wollte keinesfalls von einer Religion vereinnahmt werden und hatte dies selbst ausdrücklich so bestimmt.

Dennoch fügte Christine hinzu, sie lasse eine Begräbnisfeier vorbereiten, »deren Prunk die Tiefe des Verlustes bezeichnen wird, der ihr durch diesen Tod verursacht wurde« – für gewöhnlich ließ sie ihre Geliebten nicht ziehen, ohne sie mit Geschenken zu überhäufen.

Chanut blieb fest.

»Madame, ich glaube nicht, daß diese Feier die Billigung des Philosophen hätte, der in aller Einfachheit lebte und für die Ehrungen und eitlen Äußerlichkeiten dieser Welt wenig übrig hatte. Über die Kosten des Begräbnisses hat Herr Descartes den Willen bekundet, sie dürften nur aus seiner Börse bezahlt werden.«

Die Königin stimmte allem zu. Aber da dieses Begräbnis nicht ihrem eigenen Ruhm dienen, noch ihre Verdienste als *Philsophenprinzessin* vor den Augen der Welt vergrößern würde, verlor sie jedes Interesse an dem Vorhaben.

Schon am nächsten Morgen verließ der Trauerzug die Botschaft. Auf dem Friedhof wurde der Sarg von Picques, dem Neffen von Le Vasseur d'Etioles, von Belin, dem Sohn eines Freundes, von dem ältesten Sohn des Botschafters und einem vierten jungen Mann getragen, der Chanut zum Debütieren in der Laufbahn anvertraut worden war. Davor ging Pater Viogué, dahinter, mit Fackeln in den Händen, Menschen, die René Descartes nahegestanden hatten. Die Bewunderer des Philosophen hatte der Diplomat von der Zeremonie ausgeschlossen. Nur seine »besonderen Freunde« durften teilnehmen.

Chanut verlas die Botschaften derer, die von Descartes' Krankheit benachrichtigt worden waren, aber nicht hatten kommen können, wie Gilot, ein junger Student, den Descartes zu einem begabten Mathematiker gemacht hatte, Villebressieux, der mit seiner Hilfe ein hochberühmter Ingenieur geworden war und zwei andere Männer, die ihm alles verdanken:

»Gérard Gutskovven stellte sich bei Herrn Descartes als Dienstbote vor und verlangte von ihm als einzigen Lohn nur Kost und Logis und die Gelegenheit, sich an seiner Seite zu bilden. Herr Descartes löste sein Versprechen durchaus ein und empfahl ihn Pater Ciermans von der Universität Leuven. Heute ist er Inhaber eines Lehrstuhls für Mathematik und versieht seine Funktionen mit dem besten Ruf«, kommentierte Chanut. Er fuhr fort:

»Dirck Rembrantsz war Schuhmacher in dem Dorf Nierop in Nordholland. Obwohl er bettelarm war, konnte er nicht umhin, die Mathematik zu pflegen, zum Nachteil seiner Hände Arbeit, welche ihm doch das zum Leben Notwendige verschaffte. Da er von Herrn Descartes gehört hatte, begab er sich zu ihm, nachdem er dessen Wohnung lange und mühevoll gesucht hatte. Aber die Wirtin wies ihn ab. Er kam wieder. Sein Äußeres trug nicht dazu bei, ihm einen besseren Empfang zu sichern: Die Wirtin beschrieb ihn Herrn Descartes als einen Bettler, der mit ihm über Philosophie und Astrologie reden, ihm eigentlich aber Geld aus der Tasche ziehen wolle. Sogleich schickte der Große René ihm Geld und befreite ihn von der Mühe, mit ihm zu sprechen. Rembrantsz wies das Geld zurück, sagte, seine Stunde sei noch nicht gekommen, aber er hoffe, daß seine dritte Reise nicht nutzlos sein würde... Einige Monate später kam er wieder und erhielt endlich, was er mit so viel Eifer und Hartnäckigkeit angestrebt hatte. Der Große René erkannte seine Fähigkeiten und Verdienste und zahlte ihm seine Mühen mit Wucher zurück. Er nahm ihn in seinen Freundeskreis auf, ungeachtet seiner niedrigen Stellung, und öffnete ihm jederzeit sein Herz und sein Haus. Inzwischen«, erinnerte Chanut, »ist Rembrantsz mit seiner Schule einer der ersten Astronomen und Geometer unseres Jahrhunderts geworden. Er arbeitet an einem Traktat über Astronomie.«

Nachdem der Leichnam des Großen René zwischen den Kindern zur Erde gebracht worden war, die gestorben waren, bevor sie das Alter der Vernunft erreicht hatten, versammelten sich seine engsten Freunde ein letztes Mal um seinen Sarg und vereinten sich in Gedanken mit ihm... Dann wurden die Fackeln gelöscht.

Am Ende dieses einfachen und innigen Abschieds verließ ihn jeder, seinen Schmerz in sich tragend, für immer...

Am folgenden Tag entsandte die schwedische Königin auf Ersuchen des Botschafters den ersten Edelmann der Kammer, Erik Sparre, Baron von Cronenberg, damit er bei der Aufstellung der Hinterlassenschaft und der Papiere des Verstorbenen zugegen sei.

Nach Übereinkunft aller »wurden seine Klamotten [seine Kleider] und seine gesamte Garderobe« seinem Kammerdiener Henry Schluter gegeben, der über den Tod untröstlich war. Man fand auch eine Börse mit einigen hundert Geldstücken... sein ganzes Vermögen.

Die Kiste, die mit Schriften, Korrespondenz und Büchern vollgestopft war, wurde am nächsten Tag gesichtet.

Descartes' Familie als rechtmäßige Erbin überließ sie Chanut... Dieser beschloß, sie der Nachwelt zukommen zu lassen, indem er sie seinem Schwager, dem jansenistischen Mathematiker Clerselier anvertraute, der für seinen Freund Descartes den Streit mit Roberval wieder aufgenommen hatte.

1653 ließ der nach Frankreich zurückgekehrte Botschafter sein Gepäck auf dem Seeweg nach Rouen bringen. Die Barkasse, die es nach Paris befördern sollte, sank im Hafen von École... Die Papiere des Großen René, die in einer Kiste geordnet verwahrt waren, lagen drei Tage am Grund des Flusses, bevor sie wunderbarerweise gefunden und völlig ungeordnet zum Trocknen ausgelegt wurden. Einige waren verlorengegangen, andere waren halb ausgelöscht, alle hoffnungslos durcheinandergeworfen.

Am 4. März schritt auf Requisition des Herrn von Surck und Berghe, René Descartes' Gläubiger, ein beim Hof von Holland bestallter Notar zur Öffnung des Koffers, der bei Freund de Hooghelande geblieben war. Es waren drei Zeugen zugegen, Louis de La Voyette, ein französischer Edelmann, Frans Schooten, Mathematikprofessor der Universität und Johannes de Raei, Doktor der Medizin und Philosophie, alle sehr geschätzte Freunde des Verstorbenen.

Herr de Berghe nahm alle Schuldscheine, um sie sich über Pater Picot von den Verwandten Descartes' in der Bretagne, den Schuldnern des Verstorbenen, zurückzahlen zu lassen – er hatte nicht vor, Pierre Descartes ungeschoren die Summen genießen zu lassen, die er seinem jüngeren Bruder abgegaunert hatte.

Was die Papiere betraf, so beschlossen die vier Rosenkreuzer, sie für sich zu behalten, aus Furcht, daß sie in Frankreich »verfälscht und entstellt würden«.

Chanut hielt sich streng an den Willen des Philosophen. Wegen seines hartnäckigen Widerstandes verzichtete Christine auf ihr Marmor-Mausoleum und begnügte sich damit, von »ihrem berühmten Lehrmeister« nach seiner Totenmaske, die auf Anregung des Botschafters abgenommen worden war, »ein Porträt anfertigen zu lassen«. Dann schrieb Chanut an Herrn Descartes de la Brétaillière und an Picot mit der Bitte um Gelder aus der Erbschaft des Verstorbenen, um sein Grabdenkmal zu erbauen. Vom ältesten Bruder erhielt er nichts – es überrascht ihn nicht weiter... Picot konnte ohne die Zustimmung der Vermächtnisnehmer keinen Heller auf die Erbschaft leihen, Pierre Descartes lehnte kategorisch ab.

Im Mai war der Botschafter des Wartens auf eine Antwort müde und beschloß, über dem Grab ein provisorisches Grabmal zu errichten. Die »Pyramide« – wie es genannt werden sollte.

Mit dem Geld, das René Descartes bei sich hatte, konnte Chanut seinen Plan, einen massiven »steinernen Kubus« mit eingravierten Inschriften zur Erinnerung an den Verstorbenen aufzustellen, nicht verwirklichen. So ließ er nur das Modell errichten. Auf einem »Grabstein aus einem Block, rechteckig, von siebeneinhalb Fuß Länge und vier Fuß Breite und drei Fuß Höhe (ein Fuß = 33 Zentimeter) und vier Mauern aus Bruchstein, achteinhalb Fuß hoch, mit Holz getäfelt, das mit bemaltem Wachstuch bespannt war, darüber als Gesims ein weiterer Stein von eineinhalb Fuß Dicke«. Die Wände boten dem Vorübergehenden Texte, die *Renatus Des-Cartes* rühmten, doch waren sie nicht graviert, sondern auf das Wachstuch gemalt.

Fünfzehn Jahre sind vergangen. Der Botschafter ist gestorben. Christine von Schweden hat abgedankt.

Das endgültige Grabmal ist immer noch nicht erbaut. Die Verwitterung hat die Täfelung beschädigt, das Wachstuch zerrissen und die von Chanut verfaßten Inschriften ausgelöscht.

Die niederländischen Freunde von René Descartes haben eine Gedenkmünze prägen lassen. Auf der Vorderseite ist ein Porträt nach Frans Hals. Auf der Rückseite stehen lateinische Lobsprüche zwischen einer sonnenbeschienenen Weltkugel, von der dunkle Schwaden aufsteigen, und die beiden Worte *secula lumen:*

So war sein Antlitz
Des wahren Sohns der Natur
Des einzigen, dessen Genie
Die Geheimnisse seiner Mutter durchdrang.
Es gibt kein Wunder mehr,
Von dem er den Grund nicht nennt,
Er läßt auf Erden kein einziges
Bestehen außer Ihm.

Seine französischen Freunde beschließen nach langen Überlegungen, das Grabmal des Verstorbenen erneuern und das von Christine geplante Marmordenkmal selbst bauen zu lassen.

D'Alibert schreibt an den französischen Botschafter in Schweden, den Chevalier de Terlon, um seine Meinung über René Descartes zu sondieren und zu erfahren, ob er sich mit der Angelegenheit befassen will.

Der Botschafter »ist entzückt, eine Gelegenheit zu finden, seine Liebe und Verehrung für eine Persönlichkeit zu beweisen, deren Philosophie er unendlich schätzt«, und gibt sich als »einer seiner Freunde aus« – ohne ihn leider je gekannt zu haben! Er übernimmt also den Auftrag voller Freude. Er fügt noch hinzu, daß er neben dem Marmordenkmal, das er wundervoll finde, noch zwei Büsten fertigen lassen werde, eine aus Bronze und eine in Stein gehauen, welche er Rücken an Rücken auf die »Pyramide« setzen lassen wolle, »nachdem er sie habe erneuern lassen«.

Er teilt dieses Vorhaben einem anderen Anhänger

des Großen René mit, dem Großkanzler des schwedischen Königreichs, Graf Magnus Gabriel de la Gardie. Dieser ist ein nach Schweden emigrierter, protestantischer französischer Edelmann. Früher war er ein Geliebter der Königin Christine, heute ist er der Ehemann einer Tante des regierenden Königs Karls XI. »Der gelehrte und berühmte Franzose weist ihn darauf hin, daß es noch ruhmreicher für das Andenken des großen Mannes und für die französische Nation wäre, wenn man seine Gebeine nach Frankreich überführte und sie in einer Kirche der Hauptstadt zur Ruhe legte, wo ganz Europa sie besichtigen könne, anstatt sie in diesem nördlichen Winkel zu lassen, wo sie immer *incognito* bleiben würden.«

Der Herr Chevalier setzt das Vorhaben d'Alibert auseinander, und d'Alibert den wichtigsten Cartesianern. Sie nehmen diesen Ausweg wie ein großes Glück auf, das sie selbst glühend herbeigewünscht hatten, sie hatten nur nicht gewagt, es zu erhoffen, da »die Durchführung so schwierig war« ...

Da Chanut »die Welt verlassen hat«, bietet d'Alibert an, er wolle die Sache in die Hand nehmen. Seine Freunde sind bereit, eine Subskription zu veranlassen. Er protestiert: Sein Herz »ertrüge es nicht, wenn ein anderer als er zu den Kosten des langen und schwierigen Vorhabens beitrüge«.

Nachdem er die schriftliche Zustimmung vom schwedischen König erhalten hat, nachdem er den Gouverneur von Stockholm und die Verwaltung der Stadt und auch den Großkanzler um Erlaubnis ersucht hat, die Gebühren der lutherischen Pastoren beglichen und die Totengräber *auf Rechnung* von Herrn d'Alibert bezahlt hat, begibt sich der Chevalier de Terlon zum Friedhof von Nord-Malme, um zur Exhumierung René Descartes' zu schreiten. Begleitet wird er von seiner Familie und Herrn de Pomponne, der aus Frankreich angereist ist, um seine Nachfolge anzutreten.

Allerdings hat das Vorhaben bei den schwedischen Gelehrten, die mit dem Philosophen befreundet waren, Kränkung und Protest hervorgerufen. Doch schließlich stimmen sie unter der Bedingung zu, daß der Schädel, die schützende Umhüllung dieses wundervollen Hirns, also das Wichtigste, in ihrem Besitz verbleibt. Der Botschafter, der weiß, daß nur noch Gebeine des Verstorbenen übrig sein werden, »die man ohne Pietätlosigkeit voneinander trennen kann«, willigt ein; er hat auch keine Skrupel, für sich selbst »das Instrument der unsterblichen Schriften des Großen Mannes« aufzubewahren: die Knochen der rechten Hand.

Ohne diese Trophäen, die von den Empfängern im Triumphzug von dannen getragen werden, legt man die Überreste Descartes' wegen des leichteren Transports in einen Kupfersarg von zweieinhalb Fuß. Um alle Schiebereien zu vermeiden, hält man es für angebracht, den Sarg mit starken Eisenstäben einzufassen, die unter Zeugen zusammengeschweißt werden. Dennoch würden Scharlatane ein Vermögen verdienen, indem sie auf Friedhöfen entwendete Gebeine als authentische Reliquien des Großen René verkauften. Der Herr Botschafter verwahrt den Sarg bis zu seiner Abreise – er wird Botschafter in Dänemark – in seinem Vorzimmer und läßt die von Chanut errichtete Pyramide – immer noch *auf Rechnung d'Aliberts* – restaurieren.

Nun kann er diesem eine freudige Mitteilung machen: *die Gebeine gehören Ihnen!*

In Frankreich jedoch trifft der Generalschatzmeister auf heftigen Widerstand: René Descartes, dieser Freidenker – ob Deist oder Atheist ist gleich –, jetzt schon Gegenstand eines Kults, der in einen Rausch ausartet, dieser René Descartes soll zurückkehren? Niemals, nicht einmal in kleinsten Bruchteilen. Die Gesellschaft vom Heiligen Sakrament ergeht sich in Verleumdungen, die Frömmler erzürnen sich, Kirchenangehörige, ansonsten fanatische Protestantengegner, stützen sich auf die Texte der Calvinisten, um ihn zu verurteilen.

Die Cartesianer von Paris mobilisieren all ihre Freunde, um die Schläge zu parieren. Der französische Statthalter in Hamburg bemüht sich, von Königin Christine ein »Zertifikat über die Katholizität« des Philosophen zu erlangen.

Clerselier und der Abbé Picot schreiben mit dem gleichen Anliegen an Viogué, der jetzt der französische Assistent des Generalsuperiors der Augustinermönche in Rom ist. Da »katholisch« »universell« bedeutet, stellt Viogué bereitwillig ein solches Zertifikat aus...

Schließlich trifft der Sarg in Kopenhagen ein, doch wieder nicht ohne Schwierigkeiten: Viele Matrosen weigern sich, Leichen zu befördern, weil »das Unglück bringt«. Von Kopenhagen schreibt Chevalier de Terlon an den jungen Ludwig XIV, unterrichtet ihn von allem, unterstreicht die Verdienste des berühmten Franzosen, der einen Teil des Ruhms des Königreichs ausmache, und bittet ihn, seine Absichten mitzuteilen.

Der König informiert sich bei Freunden des Philosophen, die *mit seinem Hof in Kontakt stehen*, und sendet ihm die notwendigen Befehle, damit der Leichnam unter seinem königlichen Schutz reisen kann.

Drei Monate lang bereitet der Botschafter René Descartes' letzte Reise vor. Er vertraut die Aufgabe de L'Épine an, dem Haushofmeister des vorigen Botschafters de Chassan, sowie Herrn du Rocher, seinem ersten Kammerdiener. Beide sind in Wirklichkeit »Geheimagenten« im Dienst des Diplomaten. *Der Sarg wird in einen Ballen von Lumpen eingehüllt, und versiegelt mit dem unantastbaren*[1] *Siegel des Botschafters, zu Land reisen*, schreibt der Chevalier an d'Alibert. *Falls nämlich diese kostbare Fracht den Engländern in die Hände fiele, unter denen Herr Descartes zahllose Verehrer hat, würden sie sich weigern, sie herauszugeben und ihm mit der Begründung, der Philosophie einen Tempel errichten zu wollen, in ihrem Land ein wunderbares Mausoleum bauen.*

Da er überzeugt ist, daß die Holländer und die Deutschen ebenso handeln würden, hat er die Mission sehr erfahrenen Agenten übertragen.

Nachdem er die Befehle des Königs erhalten hat, schreibt er an die Herren de Lionne und Colbert, damit sie die Zöllner veranlassen, den Ballen nicht zu öffnen.

Nach all diesen Vorkehrungen machen sich die Herren de L'Épine und du Rocher – dieser hat einen Brief für d'Alibert – am 2. Oktober 1666 auf die Reise.

Drei Tage später – solange würden die Männer brauchen, um nach Frankreich zu gelangen – schreibt

1 wie der Diplomatenkoffer

Terlon an d'Alibert auf dem »üblichen Weg«, damit er die Neuigkeit in Paris bekanntmacht und in den Gazetten inseriert. Als Dank für seine Mühen bittet er, daß man der Inschrift auf dem Grabmal hinzufüge: *Die Überführung wurde unter Ludwig XIV von Chevalier de Terlon, seinem Botschafter, verrichtet.*

Die Begleiter durchqueren ungehindert Jylland (Jütland), Niederdeutschland, Holland und Flandern. Aber ausgerechnet in Péronne, in der Pikardie, werden sie von den Zöllnern aufgehalten! Obwohl sie die Befehle vom König, von Colbert, vom Botschafter vorweisen, erbrechen die Beamten die Siegel, öffnen den Sarg, nehmen die Gebeine zur Kenntnis und erstellen im Beisein »vertrauenswürdiger Zeugen« eine Inventarliste.

Anfang Januar 1667 – drei Monate später – erreichen die sterblichen Überreste Paris... Man deponiert sie ohne Zeremonie in der Kapelle der Paulskirche. Und das hat einen Grund: Der lange erwartete Übereifer der pikardischen Zöllner war von den Freunden des Toten provoziert worden, denn so war eine völlig legale Öffnung des Sargs ermöglicht worden. Im Laufe der Reise wurden die Reste des Philosophen, die ja gewissenhaft aufgeführt waren, durch Gebeine ersetzt, die in Massengräbern zusammengelesen wurden, Gebeine von Menschen, die in der Anonymität und im Elend gestorben waren.

Die Gebeine René Descartes' sind an einem sicheren Ort begraben... Er ist nur seinen Freunden, den Brüdern vom Rosenkreuzer-Orden aller Länder, bekannt.

Währenddessen berät man über die Bestattung. Clerselier schlägt die Kirche Sainte-Geneviève-du-Mont vor, »die sowohl als ein Heiligtum der Wissenschaften gilt wie auch als eines der Religion, damit dieser Leib auf dem höchsten Punkt der Hauptstadt ganz Frankreich dargestellt werde und somit auch auf dem Gipfel der ersten Universität des Königreichs, sodaß die sterblichen Überreste dieses großen Mannes als eine Trophäe für die Ewige Wahrheit dienen können, welche sein Geist auf Erden gesucht hat und welche seine Seele, wie es von der Barmherzigkeit zu erwarten ist, jetzt in der anderen Welt besitzt.«

Der Abbé von Sainte-Geneviève, François Blanchard, Generalsuperior des Augustinerordens, »nimmt diesen Vorschlag mit Freuden an, und alle Mönche seines Hauses sind mit ihm einig«.

Pater L'Allemant, der Kanzler der Universität, verfaßt die Trauerpredigt auf der Grundlage der Erinnerungen, die Clerselier ihm liefert.

Der Domherr von Dijon, Foucher, ein Anhänger des Philosophen, nimmt sich vor, eine weitere »von ganz anderer Art aufzusetzen«, die bestimmt ist, »anderswo, nur in Gegenwart seiner Freunde gehalten zu werden«.

»Die Herren von Sainte-Geneviève« mögen bitte »für den Trauerpomp sorgen, der ihre Kirche ausschmücken soll«. D'Alibert eröffnet ihnen einen unbegrenzten Kredit, »wenn sie nur die Sache in einem Glanz und einer Pracht ausgestalten, die nichts zu wünschen übrig lassen«.

Nach dieser gründlichen Vorbereitung verläßt der Trauerzug am Freitag, dem 24. Juni 1667, nach Sonnenuntergang den Wohnsitz des Generalschatzmeisters in der Rue Beautreillis in Richtung Paulskirche, um den Leichnam dann zu überführen.

Es ist ein nicht endenwollender Zug... An der Spitze der Klerus der großen Kirchengemeinde, dazu hundert Bedürftige, die im Namen René Descartes' von d'Alibert neu eingekleidet wurden. Sie tragen Fackeln und Leuchter. Hinter ihnen eine endlose Folge von Karossen »gefüllt mit Personen von höchstem Stande, alles Freunde des Philosophen, sowie eine Menge Anhänger und Verehrer, die nicht die Ehre und Freude gehabt hatten, ihn zu kennen«. Jene, welche dieses Privileg besitzen, erzählen den anderen von dem großen Mann: »Wer ihm begegnete, mußte ihn lieben«, sagen sie immer wieder...

Die Prozession führt quer durch Paris »inmitten einer großen Ansammlung Volks«, das vom Glanz der Zeremonie – und vom Getöse der Equipagen – aus den Betten geholt wurde. Sie erreicht kurz nach dem Morgengeläut die Kirche der Sainte-Geneviève.

Der Abbé, in Pontifikalgewändern, die Mitra auf dem Kopf und in der Hand den Krummstab, empfängt den Sarg an der Tür der Kirche mit heiligem Gesang. Ihm folgen alle Stiftsherren (Patres) seines Ordens mit einer Kerze in der Hand.

Die von tausend Flammen beleuchtete Menge drängt sich auf den Kirchenstufen, in den Straßen, an den Fenstern.

Von den »besonderen Freunden« geleitet, kommen die Überreste in das Kirchenschiff. Der Abbé trägt sie in den Chor, wo dann die feierliche Totenvesper gesungen wird.

»Die Patres von Sainte-Geneviève haben mit ihrem Fleiß bei der Ausschmückung und beim gesamten kirchlichen Zeremoniell, das auch sonst sehr erhaben ist, noch übertroffen, was die Vorstellungen des großzügigen Herrn d'Alibert ihnen vorgegeben hatten. »Seit dem Tod des Kardinals de La Rochefoucauld, des Neuerers dieses Ordens, erinnert man sich nicht, etwas Prachtvolleres in ihrer Kirche gesehen zu haben«, schreiben die »vereidigten Stadtschreier«(die öffentlichen Nachtwächter) in ihr Register.

Das große Geläut (die große Glocke) von Sainte-Geneviève ist in der ganzen Stadt zu hören. Der erste Ton erklingt »im gleichen Moment, wie der Tumult des Tages der Stille der Nacht weicht«.

Während die Anwesenden sich im nächtlichen Schweigen trennen, scheint sich die ganze Hauptstadt zum Gedenken des Verstorbenen zu sammeln...

Der Abbé hat die Messe auf den nächsten Tag verschoben. Schon beim Morgengrauen ziehen zahllose Menschen am Sarg vorüber, der in der Nische zwischen der Kapelle der Heiligen Geneviève und der des Franz von Sales, des Freunds von Kardinal de Bérulle, gegen das Schiff gelehnt ist.

Aber als eben der Generalsuperior sich anschickt, das Amt zu zelebrieren, trifft eine Order vom Hof ein, die die Trauerpredigt verbietet.

Die Gesellschaft vom Heiligen Sakrament hat die Waffen noch nicht gestreckt...

Dennoch feiert der Abbé das feierliche Hochamt mit großem Prunk. Die Zeremonie endet in einer Prozession zum Grab. Zum letzten Mal werden die sterblichen Überreste gesegnet.

Während die Menge sich zerstreut, übergeben die »besonderen Freunde« von René Descartes den Mönchen die Titel und *Zertifikate der Katholizität* des

Toten für das Archiv der Abtei und eine Kupferplatte, in welche ihre Namen graviert sind. Der Abbé legt diese in ihrem Beisein ins Grab, dann verschließen die Totengräber die Nische für immer.

Als sie aus der Kirche kommen, nimmt d'Alibert die »entsprechenden Persönlichkeiten« mit zu dem berühmten Bocquet, wo er ein großes Mahl hat anrichten lassen.

»Anwesend sind«, wie die »polizeilichen Hilfskräfte« – die Spitzel – notieren, »die bedeutendsten Cartesianer von Paris: Montmor; d'Ormesson[1]; Guedreville, Maître an der Berufungskammer; d'Amboile, der Sohn d'Ormessons; Fleury, Advokat, Unter-Präzeptor seiner Eminenz des Herzogs von Burgund und Seiner Eminenz des Herzogs von Anjou; Cordemoy, Advokat, Lektor Seiner Eminenz; Rouhault, der Schwiegersohn Clerseliers, des ›Leiters der Cartesianischen Schulen‹; Auzout, Mathematiker; Le Laboureur, Bailli von Montmorency; Petit, Intendant der Befestigungen; Denys, einfacher Arzt des Königs; und natürlich Clerselier selbst. Und nichts wurde ausgelassen, was das Andenken an Herrn Descartes feiern konnte.«

Chevalier de Terlon trifft seinerseits Christine von Schweden, als er von ihr das *Zertifikat der Katholizität* einholen will.

Sie ist wütend. Heftig sagt sie: »Wenn ich im Königreich gewesen wäre, hätte ich niemals zugelassen, daß man diesen Schatz aus Schweden fortbringt. Ich hätte ihn in eine Kirche schaffen lassen und ihn in einem wundervollen Grabmal eingeschlossen.«

---

1 Er war Richter im Prozeß gegen Fouquet; gegen den Befehl Ludwigs XIV rettete er den Kopf des Superintendenten.

Schließlich läßt d'Alibert an der Wand über der Nische eine Marmorplatte anbringen. Unter der Büste Descartes' im Halbrelief sind zwei Inschriften graviert, die eine in Latein, von Clerselier, die andere in Französisch, »aus der Ader eines der berühmtesten und gelehrtesten Magistrate, die den Staatsrat bilden«, welcher glücklicherweise die Bescheidenheit besitzt, seinen Namen nicht zu nennen.

Descartes, dessen Grabmal du hier siehst,
Öffnete den blinden Geschöpfen die Augen
Und zeigte in der Furcht, die Altären gebührt,
Ihnen den Bau der ganzen Welt.

Mit tausend Schriften erwarb er seinem Namen Ruhm
Sein Geist, der Erde und Himmel durchmaß
Drang in ihren Abgrund und durch ihre Wolken:
Dennoch gehorcht er wie jeder der größeren Macht
Er, der so lange leben würde wie seine gottgleichen Werke,
Wenn der Weise sich vom Tod zu befreien vermöchte.

1792. Die Kirchen und anderen Kultstätten, zu nationalem Besitz erklärt, sind geschlossen und sollen verkauft werden.

Der Sarg von René Descartes wird aus Sainte-Geneviève geholt und in einem Museum ausgestellt. Seine Bewunderer plündern ihn, nehmen die Gebeine an sich.

Entsetzt über diesen Zustand verliest Marie-Joseph Chenier, der Bruder des bekannten Dichters und selbst Autor des *Chant du départ*, außerdem Mitglied des Volkskonvents und des Komitees für öffentliche Bildung, einen Bericht über den unerträglichen Zustand der Dinge, und im Anschluß daran seinen Vorschlag zu einem Dekret, das unter dem Beifall der anwesenden Deputierten einstimmig angenommen wird:

Der Nationalkonvent erläßt folgendes Dekret:
1. *Artikel: René Descartes hat die den großen Männern gebührenden Ehren verdient.*
2. *Artikel: Der Leib des Philosophen soll in das französische Pantheon überführt werden.*
3. *Artikel: Auf dem Grabmal Descartes' sollen folgende Worte graviert werden:*
   Im Namen des französischen Volkes
   der Nationalkonvent
   für René Descartes
   1793, im zweiten Jahr der Republik.
4. *Artikel: Das Komitee für öffentliche Bildung legt in Absprache mit dem Innenminister den Tag der Überführung fest.*

Aber in diesem »Jahr des Schreckens« kämpft das »Vaterland in Gefahr« ums Überleben. Der Sarg bleibt im Museum.

1819. Die Restauration läßt das Pendel zurückschwingen. Die Nachfolger der Gesellschaft vom Heiligen Sakrament beschließen, die Überreste von René Descartes verschwinden zu lassen, da sie der Verehrung durch seine Bewunderer zu frei zugänglich sind.

Die Gebeine werden unter einen Stein in die Kirche Saint-Germain-des-Prés geschoben, daneben liegen zwei Theologen, zur Linken Jean Mabillon, zur Rechten Bernard de Montfaucon. Ein Triptychon in Marmor erinnert an ihrer beider Verdienste. Eine Büste Mabillons krönt das Ganze.

René Descartes wird wieder einmal überwacht.

1822. Ein berühmter schwedischer Chemiker namens Jöns Jacob, Baron Berzelius, der wegen der Bedeutung seiner Arbeiten zum assoziierten Mitglied des *Institut de France* ernannt wurde, schenkt René Descartes' Schädel dem Baron Georges Cuvier, dieser ist ein bekannter Zoologe und Paläontologe.

Cuviers Kollegen am Nationalmuseum für Naturgeschichte nehmen Maß, übertragen es auf das Porträt nach Frans Hals und kommen zu dem Schluß, daß das Stück echt ist...

1937. Ein Flügel des Palais de Chaillot, der für die Weltausstellung gerade neu erbaut wurde, beherbergt das Museum vom Menschen. Im Saal der »Menschenrassen« können die Besucher aus aller Welt unter der Rubrik »Kriminelle und große Männer« in derselben Vitrine die Schädel der Herren Cartouche[1], Saint-Simon[2] und René Descartes nebeneinander bewundern.

---

1 Cartouche: unter bürgerlichem Namen Louis Dominique Bourguignon, 1693–1792. In Robin-Hood-Manier stahl er von den Reichen und gab den Armen. Er war daher in Paris sehr populär und wurde sogar von hochgestellten Personen im Gefängnis besucht. (d.Ü.)

2 Saint-Simon: Graf von Saint-Simon, 1760–1825. Philosoph und utopistischer Wirtschaftswissenschaftler des frühen 19. Jahrhunderts. Obwohl er durch Schiebereien mit dem Nationalvermögen während der Revolution reich geworden war, starb er im Elend. (d. Ü.)

So begeht Frankreich das 300jährige Jubiläum der *Abhandlung über die Methode.*

Doch dies ist nicht von Bedeutung. Als Toter ist der Kavalier nirgendwo, als Lebender ist er allgegenwärtig: im Porträt des Meisters Frans Hals im Louvre; in den Köpfen der Menschen, die täglich *die Methode* anwenden und nutzen; in allen Wissenschaften. Auch in der Medizin, dank derer wir Jahrzehnte des Lebens hinzugewonnen haben.

Er sagte: »Das Vakuum existiert nicht.[1] Die feine, unsichtbare Materie dringt durch die Poren in die Körper.« Dies trifft zu: Partikel – einige von ihnen haben keine Masse – durchstreifen den Raum und dringen auch in die *undurchdringlichsten* Körper.

Er sagte: »Das Licht besteht aus kleinen Kugeln und hat eine instantane[2] Geschwindigkeit.« Heute wissen wir, daß es aus Energie und Materie zugleich besteht und daß seine Geschwindigkeit nicht überschreitbar ist.

Er sagte: »Jeder Himmelskörper bringt einen *Wirbel* hervor, den er mit sich führt, dieser wird von den *Wirbeln* der anderen Körper verformt [...] Das Universum besteht aus *Wirbeln* flüssiger Materie, die immer größer werden, der größte ist für Menschen, die die Mathematik nicht beherrschen, nur schwer

1 »Übrigens will ich nicht sagen, daß es in der NATUR überhaupt kein Vakuum gibt; aber ich fürchte, daß meine Abhandlung zu lang würde, wenn ich erläuterte, was es damit auf sich hat...« (Descartes)

2 instantan: unendlich schnelle Lichtausbreitung (d. Ü.)

vorstellbar.« Zweieinhalb Jahrhunderte nach seinem Tod – und nicht 150 Jahre, wie er gedacht hatte – haben die Theoretiker bewiesen, daß die Materie den Raum verformt; die Astronomen haben festgestellt, daß die Mehrzahl der Galaxien sich in sich drehen wie ein *Wirbel aus flüssiger Materie;* daß die Supergalaxie, ein Haufen von Milliarden Galaxien, ebenfalls dieser Bewegung gehorcht. Auch das Raum-Zeit-Verhältnis ist verschoben, die Physiker können es nur in Gleichungen ausdrücken...

Er sagte: »Jede Bewegung ist in gewisser Weise kreisförmig.« Die theoretische Physik beweist es: Da die Materie den Raum krümmt, beschreibt das Licht (die Energie) eine Kurve. Die Astronomen haben es beobachtet: Die von den anderen Sternen kommenden Lichtstrahlen werden abgelenkt, wenn sie an der Sonne vorbeikommen... *Es gibt also keine Gerade,* außer in unseren Köpfen: Sie ist eine geometrische Abstraktion...

Descartes hatte recht.

Drei unerklärliche, schöpferische Genies bringen die drei Schläge hervor, die den Eintritt des modernen Zeitalters ankündigen:

William Shakespeare (1564–1616), er starb im Alter von 52 Jahren.

René Descartes (1595–1650), er starb mit 54 Jahren.

Wolfgang Amadeus Mozart (1756–1791), er starb 35jährig. Mit ihm hebt sich der Vorhang zu den beiden bürgerlichen Revolutionen, der amerikanischen und der französischen...

Big Will schrieb seine sublimen Verse auf Tavernentischen und wirkte zugleich als Schauspieler und Direktor seiner Truppe.

Der *Große René* widmete »äußerst wenige Stunden am Tag« und nur wenige Tage im Jahr der geistigen Arbeit...

Der *göttliche Mozart* schrieb ganze Partituren mit allen Orchesterstimmen in einem Wurf, ohne eine einzige Note zu korrigieren...

Das Leben der drei war bestimmt von Geldsorgen, Herzenskummer, Skandalen, Krankheit, politischen Verfolgungen, sie wurden geplagt vom Haß ihrer Konkurrenten (besser: derer, die sich für ihre Konkurrenten hielten), sie führten ein außerordentliches Leben, das nur wenige Menschen meistern könnten und das für ein langes Dasein ausgereicht hätte.

Und doch schufen sie ihr Werk in knapp zwanzig Jahren.

Ist dies wirklich so unerklärlich?

Es sei an den Satz von Philippe Soupault erinnert: »Ich suche nicht, ich finde«; Pablo Picasso wird er in ähnlicher Form nachgesagt oder zugeschrieben: »Zuerst finde ich, erst danach suche ich.«

Die schöpferischen Menschen *finden* die Dinge: in der Kunst, in der Wissenschaft, in der Technik lassen sich tausend Beispiele für solche »Funde« anführen.

In allen Domänen, die dem menschlichen Geist erschließbar sind, sind vor ihnen andere gekommen und haben gesehen... doch gefunden haben sie nicht. Warum?

Es genügt nicht, mit Hegel festzustellen, der »Mensch gehe auf dem Kopf«. Man muß sich mit beiden Beinen auf die Erde stellen: mit der *Intuition* und dem Verstand.

Die Intuition ist das, was in uns sprüht und schafft, eine innere Überzeugung ohne ersichtlichen Grund, die plötzliche Erleuchtung des Erfinders, das *Eureka!*: »Ich habe es gefunden.«

Dann erst *suchen* sie: der Verstand ordnet das Gefundene (stellt eine Ordnung her), organisiert, formalisiert (bringt in eine Form), was sie gefunden haben, mit Hilfe des logischen Denkens. Der Verstand überprüft, beweist, sichert ab.

Ohne den Verstand ist die Intuition unannehmbar.

Ohne die Intuition ist der Verstand unfruchtbar.

Was ist Intuition? Descartes erläutert sie:

Unter Intuition verstehe ich nicht das schwankende Zeugnis der sinnlichen Wahrnehmung oder das trügerische Urteil der verkehrt verbindenden Einbildungskraft, sondern ein so müheloses und deutlich bestimmtes Begreifen des reinen und aufmerksamen Geistes, daß über das, was wir erkennen, gar kein Zweifel zurückbleibt, oder, was dasselbe ist: eines reinen und aufmerksamen Geistes unbezweifelbares Begreifen, welches allein dem Lichte der Vernunft entspringt und das, weil einfacher, deshalb zuverlässiger ist als selbst die Deduktion [der Verstand], *die doch auch, wie oben angemerkt, nicht vom Menschen verkehrt gemacht werden kann.*[1]

Wir unterscheiden hier also die intellektuelle Intuition und die sichere Deduktion dadurch, daß man mit der einen eine Art Bewegung oder Abfolge wahrnimmt, die in der anderen fehlt; und überdies braucht es für die

1 Zitiert nach: René Descartes: Regeln zur Ausrichtung der Erkenntniskraft. Übers. u. herausgegeben von Springmeyer, Gäbe, Zekl, Hamburg (Meiner) 1973, S. 17f (d. Ü.)

Deduktion keine aktuelle Evidenz, wie sie für die Intuition nötig ist, denn jene gewinnt ihre Gewißheit in bestimmter Weise vom Gedächtnis [es handelt sich um den vergleichenden Verstand].

So kann jeder intuitiv mit dem Verstande sehen, daß er existiert, daß er denkt, daß ein Dreieck von nur drei Linien, daß die Kugel von nur einer Oberfläche begrenzt ist und Ähnliches, weit mehr, als die meisten gewahr werden, weil sie es verschmähen, ihr Denken so leichten Sachen zuzuwenden...

Ein jeder besitzt sie je nach seinem Wesen, sie ist dem Menschen in unterschiedlicher Stärke und in unterschiedlichen Bereichen eigentümlich, auf theoretischem, praktischem, künstlerischem, technischem, wissenschaftlichem, intellektuellem oder manuellem Gebiet, je nach Vorlieben, Temperament und Neigungen.

Wie die Körperkraft, die Intelligenz, das Gedächtnis ist die Intuition ungleich verteilt, alle diese Fähigkeiten sind mehr oder weniger reiche Gaben der Natur, man kann sie kultivieren, verbessern, vorausgesetzt, man arbeitet an ihnen.

René Descartes beweist ihre Existenz in seinem Werk, das nichts anderes ist als die Geschichte seines eigenen Geistes:

Sobald ich mir einige allgemeine Grundbegriffe in der Physik verschafft hatte, ... bemerkte ich, wohin sie führen können... Denn sie haben mir gezeigt, daß es möglich ist, zu Kenntnissen zu kommen, die von großem Nutzen für das Leben sind, ... und uns so zu Herren und Eigentümern der Natur machen könnten. Dies würde uns ohne jede Mühe zum Genuß der Früchte der Erde und aller Annehmlichkeiten auf ihr verhelfen, sondern vor allem auch für die Erhaltung der Gesundheit... [Dafür mußte er die Methode finden]: Nun hatte ich die Absicht, mein ganzes Leben daranzusetzen, einer so notwendigen Wissenschaft nachzuforschen[1].

Wie ein Mensch, der sich allein und in der Dunkelheit bewegt, so langsam zu gehen und in allem so umsichtig zu sein, daß ich, sollte ich auch nicht weit kommen, mich doch wenigstens davor hütete, zu fallen[2] *... So meinte ich, daß es kein besseres Mittel gäbe, als der Öffentlichkeit all das wenige, das ich gefunden habe, getreulich mitzuteilen und kluge Köpfe zu der Aufgabe einzuladen, weiter vorzudringen, indem sie, jeder nach Neigung und Vermögen, Beobachtungen, die anzustellen wären, beisteuerten..., damit die letzten dort anfingen, wo ihre Vorgänger aufgehört haben, und wir, indem sich auf diese Weise Leben und Arbeiten vieler vereinigt, alle gemeinsam weiter kämen, als es jeder für sich vermöchte*[3].

Ich bitte Sie, mich zu lieben, wie Sie es, glaube ich, tun. Lieben Sie mich, leben Sie in der Freude, gehaben Sie sich wohl, seien Sie glücklich.

R. DESCARTES

---

1 Der »Wissenschaft der Wissenschaften«: die Mathematik. Zitat nach René Descartes: Von der Methode des richtigen Vernunftgebrauchs. Übers. u. herausgegeben v. Gäbe, Hamburg (Meiner) 1960, S. 101 u. 103 (d. Ü.)

2 a. a. O. S. 27 (d. Ü.)

3 a. a. O. S. 103 (d. Ü.)

Zitate in der Übersetzung von »Descartes«

Die mit Sternchen * versehenen Descartes Briefe wurden entnommen aus: René Descartes. Briefe. Herausgegeben von Max Bense und übersetzt von Fritz Baumgart. Köln und Krefeld (Staufen-Verlag), 1949.
Die Zitat stamme von Seite: 23–25, 55–59, 63–69, 75, 100f, 189, 207f, 274f, 291,352, 354, 357f, 394, 400, 404f, 406f, 406f,426–432, 437f

weitere Zitate:

Pierre Corneille: Der Lügner. Heidelberg (Lambert u. Schneider), 1954, S. 9

Michael W. Fischer: Die Aufklärung und ihr Gegenteil. Die Rolle der Geheimbünde in Wissenschaft und Politik. Berlin 1982, S. 90

Regeln zur Ausrichtung der Erkenntniskraft: kritisch revidiert, übersetzt und herausgegeben von Springmeyer, Gäbe, Zekl, Hamburg (Meiner) 1973, S. 23 und 25

Regeln zur Ausrichtung der Erkenntniskraft. Übers. u. herausgegeben von Springmeyer, Gäbe, Zekl, Hamburg (Meiner) 1973, S. 17f.

Von der Methode des richtigen Vernunfgebrauchs. Übers. u. herausgegeben v. Gäbe, Hamburg (Meiner) 1960, S. 101 u. 103

a. a. O. S. 27

a. a. O. S. 103

Inhalt